미국
명연설문
베스트★50
First Inaugural
Address; I Have a
Dream; etc.,

미국을 뒤흔든 감동의 순간을 영어로 만나다

미국 명연설문 베스트 50

저 자 김정우

발행인 고본화

발 행 반석출판사

자회사 탑메이드북

2024년 8월 10일 초판 14쇄 인쇄

2024년 8월 15일 초판 14쇄 발행

반석출판사 www.bansok.co.kr

이메일 bansok@bansok.co.kr

블로그 blog.naver.com/bansokbooks

07547 서울시 강서구 양천로 583. B동 1007호

(서울시 강서구 염창동 240-21번지 우림블루나인 비즈니스센터 B동 1007호)

대표전화 02) 2093-3399 **팩 스** 02) 2093-3393

출 판 부 02) 2093-3395 **영업부** 02) 2093-3396

등록번호 제315-2008-000033호

ISBN 978-89-7172-702-7 (13740)

미국
명연설문
베스트 ★ 50
First Inaugural
Address; I Have a
Dream; etc.,

머리말

미국의 지도자들은 무엇보다도 대중 연설에 커다란 비중을 둡니다. 이러한 경향은 정치가들이 극명하게 보여주지만, 꼭 정치가가 아니더라도 최고경영자나 교육자, 학자들도 마찬가지입니다. 그래서 우리는 케네디 대통령의 취임 연설이나 스티브 잡스의 스탠포드대학 연설 등을 통해 당시의 시대 상황과 함께 최고 지성의 핵심적 내용을 곧바로 알아차리게 되지 않습니까? 그렇습니다. 이는 모름지기 미국의 지도자들이 대중과의 소통을 리더십의 최우선 덕목으로 생각하는 민주적 전통과 관련되어 있을 것입니다.

이 책은 미국 역사를 대표하는 명연설 중에서 백미로 꼽히는 50편을 선정해서 번역과 해설을 붙인 책입니다. 멀리는 약 110여 년 전인 1900년에 브라이언이 행한 〈반(反)제국주의〉 연설에서부터 가까이는 1995년에 중국에서 열린 세계여성총회에서 행한 힐러리 클린턴의 〈여권 신장〉 연설에 이르기까지 주옥같은 명문이 실려 있습니다. 이들 연설문은 그야말로 엄청난 시대의 도전과 이에 대응하는 우리 인간의 치열한 노력이 오롯이 담긴 위대한 정신사의 보고(寶庫)라고 아니할 수 없습니다.

저희 출판사에서 제공하는 mp3 파일을 들으면서 본문에 실린 해설과 번역을 읽어나가면 여러분은 가장 짧은 시간 안에 가장 효과적으로 영어 능력의 향상이라는 소기의 목적을 달성할 수 있을 것으로 믿어 의심치 않습니다.

독자 여러분께 한 가지 양해를 구합니다. 되도록 원문 육성의 호흡과 큰 차이가 나지 않도록 번역문의 어조와 리듬을 조정했습니다만, 영어와 한국어의 언어 구조 차이로 인해 어색한 어구가 눈에 너러 뜨일 것입니다. 그리고 해설에서는 독자 여러분이 연설의 핵심을 정확하게 이해할 수 있도록 중요한 역사적 배경과 관련 인물에 대해 가급적 빠트리지 않고 언급하고자 노력했으니, 이를 단서로 필요한 자료를 검색해보는 능동적인 독자라면 연설의 행간에 실린 더욱 심층적인 의미에 도달할 수 있을 것입니다.

모쪼록 이 책을 읽는 독자 여러분 모두, 최고급 생활영어로 표현된 세계사의 현장을 생생하게 접하면서 영어 능력과 교양의 완성이라는 두 가지 목표를 달성하기를 진심으로 바랍니다. 끝으로 미국 지성사의 압축판이라고도 할 수 있는 이런 귀중한 책을 소개할 기회를 준 〈탑메이드북〉에 감사드립니다.

2013년 2월
지은이 김정우

CONTENTS

미국 역사상 가장 위대했던 명연설문 50개를 선정해 번역과 해설, 주요 어휘를 정리한 책입니다. mp3파일을 들으면서 영문을 함께 읽어나가면 수준 높은 명문을 감상할 수 있을 뿐 아니라 영어 실력도 동시에 향상시킬 수 있습니다.

Inaugural Address

대통령 취임 연설

delivered 20 January 1961

1961년 1월 20일

01
Speech

John F. Kennedy 존 F. 케네디

미국의 제35대 대통령(1961~1963)으로 재임 중 쿠바 사태, 베를린봉쇄 등 여러 가지 어려운 위기를 맞았으나 핵실험금지조약의 체결과 '진보동맹' 결성 등의 업적을 남겼다. 댈러스에서 자동차로 가두 행진을 벌이던 중 암살당했다.

그는 이 연설에서 자신의 절대선(絕對善)이 자유의 수호와 확대에 있음을 역설하고, 인권은 국가의 관용에서 나오는 것이 아니라 신의 손에서 나온다는 천부인권설(天賦人權說)이 실현돼야 할 과제임을 재확인하였다. 특히나 국민에게 '나라가 무엇을 해 줄 수 있느냐 묻기 전에 먼저 국민 자신이 나라를 위해 무엇을 할 것인가를 생각해 보라'는 그의 말은 지금도 널리 애용되는 명구이다.

The world is very different now. For man holds in his mortal hands the power to abolish all forms of human poverty and all forms of human life. And yet the same revolutionary beliefs for which our forebears fought are still at issue around the globe — the belief that the rights of man come not from the generosity of the state, but from the hand of God. We dare not forget today that we are the heirs of that first revolution.

And, if a beachhead of cooperation may push back the jungle of suspicion, let both sides join in creating a new endeavor — not a new balance of power, but a new world of law, where the strong are just, and the weak secure, and the peace preserved. All this will not be finished in the first one hundred days. Nor will it be finished in the first one thousand days; nor in the life of this Administration; nor even perhaps in our lifetime on this planet. But let us begin.

In your hands, my fellow citizens, more than mine, will rest the final success or failure of our course. Since this country was founded, each generation of Americans has been summoned to give testimony to its national loyalty. The graves of young Americans who answered the call to service surround the globe.

세계는 지금 많이 달라져 있습니다. 왜냐하면 인간이 모든 형태의 빈곤과 모든 형태의 삶을 파괴할 수 있는 힘을 자신의 흉악한 손에 쥐고 있기 때문입니다. 그러나 우리 선조들의 투쟁 목표였던 변함없는 개혁 신념, 곧 인권은 국가의 관용에서 나오는 것이 아니라 신의 손에서 나온다는 신념은, 전 세계에서 아직 해결이 되지 않은 상태입니다. 오늘 우리는 그러한 최초 혁명의 후계자임을 반드시 잊지 말아야 합니다.

협력의 발판 하나가 무수한 의혹을 떨쳐낼 수 있다면, 양 진영은 새로운 노력 , 곧 새로운 균형의 파워가 아니라, 강대국은 공명정대하고 약소국은 안전하며 평화가 보전되는 새로운 세계의 법을 만들어 내는 일에 함께 합시다. 이 모든 것은 (취임 후) 100일 만에 끝나지 않을 것입니다. 아니, 1,000일이 지나도 끝나지 않을 것입니다. 이 정부의 임기 중이나, 이 지구상에서 우리가 평생 사는 동안에도 아마 끝나지 않을 것입니다. 그러나 시작해 봅시다.

국민 여러분, 우리가 갈 길의 최종적인 성패는 제 손보다는 오히려 여러분의 손에 달려 있습니다. 건국 이래로 미국의 각 세대는 조국의 부름을 받아 그에 대한 충성심을 입증하여 왔습니다. 그 부름에 응했던 미국 젊은이들의 무덤이 세계를 덮고 있습니다.

Now the trumpet summons us again — not as a call to bear arms, though arms we need, not as a call to battle, though embattled we are, but a call to bear the burden of a long twilight struggle, year in and year out, "rejoicing in hope; patient in tribulation" a struggle against the common enemies of man: tyranny, poverty, disease, and war itself.

Can we forge against these enemies a grand and global alliance, North and South, East and West, that can assure a more fruitful life for all mankind? Will you join in that historic effort?

In the long history of the world, only a few generations have been granted the role of defending freedom in its hour of maximum danger. I do not shrink from this responsibility — I welcome it. I do not believe that any of us would exchange places with any other people or any other generation. The energy, the faith, the devotion which we bring to this endeavor will light our country and all who serve it. And the glow from that fire can truly light the world.

이제 그 나팔소리가 다시 우리를 부릅니다. 우리에게 무기는 필요합니다. 그러나 무기를 들라는 부름이 아닙니다. 우리는 싸울 준비가 되어 있습니다. 그러나 싸우라는 부름이 아닙니다. 그것은 "소망 중에 즐거워하며 환난 중에 인내하며", 긴 여명의 투쟁, 인류 공통의 적인 독재와 가난, 질병, 전쟁 그 자체에 대항하는 투쟁의 부담을 끊임없이 져야 한다는 부름입니다.

이들 적과 맞서, 우리가 모든 인류에게 보다 풍요로운 생활을 보장할 수 있는 거대하고 세계적인 동맹을 맺을 수 있겠습니까? 여러분은 그러한 역사적인 노력에 동참하시겠습니까?

세계의 오랜 역사 속에서 오직 몇몇 세대만이 아주 위험한 순간에 자유를 수호하는 역할을 부여받아 왔습니다. 저는 이러한 책임을 피하지 않습니다. 기꺼이 환영합니다. 저는 우리들 중 어느 누구도 어떤 다른 사람이나 다른 세대와 이 자리를 바꾸지 않으리란 점을 믿고 있습니다. 우리가 이러한 노력에 쏟는 정열과 믿음과 헌신은 우리나라와 우리나라에 봉사하는 모든 사람들을 밝힐 것입니다. 그리고 그 불에서 나오는 불꽃은 정말로 세상을 환하게 할 수 있습니다.

Check the Vocabulary

forge 단조(鍛造)하다, (계획 등을) 세우다　North 북아메리카와 유럽을 포함한 선진국　South 아시아와 남미를 포함한 후진국
East 동유럽과 공산권 국가　West 서유럽과 자본주의 국가　grant 주다, 부여하다　shrink from 움츠리다, 피하다
devotion 헌신, 전념

And so, my fellow Americans, ask not what your country can do for you; ask what you can do for your country. My fellow citizens of the world, ask not what America will do for you, but what together we can do for the freedom of man. Finally, whether you are citizens of America or citizens of the world, ask of us here the same high standards of strength and sacrifice which we ask of you.

whether A or B A이든지 B이든지 (여하간에)

그러므로 미국 국민 여러분, 여러분의 조국이 여러분을 위해 무엇을 해줄 수 있는지를 묻지 말고, 여러분이 조국을 위해 무엇을 할 수 있는지를 물어보십시오. 전 세계 시민 여러분, 미국이 여러분을 위해 무엇을 해줄 것인지를 묻지 말고, 우리가 인류의 자유를 위해 함께 무엇을 할 수 있는지를 물어보십시오. 마지막으로, 여러분이 미국 시민이건 세계 시민이건, 우리가 여러분에게 요구하는 것과 똑같은 수준의 힘과 희생을 여기 우리에게 요구하십시오.

I Have a Dream
나에게는 꿈이 있습니다

delivered 28 August 1963, at the Lincoln Memorial, Washington D.C.

1963년 8월 28일, 워싱턴 D.C. 링컨 기념관

02
Speech

Martin Luther King, Jr. 마틴 루터 킹 주니어

마틴 루터 킹 주니어(Martin Luther King, Jr. 1929–1968)는 미국 내 흑인의 인권 운동을 이끈 대표적인 침례교 목사로 1964년 노벨 평화상 수상했다.

미국 흑인들은 남북전쟁의 결과, 노예상태에서 해방되었다고는 하지만 1960년대까지 여러 주에서 참정권을 인정받지 못하고 있었다. 더욱이 기본권의 제한뿐만 아니라 인종차별을 받고 있었다.

이런 상황에서, 1963년 8월28일 워싱턴 D.C. 링컨 기념관 앞에서 노예 해방 100주년을 맞아 열린 평화 행진에 참가한 마틴 루터 킹 목사의 연설문 "나에게는 꿈이 있습니다"에는 그의 비폭력적인 사상과 민주주의와 자유에 대한 확고한 신념이 뚜렷이 드러나 있다.

그러나 그는 불행히도, 베트남 전쟁이 장기전으로 치닫던 1968년 4월 4일 테네시 주 멤피스의 한 모텔 발코니에서 극우파 백인 제임스 얼 레이의 총에 암살당하고 말았다. 미국에서는 매년 1월 세 번째 월요일을 추모일로 지정하여 그의 업적을 기리고 있다.

🎧 02.mp3

Iam happy to join with you today in what will go down in history as the greatest demonstration for freedom in the history of our nation.

Five score years ago, a great American, in whose symbolic shadow we stand today, signed the Emancipation Proclamation. This momentous decree came as a great beacon light of hope to millions of Negro slaves who had been seared in the flames of withering[1] injustice. It came as a joyous daybreak to end the long night of their captivity.

But one hundred years later, the Negro still is not free. One hundred years later, the life of the Negro is still sadly crippled by the manacles of segregation and the chains of discrimination. One hundred years later, the Negro lives on a lonely island of poverty in the midst of a vast ocean of material prosperity. One hundred years later, the Negro still languishes in the corners of American society and finds himself an exile in his own land. So we've come here today to dramatize a shameful condition.

what will go down in history 역사에 기록될 것 → (노예해방 100주년 기념) 평화 행진 **go down** 기억에 남다, 기록[기장]되다 **shadow** 그림자, 그늘, 흔적 **in whose symbolic shadow** 그의 상징적인 흔적(기념관) 앞에 → 그를 상징하는 기념관 앞에 **emancipation** (노예) 해방, 이탈 **proclamation** 선언[성명]서 **momentous** 중대한 (= of moment) **decree** 법령, 포고, 성명 **beacon light** 표지등, 등댓불, 등불 **sear** 마비시키다, 주눅 들게 하다 **withering** 생기를 잃게 하는, 압도적인, 위압적인 **cripple** 불구[절름발이]가 되게 하다, 무능케 하다, ~의 힘을 없애다 **manacle** 수갑, 속박 **languish** 고달픈 생활을 하다

우리나라(미국)의 역사상 자유를 향한 가장 위대한 시위로 역사에 기록될 이 평화 행진에 오늘 여러분과 함께 참여하게 된 것을 기쁘게 생각합니다.

우리는 오늘 한 위대한 미국인(링컨 대통령)을 상징하는 기념관 앞에 서 있습니다. 100년 전, 그는 노예해방선언서에 서명을 했습니다. 이 중대한 법령은 위압적인 불의의 화염 속에서 주눅 들어 지내 왔던 수백만 흑인 노예들에게 희망의 큰 등불로 다가왔습니다. 이것은 속박의 긴 밤을 끝마치는 기쁨에 찬 새벽으로 다가왔습니다.

그러나 100년이 지났어도, 흑인들은 아직 해방되지 못한 상태입니다. 100년이 지났어도, 흑인들의 삶은 슬프게도 인종차별이라는 족쇄와 차별 대우라는 사슬로 절름발이가 되어 있습니다. 100년이 지났어도, 흑인들은 물질적 풍요라는 거대한 바다 한 가운데서 가난이란 외로운 섬 안에 살고 있습니다. 100년이 지났어도, 흑인들은 아직 미국 사회의 구석진 여러 곳에서 고달픈 생활을 하며 자신의 땅에서 마치 유랑인처럼 맴돌고 있습니다. 그래서 우리는 오늘 이 수치스런 상황을 극적으로 표출하기 위해 이곳에 왔습니다.

Check the Vocabulary

1) 이 문장에서 withering은 wither의 타동사 의미에 –ing가 붙어 파생된 것으로 '압도적인, 위축시키는, 위압적인' 이란 뜻이다. 따라서 시중에 돌고 있는 '사그라지는 불의' 는 완벽한 오역이다. 불의가 사그라져서 정의가 살아나고 있는데 흑인들이 왜 주눅 들어 지내야 하나? 참고 사이트는 다음과 같다. http://dic.impact.pe.kr/ecmaster-cgi/search.cgi?kwd=withering+injustice&bool=and&word=yes

Let us not wallow in the valley of despair, I say to you today, my friends. So even though we face the difficulties of today and tomorrow, I still have a dream. It is a dream deeply rooted in the American dream.

I have a dream that one day this nation will rise up and live out the true meaning of its creed: "We hold these truths to be self-evident, that all men are created equal."

I have a dream that one day on the red hills of Georgia, the sons of former slaves and the sons of former slave owners will be able to sit down together at the table of brotherhood.

I have a dream that one day even the state of Mississippi, a state sweltering with the heat of injustice, sweltering with the heat of oppression, will be transformed into an oasis of freedom and justice.

I have a dream that my four little children will one day live in a nation where they will not be judged by the color of their skin but by the content of their character.

우리는 절망의 골짜기에 빠져선 안 됩니다. 오늘 여러분께 제가 드리고 싶은 말은 바로 이것입니다. 우리가 오늘과 내일의 어려움에 직면한다고 해도, 나에게는 아직 꿈이 있습니다. 그것은 아메리칸 드림에 깊이 뿌리를 박고 있는 꿈입니다.

나에게는 꿈이 있습니다. 어느 날 이 나라 국민들이 분연히 일어나 이 나라 국가 강령의 참된 의미 즉, "우리는 모든 인간이 평등하게 창조되었다는 사실을 자명한 것으로 간주한다."는 점을 현실화하리란 꿈 말입니다.

나에게는 꿈이 있습니다. 어느 날 조지아 주의 붉은 언덕에서 옛 노예의 자식들과 옛 주인의 자식들이 형제애로 가득 찬 식탁에 함께 앉을 수 있으리란 꿈 말입니다.

나에게는 꿈이 있습니다. 어느 날 불의의 열화로 허덕이고 억압의 열기로 진땀이 나는 미시시피 주(州)도 자유와 정의의 오아시스로 변모하리란 꿈 말입니다.

나에게는 꿈이 있습니다. 어느 날 네 명의 우리 아이가 피부색이 아니라 그 됨됨이의 크기에 의해 평가 받는 나라에서 살리라는 꿈 말입니다.

I have a dream today! I have a dream that one day, down²⁾ in Alabama, with its vicious racists, with its governor having his lips dripping with the words of "interposition" and "nullification," one day right there in Alabama little black boys and black girls will be able to join hands with little white boys and white girls as sisters and brothers.

I have a dream today! I have a dream that one day every valley shall be exalted, and every hill and mountain shall be made low, the rough places will be made plain, and the crooked places will be made straight; "and the glory of the Lord shall be revealed and all flesh shall see it together."

오늘 나에게는 꿈이 있습니다! 나에게는 꿈이 있습니다. 어느 날 심술궂은 인종차별주의자들이 들끓고 '주권(州權) 우위설' 이니 '주(州) 거부권' 이니 하는 말을 입에 달고 다니는 주지사가 있던 남부의 앨라배마 주 바로 그곳에서, 어느 날 흑인 소년 소녀들이 백인 소년 소녀들과 함께 마치 형제자매처럼 손을 맞잡을 수 있는 날이 올 것이라는 꿈 말입니다.

오늘 나에게는 꿈이 있습니다! 나에게는 꿈이 있습니다. 어느 날 모든 계곡이 솟아오르고 모든 언덕과 산이 낮아지며, 거친 곳은 평평해지고 굽은 곳은 곱게 펴지리란 꿈 말입니다. 하느님의 영광이 드러나게 되고 모든 사람이 그것을 다 함께 지켜보리란 꿈 말입니다.

Check the Vocabulary

2) 여기에서 down의 의미는 '남부' 이다. 국내에 소개된 번역 중에 이 down에 대해 언급된 것은 없다. 이는 이 문단의 셋째 줄 'one day right there' 에서 보면 정확히 알 수 있다. 닉슨 대통령의 〈체커스 연설〉에도 다시 이 'down' 이 등장한다.

First Inaugural Address

대통령 취임 연설문(초선)

delivered 4 March 1933

1933년 3월 4일

03
Speech

Franklin D. Roosevelt 프랭클린 D. 루스벨트

미국의 제32대 대통령으로 1930년대의 대공황 타개를 위해 과감하게 뉴딜정책을 추진하여 대통령으로서의 리더십을 여지없이 보여 주기도 했다. 제2차 세계대전 때는 연합국 회의에서 주도권을 갖고 전쟁을 승리로 이끌었다. 대서양헌장을 선언하여 국제연합 조직의 기초를 확립한 그는 미국 최초로 4번이나 대통령에 선출되었다.

그는 많은 미국인들의 사랑을 받기도 했지만 또한 혐오의 대상이 되기도 했다. 그는 미국을 경제공황에서 탈출시킨 구원자이자 미국뿐만 아니라 세계의 민주주의를 수호한 위대한 지도자로 부각되어 있다. 그러나 한편으로는 얄팍하고 교활한 정략과 무능력, 독재적인 야심으로 가득 찬 지도자로 각인되어 있기도 하다.

1932년 그는 전쟁과 평화에 대해 언급하면서, '대통령직이란 고도의 윤리성이 요청되는 책무'라고 말하기도 했다.

Happiness lies not in the mere possession of money; it lies in the joy of achievement, in the thrill of creative effort. The joy, the moral stimulation of work no longer must be forgotten in the mad chase of evanescent profits. These dark days, my friends, will be worth all they cost us if they teach us that our true destiny is not to be ministered unto but to minister to ourselves, to our fellow men.

Recognition of that falsity of material wealth as the standard of success goes hand in hand with the abandonment of the false belief that public office and high political position are to be valued only by the standards of pride of place and personal profit; and there must be an end to a conduct in banking and in business which too often has given to a sacred trust the likeness of callous and selfish wrongdoing.[1] Small wonder that confidence languishes, for it thrives only on honesty, on honor, on the sacredness of obligations, on faithful protection, and on unselfish performance; without them it cannot live.

Restoration calls, however, not for changes in ethics alone. This Nation is asking for action, and action now.

moral stimulation (물질적 · 육체적인 자극과 반대 개념의) 정신적인 자극, 실질적인 자극   chase 쫓다, 추적, 추구
evanescent 쉬이 시들어 떨어지는, 덧없는   all they cost us = all that they cost us   minister (un)to 섬기다, 보살펴 주다   falsity 허위, 기만   abandonment 포기, 기권   standards of pride of place 자리의 자랑 수준 → 직책의 고하
callous (피부가) 굳은, 태연한   languish (쇠)약해지다, 초췌해지다   restoration 복구, 회복, 부흥

행복은 단순히 금전의 소유에 있는 게 아니라 성취의 기쁨, 창조적인 노력의 전율 속에 있는 것입니다. 덧없는 이익을 미친 듯이 쫓느라, 그 노동의 기쁨, 노동의 정신적 자극을 잊는 일이 더 이상 있어서는 안 됩니다. 국민 여러분, 진정한 운명이란 운명 자체를 섬기는 것이 아니라 우리 스스로를, 우리 국민들을 섬기는 것임을 이 암울한 날들이 우리에게 가르쳐 준다면, 그 날들은 우리가 대가를 지불할 가치가 있을 것입니다.

물질적인 부가 성공의 기준이라는 것이 거짓임을 깨닫고, 더불어 공직이나 높은 정치적 지위가 직책의 고하와 개인의 이익 수준에 의해서만 평가되는 것이라는 그릇된 믿음도 버려야 합니다. 뿐만 아니라 태연하게 이기적인 악행을 저지르면서도 너무나 자주 그것을 신성한 의무처럼 가장해 왔던 은행과 기업의 행위에도 종말이 있어야 합니다. 신뢰가 점점 없어지는 것은 그리 놀랄 일이 아닙니다. 신뢰는 오직 정직과 명예, 의무의 신성함, 신뢰할 수 있는 보호 장치 그리고 비이기적인 실천 위에서만 번성하기 때문입니다. 이러한 것들이 없으면 신뢰는 살아남을 수 없습니다.

그러나 (이 나라의) 부흥은 윤리 면에서의 변화만을 요구하지 않습니다. 이 나라는 행동을, 지금 당장의 행동을 요구하고 있습니다.

Check the Vocabulary

1) 이 문장은 너무 번역이 난해하다. 80년 전의 이야기라 정확한 의도 파악이 어려워, 다음과 같이 두 가지 방향으로 번역해 보았다.
   1안: likeness를 '유사함, 가장'이란 의미로, trust를 '(신뢰·위탁에 대한) 책임, 의무'로 파악하여 위와 같이 '태연하게 이기적인 악행을 저지르면서도 너무나 자주 그것을 신성한 의무처럼 가장해 왔던'으로 번역
   2안: likeness of callous and selfish wrongdoing에서의 of를 동격의 of로, trust를 '신탁예금'으로 파악하여 다음과 같이 번역. '(고객이 맡긴) 신성한 재산에 (예를 들면) 태연하게 이기적인 악행을 저질러 왔던'

Our greatest primary task is to put people to work. This is no unsolvable problem if we face it wisely and courageously. It can be accomplished in part by direct recruiting by the Government itself, treating the task as we would treat the emergency of a war, but at the same time, through this employment, accomplishing great — greatly needed projects to stimulate and reorganize the use of our great natural resources.

Hand in hand with that, we must frankly recognize the overbalance of population in our industrial centers and, by engaging on a national scale in a redistribution, endeavor to provide a better use of the land for those best fitted for the land.

Yes, the task can be helped by definite efforts to raise the values of agricultural products, and with this the power to purchase the output of our cities. It can be helped by preventing realistically the tragedy of the growing loss through foreclosure of our small homes and our farms. It can be helped by insistence that the Federal, the State, and the local governments act forthwith on the demand that their cost be drastically reduced. It can be helped by the unifying of relief activities which today are often scattered, uneconomical, unequal. It can be helped by national planning for and supervision of all forms of transportation and of communications and other utilities that have a definitely public character. There are many ways in which it can be helped, but it can never be helped by merely talking about it.

Check the Vocabulary

put ~ to work 일을 시키다   stimulate 자극하다, 고무하다   overbalance 초과(량), 불균형   those best fitted for the land = those who are best fitted for the land 그 토지에 가장 적합한 사람들

우리의 가장 큰 우선 임무는 사람들이 일을 할 수 있도록 하는 것입니다. 우리가 현명하고 용기 있게 대처한다면 이는 풀지 못할 문제가 아닙니다. 우리가 전쟁이라는 비상사태에 대처하듯이 정부의 직접적인 고용을 통해 이 문제에 대처한다면, 그 임무는 부분적이나마 달성될 수 있습니다. 그러나 그와 동시에 이러한 고용을 통해 우리의 막대한 천연자원의 이용을 고무하고 재편성하기 위한 거대한 프로젝트, 그것도 대단히 절실한 프로젝트를 완성해야만 달성될 수 있습니다.

그와 더불어, 우리는 산업 지구의 인구가 너무 많다는 사실을 솔직히 인정해야 합니다. 그리고 국가적 규모로 재배치에 관여함으로써 더 나은 토지의 사용권을 그에 가장 적합한 사람들에게 제공하려고 노력해야 합니다.

그렇습니다. 우리의 임무는 농산품의 가치와 아울러 우리 도시의 생산품에 대한 구매력을 높이려는 명확한 노력에 의해 도움을 받을 수 있습니다. 그것은 우리의 작은 집과 농장의 압류로 인한 손실 증가라는 비극을 현실적으로 방지함으로써 도움을 받을 수 있습니다. 그것은 연방과 각 주, 그리고 지방 정부가 그들의 비용을 과감히 줄여야 한다는 요구를 즉시 실행에 옮겨야 한다는 주장의 도움을 받을 수 있습니다. 그것은 오늘날 산발적이고 비경제적이며 불평등한 구호 활동을 통합함으로써 도움을 받을 수 있습니다. 그것은 명백히 공공의 성격을 띠고 있는 모든 형태의 운송 수단과 통신, 그리고 다른 여러 공익 설비에 대한 국가적인 계획과 관리를 통해 도움 받을 수 있습니다. 이 임무를 도울 수 있는 방법은 많습니다. 그러나 단지 그것에 대해 얘기하는 것만으로는 전혀 도움이 되지 않습니다.

tragedy 비극 foreclosure 저당물의 압류, 저당물의 반환권 상실 act on 실행에 옮기다 utility 공익사업(설비[시설])

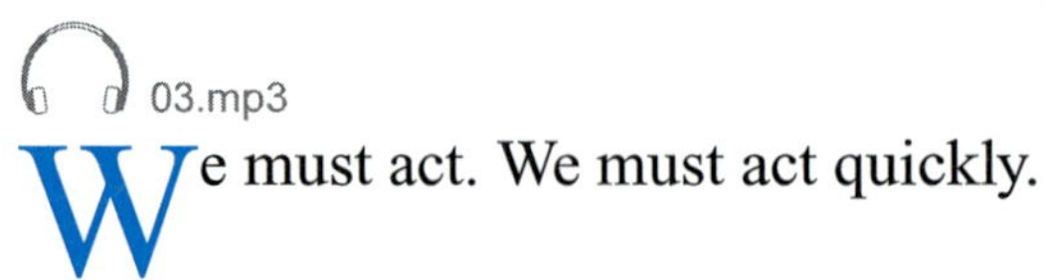

We must act. We must act quickly.

And finally, in our progress towards a resumption of work, we require two safeguards against a return of the evils of the old order. There must be a strict supervision of all banking and credits and investments. There must be an end to speculation with other people's money. And there must be provision for an adequate but sound currency.

These, my friends, are the lines of attack. I shall presently urge upon a new Congress in special session detailed measures for their fulfillment, and I shall seek the immediate assistance of the 48 States.

우리는 행동해야 합니다. 우리는 빨리 행동으로 옮겨야 합니다.

마지막으로, 일자리의 회복을 위한 과정에 들어서면 낡은 질서의 악습으로 회귀하는 것을 막을 수 있는 두 가지 안전장치가 필요합니다. 모든 은행 업무와 대출과 투자의 엄격한 감독이 있어야 합니다. 다른 사람의 돈을 갖고 하는 투기 행위는 근절되어야 합니다. 그리고 적절하고 건전한 화폐유통을 위한 법률 규정이 있어야 합니다.

국민 여러분, 이것들이 (제 업무의) 시작 방침입니다. 저는 이를 완수하기 위한 구체적인 조치를 특별 회기에 새로운 의회에서 역설할 것입니다. 그리고 48개 주의 즉각적인 협조를 요청할 것입니다.

Pearl Harbor Address to the Nation

일본의 진주만 공습

delivered 8 December 1941

1941년 12월 8일

04

Speech

Franklin D. Roosevelt 프랭클린 D. 루스벨트

1941년 12월 7일 일본이 진주만에 기습 공격을 가하여 미국의 함정들을 대파하고 수많은 사상자를 낸 뒤 영국에 선전포고를 하자 태평양전쟁이 시작되었다.

일본의 기습 공격으로 경악에 빠진 미국 국민들을 향해 루스벨트 대통령은 긴급히 소집된 의회의 연설에서 대(對) 일본 선전포고를 요청하였다. 간결한 문체의 이 연설문에는 당시의 긴박한 상황이 생생하게 묘사되어 있다.

평소의 어투와는 달리, '1941년 12월 7일—치욕 속에 기억될 날'이라고 표현한 것은 이 사건이 역사적으로 얼마나 심각한 성격을 띠고 있는지를 잘 보여 준다.

Yesterday, December 7, 1941 — a date which will live in infamy — the United States of America was suddenly and deliberately attacked by naval and air forces of the Empire of Japan.

The United States was at peace with that nation and, at the solicitation of Japan, was still in conversation with its government and its emperor looking toward the maintenance of peace in the Pacific.

Indeed, one hour after Japanese air squadrons had commenced bombing in the American island of Oahu the Japanese ambassador to the United States and his colleague delivered to our secretary of state a formal reply to a recent American message.

And, while this reply stated that it seemed useless to continue the existing diplomatic negotiations, it contained no threat or hint of war or of armed attack.

1941년 12월 7일, 치욕 속에 기억될 이날, 미국은 일본 제국의 해군과 공군에 의해 고의적인 기습 공격을 받았습니다.

미국은 일본과 평화로운 관계를 유지하고 있었습니다. 일본의 간청으로 일본 정부 및 일왕과 태평양의 평화 유지를 기대하며 대화를 하고 있었습니다.

게다가, 일본 공군의 비행 대대가 미국 오하우 섬에 폭격을 개시한 지 한 시간 뒤, 주미 (駐美) 일본 대사와 그의 동료는 최근의 미국 서한에 대한 공식적 답장을 우리 국무장관에게 전해 왔습니다.

그런데 이 답장 안에는 기존의 외교 협상을 계속하는 것이 쓸모없을 것 같다는 언급은 있었지만, 전쟁 혹은 무력적인 공격에 대한 위협이나 암시는 전혀 없었습니다.

squadron 비행 대대 **deliver** 인도하다, (물품 · 편지를) 배달[송달]하다, 전하다

It will be recorded that the distance of Hawaii from Japan makes it obvious that the attack was deliberately planned many days or even weeks ago. During the intervening time the Japanese government has deliberately sought to deceive the United States by false statements and expressions of hope for continued peace.

The attack yesterday on the Hawaiian Islands has caused severe damage to American naval and military forces. I regret to tell you that very many American lives have been lost.

In addition, American ships have been reported torpedoed on the high seas between San Francisco and Honolulu. Yesterday the Japanese government also launched an attack against Malaya.

Last night Japanese forces attacked Hong Kong. Last night Japanese forces attacked Guam. Last night Japanese forces attacked the Philippine Islands. Last night the Japanese attacked Wake Island. And this morning the Japanese attacked Midway Island.

일본에서 하와이까지의 거리를 고려할 때, 그 공격은 며칠 혹은 심지어는 몇 주 전에 신중하게 계획된 것이 분명함을 알 수 있을 것입니다. 그 동안에 일본 정부는 지속적인 평화를 희망한다는 거짓 진술과 표현으로 미국을 속이려 고의적인 노력을 해 왔습니다.

하와이 섬들에 대한 어제의 공격은 미국 해군과 육군에 심각한 피해를 입혔습니다. 아주 많은 미국인이 생명을 잃게 되었다는 점을 여러분께 알려 드리게 되어 유감입니다.

더군다나, 샌프란시스코와 호놀룰루 사이의 공해 상에서 미국 선박들이 어뢰 공격을 받아 격파당했다는 보고가 있었습니다. 또한 어제 일본 정부가 말레이반도에 대한 공격을 개시했습니다.

어젯밤 일본 군대는 홍콩을 공격하였습니다. 어젯밤 일본 군대는 괌을 공격하였습니다. 어젯밤 일본 군대는 필리핀 군도를 공격하였습니다. 어젯밤 일본 군대는 웨이크 섬을 공격하였습니다. 그리고 오늘 아침 일본 군대는 미드웨이 군도를 공격하였습니다.

torpedo 어뢰, 어뢰로 공격하다   **high sea** 공해(公海): 외양(外洋), 외해(外海)   **launch** 발사하다, 개시하다   **Malaya** 말레이
반도   **Wake Island** 남태평양의 웨이크 섬   **Midway Island** (하와이 근처의) 미드웨이 군도(群島)

Japan has therefore undertaken a surprise offensive extending throughout the Pacific area. The facts of yesterday and today speak for themselves. The people of the United States have already formed their opinions and well understand the implications to the very life and safety of our nation.

As commander in chief of the army and navy I have directed that all measures be taken for our defense, that always will our whole nation remember the character of the onslaught against us.

No matter how long it may take us to overcome this premeditated invasion, the American people, in their righteous might, will win through to absolute victory.

I believe that I interpret the will of the Congress and of the people when I assert that we will not only defend ourselves to the uttermost but will make it very certain that this form of treachery shall never again endanger us.

러므로 일본은 태평양 지역 전체에 기습 공격을 감행한 것입니다. 어제와 오늘의 사건들은 자명합니다. 미국 국민은 이미 소신을 굳혔습니다. 그리고 바로 우리나라의 생명과 안전과의 관련성을 잘 이해하고 있습니다.

저는 육군과 해군의 총사령관으로서, 우리나라의 방위를 위해 필요한 모든 조치를 취하라고 지시하였습니다. 우리 전 국민은 우리에 대한 이 맹공격의 성격을 항상 기억하게 될 것입니다.

미리 계획된 이 침공을 이겨내는 데 얼마나 오래 걸릴지 모르지만, 미국 국민은 정의로운 힘으로 끝까지 싸워 완전한 승리를 거둘 것입니다.

최대한 스스로를 방어할 뿐 아니라, 이러한 형태의 배반 행위가 결코 다시는 우리를 위험하게 하지 못하도록 분명히 해 두어야겠다는 저의 주장은 의회와 국민 모두의 뜻을 반영한 것이라고 믿고 있습니다.

Check the Vocabulary

premeditate 미리 생각[의논, 연구, 계획]하다　**righteous might** 정의로운 힘　**to the uttermost** 극도로, 최대한
treachery 배반, 반역

1976 Democratic National Convention Keynote Address

1976년 민주당 전당대회 기조연설

delivered 12 July 1976, New York, NY

1976년 7월 12일, 뉴욕 주 뉴욕

05
Speech

Barbara C. Jordan 바바라 C. 조든

바바라 C. 조든(1936~1996)은 텍사스 주 하원 의원으로 선출되어 최초로 미국 의회에 진출한 남부 출신의 흑인 여성이다. 텍사스 주 휴스턴에 소재한 텍사스 남부 대학교에서 정치학과 역사학을 전공했으며 1956년 이 학교를 2등으로 졸업한 그녀는 다시 1959년 보스턴 대학교 법학과에 입학하여 변호사 자격을 취득했다.

텍사스로 돌아와 판사의 행정 보조원으로 일하던 그녀는 1966~72년에 주 상원 의원으로 활동했으며 1972년에는 텍사스 제18지역구에서 하원의원으로 당선되었다.

1974년 7월 25일 리처드 M. 닉슨 대통령의 탄핵 문제를 다루기 위해 열린 하원 법사위원회 청문회가 전국에 TV로 방영되자 그녀는 일약 청문회 스타로 부각되었다. 1976년 민주당 전당대회에서 행한 기조연설은 그녀가 얼마나 설득력 있고 탁월한 연설가인지를 잘 보여 주고 있다.

It was one hundred and forty-four years ago that members of the Democratic Party first met in convention to select a Presidential candidate. Since that time, Democrats have continued to convene once every four years and draft a party platform and nominate a Presidential candidate. And our meeting this week is a continuation of that tradition. But there is something different about tonight. There is something special about tonight. What is different? What is special?

I, Barbara Jordan, am a keynote speaker.

A lot of years passed since 1832, and during that time it would have been most unusual for any national political party to ask a Barbara Jordan to deliver a keynote address. But tonight, here I am. And I feel — I feel that notwithstanding the past that my presence here is one additional bit of evidence that the American Dream need not forever be deferred.

대통령 후보를 선출하기 위해 민주당 당원들이 처음 전당대회에서 만난 것이 144년 전이었습니다. 그 이후로 민주당 당원들은 계속 4년에 한 번씩 전당대회를 열어 당의 정강을 정하고 대통령 후보를 지명해 왔습니다. 이번 주에 우리가 모인 것은 그런 전통을 이어 가는 것입니다. 그러나 오늘밤은 다른 점이 있습니다. 오늘밤은 특별한 점이 있습니다. 무엇이 다릅니까? 무엇이 특별합니까?

바바라 조든, 제가 기조 연설을 하게 된 점입니다.

1832년부터 꽤 많은 세월이 흘렀습니다. 그런데 그동안 바바라 조든 같은 사람에게 기조연설을 부탁한 전국적인 정당이 없었다는 것은 신기합니다. 그러나 오늘밤, 여기에 제가 서 있습니다. 그러한 과거에도 불구하고 제가 이 자리에 서 있다는 것은 미국의 꿈이 영원히 늦춰져서는 안 된다는 또 다른 증거의 일부라고 저는 생각합니다.

Check the Vocabulary

unusual 이상한, 신기한 **a Barbara Jordan** 바바라 조든 같은 사람(an Edison 에디슨과 같은 발명가)
notwithstanding ～에도 불구하고 **defer** 미루다, 늦추다

Now — Now that I have this grand distinction, what in the world am I supposed to say? I could easily spend this time praising the accomplishments of this party and attacking the Republicans — but I don't choose to do that. I could list the many problems which Americans have. I could list the problems which cause people to feel cynical, angry, frustrated: problems which include lack of integrity in government; the feeling that the individual no longer counts; the reality of material and spiritual poverty; the feeling that the grand American experiment[1] is failing or has failed. I could recite these problems, and then I could sit down and offer no solutions. But I don't choose to do that either. The citizens of America expect more. They deserve and they want more than a recital of problems.

We are a people in a quandary about the present. We are a people in search of our future. We are a people in search of a national community. We are a people trying not only to solve the problems of the present, unemployment, inflation, but we are attempting on a larger scale to fulfill the promise of America. We are attempting to fulfill our national purpose, to create and sustain a society in which all of us are equal.

이제, 이렇게 큰 영광을 얻었는데, 도대체 제가 뭐라 해야 하겠습니까? 이 정당(민주당)의 업적에 대한 찬사를 늘어놓고 공화당 사람들을 공격하며 쉽게 이 시간을 보낼 수도 있습니다. 그러나 저는 그렇게 하지 않겠습니다. 저는 미국이 지니고 있는 많은 문제점을 열거할 수 있습니다. 국민들에게 냉소적인 분위기, 분노와 좌절감을 불러일으키는 문제점을 열거할 수 있습니다. 정부의 성실성 부족, 개인이 더 이상 중요하지 않다는 기분, 물질적 · 정신적 빈곤의 현실, 대(大) 미국의 시도가 실패하고 있거나 실패했다는 느낌 등 여러 가지 문제점을 열거할 수 있습니다. 이런 문제점을 열거하고 앉아서 아무런 해결책을 내놓지 않을 수 있습니다. 그러나 저는 그러지도 않겠습니다. 미국 시민은 그 이상을 기대합니다. 그들은 문제점의 열거보다는 그 이상의 것을 보상받을 자격이 있으며 또 원하고 있습니다.

우리 국민은 현재에 대해 당혹해 하고 있습니다. 우리 국민은 우리의 미래를 찾고 있습니다. 우리 국민은 국가의 공통성을 찾고 있습니다. 우리 국민은 실업과 인플레이션과 같은 현재의 문제를 해결하려고 할 뿐만 아니라 미국의 약속을 광범위하게 완수하려고 하고 있습니다. 우리는 우리의 국가 목표, 우리 모두가 평등한 사회를 만들어 유지하고자 하는 목표를 달성하려고 하고 있습니다.

Check the Vocabulary

1) Great American Experiment라고도 함. 미국의 건국이념을 의미한다. http://www.nccs.net/articles/ril71.html

Anation is formed by the willingness of each of us to share in the responsibility for upholding the common good. A government is invigorated when each one of us is willing to participate in shaping the future of this nation. In this election year, we must define the "common good" and begin again to shape a common future. Let each person do his or her part. If one citizen is unwilling to participate, all of us are going to suffer. For the American idea, though it is shared by all of us, is realized in each one of us.

국가는 국민 한 사람 한 사람이 공통의 선(善)을 유지할 책임을 공유하고자 하는 의지로 형성됩니다. 정부는 국민 한 사람 한 사람이 이 나라의 미래를 구체화하려는 기꺼이 참여하고자 할 때 힘을 얻게 됩니다. 이번 대선의 해에는 우리가 '공통의 선'에 대한 정의를 내리고 다시 공통의 미래를 구체화하기 시작해야 합니다. 각자 자신의 역할을 하도록 합시다. 참여하는 것을 꺼리는 시민이 있더라도 우리 모두는 참아낼 것입니다. 우리 모두가 미국의 이념을 공유하고 있더라도 이는 우리 각자의 마음속에서 실현되는 것이기 때문입니다.

Checkers
체커스 연설

delivered and broadcast live on television 23 September 1952

1952년 9월 23일 TV 생중계

06
Speech

Richard M. Nixon 리처드 M. 닉슨

리처드 M. 닉슨(1913~1994)은 미국의 제37대 대통령으로 '닉슨독트린'을 제창하였으며, '핑퐁외교'로 중국과의 관계를 개선하고 소련과의 데탕트(긴장 완화)를 추진했다. 외교 분야에서 이룩한 많은 업적에도 불구하고 워터게이트 사건으로 1974년에 대통령직을 사임하였다.

1952년 공화당의 대통령 후보였던 아이젠하워가 자신의 러닝메이트로 닉슨을 지명했다. 그러자 민주당은 닉슨이 정치자금을 불법적으로 사용했다고 공격하기 시작했다. 연이은 언론과 여론의 뭇매로 곤경에 빠진 닉슨은 TV 생방송에 직접 출연하여 30여 분 동안 자신을 방어하기 위한 연설을 했다. 이 연설이 바로 '체커스 연설(Checkers Speech)'이다. 그 내용 중에 '체커스'란 강아지 이름이 나오는데, 이를 풍자하여 닉슨의 '체커스 연설'이라고 부른다.

이 연설의 핵심 내용은 그가 텍사스의 어느 지지자로부터 예쁜 강아지 한 마리를 선물로 받았지만, 어린 두 딸이 너무 좋아하니까 선거법에 저촉이 되더라도 돌려주지 않겠다고 밝혔다는 점이다. 연설의 전반부는 자신의 재산 내역과 정치 생활에 대한 해명이 주를 이루고 있으나 후반부는 민주당에 대한 통렬한 반박과 역공이 펼쳐진다. 논리와 감성이 적절하게 섞여 있는 명연설이다.

My Fellow Americans, I come before you tonight as a candidate for the Vice Presidency and as a man whose honesty and integrity has been questioned.

Now, the usual political thing to do when charges are made against you is to either ignore them or to deny them without giving details. I believe we've had enough of that in the United States, particularly with the present Administration in Washington, D.C. To me the office of the Vice Presidency of the United States is a great office, and I feel that the people have got to have confidence in the integrity of the men who run for that office and who might obtain it.

I have a theory, too, that the best and only answer to a smear or to an honest misunderstanding of the facts is to tell the truth. And that's why I'm here tonight. I want to tell you my side of the case. I'm sure that you have read the charge, and you've heard it, that I, Senator Nixon, took 18,000 dollars from a group of my supporters.

국민 여러분, 저는 한 명의 부통령 후보로서, 또 성실성과 정직성에 대해 의심을 받는 한 사람으로서 오늘밤 여러분 앞에 섰습니다.

여러분이 혐의를 받고 있을 때 보통 정치적으로 취할 수 있는 행동은 세세히 해명하지 않고 그저 무시하거나 부정하는 것입니다. 저는 미국, 특히 현재의 워싱턴 행정부에서는 다들 그렇게 해 왔다고 믿고 있습니다. 저에게 미국의 부통령이란 직책은 대단한 자리입니다. 따라서 국민은 그 직책에 입후보하여 당선될지도 모르는 사람들의 정직성에 대해서 신뢰를 갖고 있어야 한다고 생각합니다.

저는 진실에 대한 비방이나 완전한 오해를 풀 수 있는 최선의 해결책은 진실을 밝히는 것뿐이라는 생각도 갖고 있습니다. 제가 오늘밤 이곳에 온 이유가 바로 그것입니다. 저는 그 문제에 대해 여러분에게 제 입장을 밝히고 싶습니다. 여러분은 닉슨 상원 의원이 일단의 지지자들로부터 1만8천 달러를 받았다는 혐의에 대한 기사를 읽거나 그에 대한 얘기를 들어 보신 적이 분명 있을 것입니다.

Now, was that wrong? And let me say that it was wrong. I'm saying, incidentally, that it was wrong, not just illegal, because it isn't a question of whether it was legal or illegal, that isn't enough. The question is, was it morally wrong? I say that it was morally wrong — if any of that 18,000 dollars went to Senator Nixon, for my personal use. I say that it was morally wrong if it was secretly given and secretly handled. And I say that it was morally wrong if any of the contributors got special favors for the contributions that they made.

One other thing I probably should tell you, because if I don't they'll probably be saying this about me, too. We did get something, a gift, after the election. A man down[1] in Texas heard Pat on the radio mention the fact that our two youngsters would like to have a dog. And believe it or not, the day before we left on this campaign trip we got a message from Union Station in Baltimore, saying they had a package for us. We went down to get it. You know what it was? It was a little cocker spaniel dog in a crate that he'd sent all the way from Texas, black and white, spotted. And our little girl Tricia, the six year old, named it "Checkers." And you know, the kids, like all kids, love the dog, and I just want to say this, right now, that regardless of what they say about it, we're gonna keep it.

자 그것은 잘못된 일이었겠지요? 그러면 잘못된 일이었다고 칩시다. 제가 말씀 드리고자 하는 바는, 그것이 우연히 잘못된 일이었지 정말 불법적인 일은 아니었다는 것입니다. 왜냐하면 그것이 합법이었느냐 불법이었느냐에 그칠 문제가 아니기 때문입니다. 문제는 그것이 도덕적으로 잘못된 일이었느냐 하는 것입니다. 만약 그 돈 1만 8천 달러 중에 일부가 개인적인 용도로 상원 의원인 저 닉슨에게 돌아왔다면 그것은 도덕적으로 잘못된 일이었다고 말씀 드릴 것입니다. 만약 그 돈을 비밀리에 받아 비밀리에 처리했다면 그것은 도덕적으로 잘못된 일이었다고 말씀 드릴 것입니다. 그리고 기부한 사람들 중에서 그 기부 행위의 대가로 특별한 혜택을 받은 사람이 있다면 그것은 도덕적으로 잘못된 일이었다고 말씀 드릴 것입니다.

아마 여러분께 말씀 드려야 할 것이 하나 더 있을 것입니다. 제가 말씀 드리지 않는다면 사람들이 저에 대해 이것도 얘기할 것이기 때문입니다. (지난 번) 선거 뒤에 저희는 선물을 하나 받았습니다. 남부 텍사스 주에 사는 어떤 남자분이 (제 아내) 패트(패트리샤)가 라디오에 출연하여 저희 어린 두 딸이 강아지를 한 마리 갖고 싶다고 하는 말을 들었습니다. 그런데, 거짓말이라고 생각하시겠지만, 이번 유세 여행을 떠나기 바로 전날 저희는 볼티모어의 유니언 역에서 저희에게 온 물건이 있다는 연락을 받았습니다. 저희는 그 물건을 받기 위해 역으로 갔습니다. 그 물건이 무엇이었는지 아십니까? 흰색과 검정색이 점점이 섞인 코커스패니얼 강아지였습니다. 그분이 멀리 텍사스에서 상자에 담아 보낸 것이었습니다. 그런데 여섯 살 난, 제 어린 딸 트리샤가 그 이름을 '체커스' 라고 지었습니다. 여러분도 아시다시피, 저희 애들도 모든 다른 애들과 마찬가지로 강아지를 좋아합니다. 이제, 바로 이 점은 꼭 말씀 드리고 싶습니다. 사람들이 뭐라고 하던 저희는 그 강아지를 그대로 키울 것이란 점 말입니다.

Check the Vocabulary

1) 마틴 루터 킹 목사의 〈나에게는 꿈이 있습니다〉 주석 참조

It isn't easy to come before a nationwide audience and bare your life, as I've done. But I want to say some things before I conclude that I think most of you will agree on. Mr. Mitchell, the Chairman of the Democratic National Committee, made this statement — that if a man couldn't afford to be in the United States Senate, he shouldn't run for the Senate. And I just want to make my position clear. I don't agree with Mr. Mitchell when he says that only a rich man should serve his Government in the United States Senate or in the Congress. I don't believe that it represents the thinking of the Democratic Party, and I know that it doesn't represent the thinking of the Republican Party.

제가 방금 말씀 드린 것과 같이 전국의 시청자 앞에 서서 자신의 생활을 모두 털어 놓는 것은 쉬운 일이 아닙니다. 그러나 (오늘의 연설을) 마치기 전에 몇 가지 점에 대해 말씀 드리고 싶습니다. 이들에 대해서는 여러분 대다수가 동의할 것입니다. 민주당 전국 위원회 의장이신 미첼 의원께서는, 미국 상원에 있을 능력이 없는 사람이라면 상원 의원에 입후보해서는 안 된다는 말씀을 하셨습니다. 이제 저는 제 견해를 분명히 하고 싶습니다. 미첼 의원께서 부자만이 미국의 상원과 의회에서 정부에 봉사해야 한다고 말씀하신다면 저는 그 말씀에 동의하지 않겠습니다. 저는 그것이 민주당의 견해를 대변한다고 믿지 않습니다. 또한 그것이 공화당의 견해를 대변하지도 않는다고 알고 있습니다.

Black Power

블랙파워

delivered October 1966, Berkeley, CA

1966년 10월, 캘리포니아 버클리

Speech

Stokely Carmichael 스토클리 카마이클

스토클리 카마이클(1941~1998)은 트리니다드토바고 태생의 민권운동가이자 흑인 민족주의자이다. 블랙 파워(black power)라는 말로 미국 흑인들에게 비폭력 저항 대신 보다 급진적이고 혁명적인 전술을 채택할 것을 촉구하였다.

앨라배마 주 라운즈 카운티의 학생비폭력조정위원회(SNCC: Student Nonviolent Coordinating Committee)를 중심으로 흑인들의 유권자 등록을 도왔다. 1968년 SNCC를 떠난 그는 블랙 파워의 보다 과격한 투쟁적 단체 흑표범당의 창당에 가담하였다.

비폭력과 인종통합이라는 마틴 루터 킹의 이념과는 전혀 달리, 그는 '블랙 파워'를 모토로 급진적인 사회개혁과 흑인 빈민의 해방을 부르짖으며 전투적인 투쟁을 촉구하여 미국 사회를 격렬한 폭동에 휘말리게 하였다.

So that the failures to pass a civil rights bill isn't because of Black Power, isn't because of the Student Nonviolent Coordinating Committee; it's not because of the rebellions that are occurring in the major cities. It is incapability of whites to deal with their own problems inside their own communities. That is the problem of the failure of the civil rights bill.

And so in a larger sense we must then ask, How is it that black people move? And what do we do? But the question in a greater sense is, How can white people who are the majority — and who are responsible for making democracy work — make it work? They have miserably failed to this point. They have never made democracy work, be it inside the United States, Vietnam, South Africa, Philippines, South America, Puerto Rico. Wherever American has been, she has not been able to make democracy work; so that in a larger sense, we not only condemn the country for what it's done internally, but we must condemn it for what it does externally. We see this country trying to rule the world, and someone must stand up and start articulating that this country is not God, and cannot rule the world.

시민권 법안이 통과되지 않는 것은 블랙 파워 때문이 아닙니다. SNCC 때문도 아닙니다. 지금 주요 도시들에서 발생하고 있는 폭동 때문도 아닙니다. 그것은 백인들이 자신들의 문제를 자신들의 사회 안에서 제대로 다루지 못하기 때문입니다. 그것이 시민권에 관한 법안 실패의 문제입니다.

따라서 우리는 보다 큰 의미에서 물어봐야 합니다. 흑인들이 어떻게 움직여야 할 것인가? 우리가 무엇을 해야 하는가? 그러나 문제는 보다 큰 의미에서 볼 때, 다수인 백인들이, 민주주의가 제대로 작동하도록 만들 책임을 갖고 있는 그들이, 어떻게 그것이 제대로 작동하도록 만들까 하는 것입니다. 불행히도 그들은 지금껏 이 점에 대해 실패했습니다. 그들은 미국에서도, 베트남에서도, 남아프리카에서도, 필리핀에서도, 남아메리카에서도, 푸에르토리코에서도 민주주의가 제대로 작동하도록 만드는 데 결코 성공하지 못했습니다. 미국이 있는 곳 어디에서든 미국은 민주주의가 제대로 작동하도록 만들 수 없었습니다. 따라서 보다 큰 의미에서 우리는 미국이 국내에서 한 일 뿐만 아니라 외국에서 한 일에 대해서도 미국을 비난해야 합니다. 우리는 이 나라가 세계를 통치하려고 하는 것을 알고 있습니다. 그러므로 누군가가 일어서서 이 나라가 신이 아니며 세계를 통치할 수 없다는 것을 분명히 말해야 합니다.

Now there's one modern day lie that we want to attack and then move on very quickly and that is the lie that says anything all black is bad. Now, you're all a college university crowd. You've taken your basic logic course. You know about a major premise and minor premise. So people have been telling me anything all black is bad. Let's make that our major premise.

Major premise: Anything all black is bad. Minor premise or particular premise: I am all black. Therefore …

I'm never going to be put in that trick bag; I am all black and I'm all good, dig it. Anything all black is not necessarily bad. Anything all black is only bad when you use force to keep whites out. Now that's what white people have done in this country, and they're projecting their same fears and guilt on us, and we won't have it, we won't have it. Let them handle their own fears and their own guilt. Let them find their own psychologists. We refuse to be the therapy for white society any longer. We have gone mad trying to do it. We have gone stark raving mad trying to do it.

I look at Dr. King on television every single day, and I say to myself: "Now there is a man who's desperately needed in this country. There is a man full of love. There is a man full of mercy. There is a man full of compassion." But every time I see Lyndon on television, I said, "Martin, baby, you got a long way to go."

move on = attack   major premise 대전제 · minor premise 소전제   trick bag 마술 주머니, 곤란한 처지(=sticky situation)   dig it 솔직히, 정말   keep out 안에 들이지 않다, 따로 떼어놓다   project 투영하다, ~의 이미지를 주다 therapy 치료법   stark 아주, 순전히   raving mad 아주 미친

리가 공격하고 싶은, 즉시 달려들고 싶은, 현대판 거짓말이 하나 있습니다. 완전히 검은 것은 어느 것이든 나쁘다는 거짓말 말입니다. 지금, 여러분은 모두 대학생들입니다. 논리학의 기본은 이미 배웠을 겁니다. 대전제와 소전제에 대해서도 알고 있을 겁니다. 사람들은 저에게 완전히 검은 것은 어느 것이든 나쁘다고 말해왔습니다. 그것을 우리의 대전제로 삼아봅시다.

대전제: 완전히 검은 것은 어느 것이든 나쁘다. 소전제: 나는 완전히 검다. 그러므로 …

저는 결코 그런 곤란한 처지에 빠지고 싶지 않습니다. 저는 완전히 검습니다. 그런데 저는 정말 아주 좋은 사람입니다. 완전히 검은 것이 반드시 나쁜 것만은 아닙니다. 완전히 검은 것이 나쁜 것은 억지로 하얀 것들을 따로 떼어놓으려 할 때뿐입니다. 백인들이 이 나라에서 지금껏 한 것이 바로 그것입니다. 그러면서도 그들은 (예전과) 같은 공포와 죄의 이미지를 우리에게 씌우고 있습니다. 우리는 그렇게 되지 않을 겁니다. 우리는 그렇게 되지 않을 겁니다. 그들이 자신들의 공포와 죄를 다루도록 내버려둡시다. 그들이 자신들의 심리학자를 발견하도록 내버려둡시다. 우리는 백인 사회를 위한 치료법이 되는 것을 더 이상 원하지 않습니다. 우리는 그렇게 하려다 미쳐버렸습니다. 우리는 그렇게 하려다 정말 아주 미칠 지경이 되었습니다.

매일 TV에서 킹 목사를 볼 때면 저는 이렇게 혼잣말을 합니다. "이 나라에 정말 필요한 사람이 이제 나왔구나. 사랑으로 가득한 사람이 나왔구나. 자비로 가득한 사람이 나왔구나. 동정으로 가득한 사람이 나왔구나." 그러나 TV에서 존슨 대통령을 볼 때마다 저는 이렇게 얘기합니다. "킹 목사, 당신은 아직도 멀었습니다."

every single day 매일 = day by day **Lyndon** = Lyndon Baines Johnson 린든 존슨 대통령 **get a long way to go** 아직 멀다

And that we must begin to raise those questions of civilization: What it is? And who do it? And so we must urge you to fight now to be the leaders of today, not tomorrow. We've got to be the leaders of today. This country — This country is a nation of thieves. It stands on the brink of becoming a nation of murderers. We must stop it. We must stop it. We must stop it. We must stop it.

And then, therefore, in a larger sense there's the question of black people. We are on the move for our liberation. We have been tired of trying to prove things to white people. We are tired of trying to explain to white people that we're not going to hurt them. We are concerned with getting the things we want, the things that we have to have to be able to function. The question is, Can white people allow for that in this country? The question is, Will white people overcome their racism and allow for that to happen in this country? If that does not happen, brothers and sisters, we have no choice but to say very clearly, "Move over, or we're going to move on over you."

Thank you.

그리고 우리는 문명이란 무엇인가, 누가 문명을 만드는 것인가 하는 것과 같은, 문명에 대한 문제들을 제기하기 시작해야 합니다. 그리고 우리는 여러분이 내일이 아니라 오늘의 지도자가 되기 위해 지금 싸우기를 촉구해야 합니다. 이 나라는 — 이 나라는 도둑놈의 국가입니다. 이 나라는 살인자의 국가가 되기 바로 직전의 상태입니다. 우리는 그것을 막아야 합니다. 우리는 그것을 막아야 합니다. 우리는 그것을 막아야 합니다. 우리는 그것을 막아야 합니다.

그러므로 보다 큰 의미에서 볼 때 흑인들의 문제가 있습니다. 우리는 우리의 자유를 위해 활동하고 있습니다. 우리는 백인들에게 여러 것들을 입증하려다 지치고 말았습니다. 우리가 그들을 해치지 않으리란 점을 설명하려다 지쳤습니다. 우리는 우리가 원하는 것들을, 우리가 제대로 작동하도록 할 수 있어야만 하는 것들에 관심이 있습니다. 문제는 이 나라에서 백인들이 그것을 허용할 수 있느냐 하는 겁니다. 문제는 이 나라에서 백인들이 인종적인 편견을 극복하고 그 일이 일어나도록 허용하느냐 하는 겁니다. 형제자매 여러분, 그런 일이 일어나지 않는다면, 우리는 아주 분명히 말하지 않을 수 없습니다. "자리를 비키십시오. 아니면 우리가 당신들을 향해 달려들 것입니다."

감사합니다.

The Space Shuttle "Challenger" Tragedy Address

챌린저 우주 왕복선 폭발 사고

delivered 28 January 1986

1986년 1월 28일

08
Speech

Ronald Reagan 로널드 레이건

로널드 레이건(1911~2004)은 미국의 제40대 대통령(1981~1989)으로 미국 공화당의 전형
적인 보수주의자이다. 라디오 스포츠 아나운서로 사회생활을 시작하여, 1937년 영화배우로
데뷔했다.

영화배우 겸 제너럴일렉트릭사의 순회 대변인으로 활약(1954~1962)했으며 이 시기에 민
주당에서 공화당으로 당적을 변경했다. 캘리포니아 주지사를 거쳐, 1980년에 실시된 대통
령 선거에서 지미 카터 대통령에게 압도적인 승리를 거두고 대통령 자리에 올랐다.

우주왕복선 챌린저(Space Shuttle Challenger)

마리아나 해구의 깊이를 최초로 측정한 영국 탐험선 'HMS 챌린저'에서 이름을 빌려 온, 미국의
유인 우주왕복선 제2호기. 1983년 4월부터 8월 사이에 세 차례의 비행을 성공리에 마쳤다. 그러나
1986년 1월 28일 승무원 7명을 태운 챌린저호는 발사 후 73초 만에 공중에서 폭발하고 말았다. 미
국은 이 사고로 승무원 전원이 사망하고 당시 한화로 4865억 원에 달하는 재산 피해를 입었다.

레이건 대통령의 지시로 설치된 조사 위원회의 조사 결과, 사고의 원인은 부스터 로켓에 사용된 고무
재질의 O-ring이 추운 날씨 때문에 탄력을 잃어 고온의 가스가 O-ring 사이로 누출되어 불이 붙으면
서 외부 연료 탱크가 붕괴된 것으로 밝혀졌다. 연설 마지막 부분의 '지상의 험악한 굴레를 벗어던지고
신의 얼굴을 만지러 갔다.'는 표현은 레이건 대통령의 예술적 면모를 적나라하게 보여 주고 있다.

Ladies and Gentlemen, I'd planned to speak to you tonight to report on the state of the Union, but the events of earlier today have led me to change those plans. Today is a day for mourning and remembering. Nancy and I are pained to the core by the tragedy of the shuttle Challenger. We know we share this pain with all of the people of our country. This is truly a national loss.

Nineteen years ago, almost to the day, we lost three astronauts in a terrible accident on the ground. But we've never lost an astronaut in flight. We've never had a tragedy like this.

And perhaps we've forgotten the courage it took for the crew of the shuttle. But they, the Challenger Seven, were aware of the dangers, but overcame them and did their jobs brilliantly. We mourn seven heroes: Michael Smith, Dick Scobee, Judith Resnik, Ronald McNair, Ellison Onizuka, Gregory Jarvis, and Christa McAuliffe. We mourn their loss as a nation together.

For the families of the seven, we cannot bear, as you do, the full impact of this tragedy. But we feel the loss, and we're thinking about you so very much. Your loved ones were daring and brave, and they had that special grace, that special spirit that says, "Give me a challenge, and I'll meet it with joy." They had a hunger to explore the universe and discover its truths. They wished to serve, and they did. They served all of us.

Check the Vocabulary

the state of the Union 연두교서(年頭教書) = the President's annual State of the Union address(message) to Congress to the core 속속들이, 철두철미하게 shuttle = space shuttle 우주왕복선

신사 숙녀 여러분, 오늘밤 저는 이 자리에서 연두교서를 발표할 계획이었습니다. 그러나 오늘 일찍이 발생한 사건으로 인해 그 계획을 변경하게 되었습니다. 오늘은 애도하고 기억해야 하는 날입니다. 낸시와 저는 챌린저 우주왕복선의 참사로 마음 속 깊이 아픔을 느끼고 있습니다. 우리는 이 고통을 우리 국민 모두와 나눠야 한다는 것을 알고 있습니다. 이는 정말로 국가적인 손실입니다.

19년 전 거의 이맘때쯤, 우리는 지상에서 끔찍한 사고로 우주 비행사 세 명을 잃었습니다. 그러나 우리는 비행 중에 우주 비행사를 잃은 적은 결코 없었습니다. 우리는 이와 같은 비극을 겪은 적이 결코 없었습니다.

아마도 우리는 우주왕복선의 승무원에게 필요했던 용기를 잊고 있었나 봅니다. 그러나 일곱 명의 챌린저 승무원은 여러 가지 위험을 잘 알고 있었지만, 이를 극복하고 자신들의 임무를 훌륭하게 수행해 냈습니다. 우리는 마이클 스미스, 딕 스코비, 유디트 레스닉, 로널드 맥네어, 엘리슨 오니즈카, 그레고리 자비스, 크리스타 매콜리프, 이 일곱 명의 영웅에 대해 애도를 표합니다. 우리는 그들의 죽음에 대해 모두 국가 차원에서 애도를 표합니다.

일곱 명의 승무원 가족 여러분, 우리도 여러분과 마찬가지로 이번 참사의 엄청난 충격을 인내할 수가 없습니다. 그러나 우리는 그 죽음의 아픔을 느끼면서 동시에 여러분에 대해 많은 생각을 하고 있습니다. 여러분이 사랑하던 사람들은 대담하고 용감하였습니다. 특별한 품위, "시련이 닥치면 내 기꺼이 감내하리라"라는 특별한 정신을 가지고 있었습니다. 그들은 우주를 탐험하고 그 진실을 발견하고자 하는 열망을 가지고 있었습니다. 그들은 그 일에 헌신하기를 희망했고 그렇게 했습니다. 그들은 우리 모두에게 헌신했습니다.

We've grown used to wonders in this century. It's hard to dazzle us. But for twenty-five years the United States space program has been doing just that. We've grown used to the idea of space, and, perhaps we forget that we've only just begun. We're still pioneers. They, the members of the Challenger crew, were pioneers.

And I want to say something to the schoolchildren of America who were watching the live coverage of the shuttle's take-off. I know it's hard to understand, but sometimes painful things like this happen. It's all part of the process of exploration and discovery. It's all part of taking a chance and expanding man's horizons. The future doesn't belong to the fainthearted; it belongs to the brave. The Challenger crew was pulling us into the future, and we'll continue to follow them.

I've always had great faith in and respect for our space program. And what happened today does nothing to diminish it. We don't hide our space program. We don't keep secrets and cover things up. We do it all up front and in public. That's the way freedom is, and we wouldn't change it for a minute.

우리나라는 금세기 들어 경이로움에 익숙해져 있습니다. 우리를 감탄하게 만드는 일은 어렵습니다. 그러나 25년 동안 미국의 우주 계획이 바로 그 일을 만들어 내고 있었습니다. 우리는 이미 우주라는 개념에 익숙해져, 아마 우리가 막 시작했을 뿐이라는 점을 잊고 있는지도 모릅니다. 우리는 아직도 개척자입니다. 챌린저호의 승무원인 그들이 바로 개척자였습니다.

우주선이 이륙하는 생생한 보도 장면을 구경하고 있던 미국 학생들에게 말하고 싶습니다. 저는 그것이 이해하기 어렵다는 사실을 알고 있습니다. 그러나 이와 같이 고통스런 일이 일어나는 경우가 가끔 있습니다. 그것은 모두 탐험과 발견 과정의 일부입니다. 그것은 모두 위험을 무릅쓰고 인류의 지평을 확대하려는 일의 일부입니다. 미래는 소심한 사람들의 것이 아닙니다. 용감한 사람들의 것입니다. 챌린저호의 승무원들은 우리를 미래로 인도하고 있었습니다. 따라서 우리는 계속해서 그들의 뒤를 따를 것입니다.

저는 언제나 우리의 우주 계획에 대해 커다란 신뢰와 존경심을 갖고 있습니다. 오늘 일어난 일이 그러한 신뢰와 존경심을 떨어뜨리지는 못합니다. 우리는 우리의 우주 계획을 숨기지 않을 것입니다. 비밀로 하거나 여러 가지 사항을 은폐하지도 않을 것입니다. 그 일을 모두 솔직하게 공개적으로 처리할 것입니다. 그것이 자유가 나아갈 길이므로 우리는 잠시라도 그것을 바꾸지 않을 것입니다.

We'll continue our quest in space. There will be more shuttle flights and more shuttle crews and, yes, more volunteers, more civilians, more teachers in space. Nothing ends here; our hopes and our journeys continue. I want to add that I wish I could talk to every man and woman who works for NASA, or who worked on this mission and tell them: "Your dedication and professionalism have moved and impressed us for decades. And we know of your anguish. We share it."

There's a coincidence today. On this day three hundred and ninety years ago, the great explorer Sir Francis Drake died aboard ship off the coast of Panama. In his lifetime the great frontiers were the oceans, and a historian later said, "He lived by the sea, died on it, and was buried in it." Well, today, we can say of the Challenger crew: Their dedication was, like Drake's, complete.

The crew of the space shuttle Challenger honored us by the manner in which they lived their lives. We will never forget them, nor the last time we saw them, this morning, as they prepared for their journey and waved goodbye and "slipped the surly bonds of earth" to "touch the face of God."

리는 우주 탐색 여행을 계속할 것입니다. 더 많은 우주왕복선의 비행과 더 많은 우주왕복선 승무원, 그리고 물론 더 많은 지원자, 더 많은 민간인, 더 많은 교사가 우주로 갈 것입니다. 여기서 끝나는 것은 아무것도 없습니다. 우리의 희망과 여행은 계속됩니다. 아울러, 저는 NASA에서 일하고 있거나 이 특무 비행에 종사했던 모든 분께 이렇게 말할 수 있기를 바랍니다. "여러분의 헌신적인 노력과 직업 정신은 수십 년 동안 우리에게 감명과 감동을 가져다 주었습니다. 우리는 여러분의 고통을 알고 있습니다. 그 고통을 공유하고 있습니다."

오늘과 같은 날짜에 우연히 일어난 사건이 하나 있습니다. 390년 전 오늘, 위대한 탐험가 프랜시스 드레이크 경이 파나마의 난바다에서 배에 탄 채 사망했습니다. 그의 일생에 있어서 커다란 미개척지는 바다였습니다. 나중에 어떤 역사가가 이렇게 말했습니다. "그는 바다에서 살다 바다에서 죽었으며 바다에 묻혔다." 오늘, 우리는 챌린저호의 승무원들에 대해 이렇게 얘기할 수 있습니다. "그대들의 헌신은 드레이크의 헌신처럼 완벽했습니다."

우주왕복선 챌린저호의 승무원들은 그들이 살던 방식 그대로 우리에게 영광을 주었습니다. 우리는 결코 그들을 잊지 않을 것입니다. 우리가 그들을 본 마지막 순간, 비행 준비를 끝마치고 손으로 작별 인사를 하며 "지상의 험악한 굴레를 벗어던지고 신의 얼굴을 만지러 간" 오늘 아침을, 우리는 결코 잊지 않을 것입니다.

Address to the Greater Houston Ministerial Association

휴스턴 목회자 연합에 대한 연설

delivered 12 September 1960 at the Rice Hotel in Houston, TX

1960년 9월 12일, 텍사스 주 휴스턴의 라이스 호텔

09
Speech

John F. Kennedy 존 F. 케네디

1960년 대통령 후보로 지명된 존 F. 케네디는 자신이 로마가톨릭교회의 신자라는 점과 아일랜드계라는 점 때문에 기독교 근본주의자들의 반발을 샀다. 특히, 아일랜드 출신의 천주교 신자 중 최초로 전국적인 차원의 공직 진출을 도모한 인물이 나온 것은 1928년이 되어서였다.

이런 상황에서 대통령 후보로 지명된 그는 여러 개신교 단체의 두려움과 의혹을 불식시키기 위해 자신의 종교 문제를 정면으로 돌파하기로 작정하고 1960년 9월 12일 텍사스 주 휴스턴의 라이스 호텔에서 이 연설을 하게 되었다.

그는 이 명연설로 자신의 종교적인 약점을 해소하고 천주교 신자의 백악관 입성이 불가능하던 시대 상황을 뛰어넘었으며, 이로 인해 미국 정치계에 존속하던 천주교에 대한 거부감을 허물 수 있었다.

While the so-called religious issue is necessarily and properly the chief topic here tonight, I want to emphasize from the outset that I believe that we have far more critical issues in the 1960 campaign; the spread of Communist influence, until it now festers only 90 miles from the coast of Florida, the humiliating treatment of our President and Vice President by those who no longer respect our power, the hungry children I saw in West Virginia, the old people who cannot pay their doctors bills, the families forced to give up their farms, an America with too many slums, with too few schools, and too late to the moon and outer space. These are the real issues which should decide this campaign. And they are not religious issues — for war and hunger and ignorance and despair know no religious barrier.

But because I am a Catholic, and no Catholic has ever been elected President, the real issues in this campaign have been obscured — perhaps deliberately, in some quarters less responsible than this. So it is apparently necessary for me to state once again — not what kind of church I believe in, for that should be important only to me — but what kind of America I believe in.

outset = beginning 착수, 시작 critical 중대한, 비판적인 fester (상처가) 곪다, 짓무르다, 악화되다 outer space = outer world 외계(外界)

늘밤 이 자리의 주요 주제는 부득이, 이른바 종교적 이슈가 되는 것이 당연하겠습니다. 그러나 저는 1960년 대선에는 훨씬 더 중대한 이슈들이 있다는 점을 먼저 강조하고 싶습니다. 현재 플로리다 해안에서 불과 90마일밖에 안 되는 지점까지 다가와 있는 공산주의 세력의 확산, 미국의 힘을 더 이상 존중하지 않는 사람들에 의해 벌어지는 우리의 대통령과 부통령에 대한 모욕적인 행동, 웨스트버지니아에서 제 눈으로 목격한 배고픈 아이들, 진료비를 지불할 능력이 없는 노인들, 어쩔 수 없이 농장을 포기해야 하는 가족들, 슬럼가는 너무 넘치고 학교는 너무 적으며 달과 외계(外界)에 대해서 너무 늦은 미국. 이들 문제가 이번 대선을 결정지어야 하는 진정한 이슈입니다. 그리고 이것들은 종교적인 이슈가 아닙니다. 전쟁과 굶주림과 무지와 절망에는 종교적인 장벽이 없기 때문입니다.

그러나 제가 천주교 신자이기 때문에 또 지금까지 천주교 신자가 대통령에 당선된 적이 없기 때문에, 이번 선거의 진정한 이슈들이 흐려지고 있습니다. 이 모임보다는 책임감을 덜 느끼는 일부 진영에서 고의적으로 그렇게 했는지도 모르겠습니다. 따라서 제가 믿고 있는 종교는 저 자신에게만 중요한 것이므로 그것이 어떤 것이냐가 아니라 제가 믿고 있는 미국이 어떤 것이냐 하는 점을 다시 한 번 밝히는 것이 분명 필요합니다.

I believe in an America where the separation of church and state is absolute; where no Catholic prelate would tell the President — should he be Catholic — how to act, and no Protestant minister would tell his parishioners for whom to vote; where no church or church school is granted any public funds or political preference, and where no man is denied public office merely because his religion differs from the President who might appoint him, or the people who might elect him.

I believe in an America that is officially neither Catholic, Protestant nor Jewish; where no public official either requests or accept instructions on public policy from the Pope, the National Council of Churches or any other ecclesiastical source; where no religious body seeks to impose its will directly or indirectly upon the general populace or the public acts of its officials, and where religious liberty is so indivisible that an act against one church is treated as an act against all.

Finally, I believe in an America where religious intolerance will someday end, where all men and all churches are treated as equals, where every man has the same right to attend or not to attend the church of his choice, where there is no Catholic vote, no anti-Catholic vote, no bloc voting of any kind, and where Catholics, Protestants, and Jews, at both the lay and the pastoral levels, will refrain from those attitudes of disdain and division which have so often marred their works in the past, and promote instead the American ideal of brotherhood.

저는 미국에서는 정교분리가 확고하다고 믿고 있습니다. 미국에서는 대통령이 천주교 신자라 할지라도 천주교 고위 성직자가 그에게 어떻게 행동할지에 대해 말하지 않으리라고 믿고 있습니다. 또한 개신교 목사가 교구민에게 누구에게 투표를 하라고 말하지도 않으리라고 믿고 있습니다. 교회나 교회 부설 학교에는 공적 자금이나 정치적 특혜가 제공되지 않는다고 믿고 있습니다. 어느 누구도 임명권자인 대통령 혹은 선출권자인 국민들과 종교가 다르다는 이유만으로 공직을 거부당하는 사람이 없다고 믿고 있습니다.

저는 공식적으로 볼 때 미국이 가톨릭 국가도 아니며 개신교 국가도 아니며 유대교 국가도 아니라고 믿고 있습니다. 교황이나 기독교교회협의회 혹은 어떤 다른 교회 조직에 공공 정책에 대한 지시를 요구하거나 그로부터의 지시를 받아들이는 공무원은 없다고 믿고 있습니다. 어떤 종교 단체도 자기 단체의 뜻을 직간접으로 일반 대중에게 강요하거나 공무원의 공적 활동에 강요하려고 하지는 못한다고 믿고 있습니다. 어느 한 교회에 불리한 법령은 모든 교회에 불리한 법령으로 간주될 만큼 종교의 자유는 나누어질 수 없는 것이라고 믿고 있습니다.

마지막으로, 언젠가는 미국에서 종교적 편협성이 사라져, 모든 사람과 모든 교회가 평등한 대접을 받으리라고 믿고 있습니다. 모든 사람이 자기 마음에 따라 교회를 갈 수도 있고 가지 않을 수도 있는 권리를 똑같이 가지리라고 믿고 있습니다. 천주교 찬성표도 없고, 천주교 반대표도 없고, 어떤 종류의 단체적인 몰표도 없으리라고 믿고 있습니다. 천주교 신자이든, 개신교 신자이든, 유태교 신자이든, 평신도 수준에서도, 목회자 수준에서도, 과거의 업적을 훼손시키곤 했던 경멸과 분열의 태도를 삼가하고 대신 형제애라는 미국의 이상을 증진하리라고 믿고 있습니다.

 09.mp3

This is the kind of America I believe in — and this is the kind of America I fought for in the South Pacific, and the kind my brother died for in Europe. No one suggested then that we might have a divided loyalty, that we did not believe in liberty, or that we belonged to a disloyal group that threatened — I quote — "the freedoms for which our forefathers died."

But let me stress again that these are my views.

For contrary to common newspaper usage, I am not the Catholic candidate for President.

I am the Democratic Party's candidate for President who happens also to be a Catholic.

kind 종류, 성질, 본질

이것이 제가 믿고 있는 미국의 본질입니다. 그리고 이것이 제가 남태평양에서 전투의 대가라고 생각한 미국의 본질이며 또 제 형님이 유럽에서 죽음의 대가라고 생각한 미국의 본질입니다. 그때 우리가 나라에 대한 충성심이 분열될지도 모른다고 생각한 사람은 없었습니다. 우리가 자유를 믿지 않는다거나, "우리 선조들이 죽음의 대가라고 생각한 자유"를 위협하는 충성스럽지 못한 집단에 속한다고 생각한 사람은 없었습니다.

그러나 다시 한 번 제 견해를 강력히 밝히겠습니다.

신문에서 흔히 쓰는 표현과는 달리, 저는 천주교를 대표하는 대통령 후보자가 아닙니다.

저는 민주당의 대통령 후보입니다. 우연히도 천주교를 믿는 신자일 따름입니다.

We Shall Overcome
우리는 승리할 것입니다

Address to a Joint Session of Congress on Voting Legislation
투표권 입법에 관한 의회 연설

delivered 15 March 1965, Washington, D.C.

1965년 3월 15일, 워싱턴 D.C.

10
Speech

Lyndon B. Johnson 린든 B. 존슨

미국의 제36대 대통령(1963~1969)으로 온건파 민주당원이며 강력한 상원 지도자였다. 1960년에 부통령으로 선출되었으며, 1963년 11월 22일 존 F. 케네디 대통령이 암살당하자 대통령직을 승계했다.

취임 후 그는 민권, 감세, 빈곤 추방, 자연보호에 관한 중요한 법안들을 통과시켰으며 1964년 11월 1,500만 표가 넘는 전대미문의 압도적인 지지로 재선에 성공했다. 이를 발판으로 노인 의료 혜택, 교육, 주택과 도시 개발, 자연보호, 이민 등에 관한 많은 복지 법안들을 통과시켰다. 그러나 이러한 노력은 확전 반대라는 선거공약과 달리 계속된 인도차이나 지역의 군사 개입 확대로 그 가치를 상실하였다.

투표권법

1965년 이 법이 통과됨으로써 연방 정부가 미국 특히 남부의 현지 사안에 대해 직접 개입할 수 있는 길이 열렸다. 투표 연령 인구의 50%가 유권자로 등록되지 않는 지역은 인종차별이 행해지는 곳으로 판단하여 법무부가 유권자 등록 절차를 인수하여 대신 처리하였다. 그 결과, 남부의 각 주에서는 자발적인 인종차별 철폐를 위해 흑인에게 유권자 등록 리스트를 개방하였다. 부분적으로 백인의 저항이 있었지만 흑인 유권자의 등록률은 가파르게 상승하여 일부 지역에서는 흑인 시장, 보안관, 감독관 등이 나오기 시작했다.

🎧 10.mp3

I speak tonight for the dignity of man and the destiny of democracy. I urge every member of both parties, Americans of all religions and of all colors, from every section of this country, to join me in that cause.

At times history and fate meet at a single time in a single place to shape a turning point in man's unending search for freedom. So it was at Lexington[1] and Concord.[2] So it was a century ago at Appomattox.[3] So it was last week in Selma,[4] Alabama. There, long-suffering men and women peacefully protested the denial of their rights as Americans. Many were brutally assaulted. One good man,[5] a man of God, was killed.

In our time we have come to live with the moments of great crisis. Our lives have been marked with debate about great issues — issues of war and peace, issues of prosperity and depression. But rarely in any time does an issue lay bare the secret heart of America itself. Rarely are we met with a challenge, not to our growth or abundance, or our welfare or our security, but rather to the values, and the purposes, and the meaning of our beloved nation.

저는 오늘밤 인간의 존엄성과 민주주의의 운명에 대해 이야기하고자 합니다. 양 당의 모든 당원, 이 나라 모든 계층의, 모든 종교와 모든 피부색의 미국인들이 그 대의에 참가해 주시기를 촉구합니다.

역사와 운명은 때때로, 한날 한시에 한 장소에서 만나 자유를 향한 인류의 끝없는 노력에 전환점을 형성합니다. 렉싱턴과 콩코드에서가 그랬고, 한 세기 전에 아포맷톡스에서가 그랬으며, 지난 주 앨라배마 주의 셀마에서가 그랬습니다. 그곳(셀마)에서는 오랫동안 고통을 겪고 있는 사람들이 미국 국민으로서의 권리를 거부당한 것에 대해 평화적인 항의 시위를 벌였습니다. 그 중 많은 사람들이 잔인하게 폭행을 당했습니다. 주님의 아들인 한 선량한 사람이 죽었습니다.

우리의 시대에 우리는 커다란 위기의 순간을 겪으며 살고 있습니다. 우리의 생활은 전쟁과 평화의 문제나 호황과 불황의 문제 같은 커다란 문제에 대한 논쟁으로 특징지어져 왔습니다. 그러나 하나의 문제만은 어떤 경우에도 미국의 은밀한 마음을 제대로 드러내지 않고 있습니다. 지금 우리가 직면하고 있는 것은 성장이나 풍요, 복지나 안보가 아니라, 사랑하는 조국의 가치와 목적과 의미에 대한 도전입니다.

Check the Vocabulary

1) 렉싱턴: 미국 독립전쟁 당시 치열한 전투가 벌어졌던 곳이다.
2) 콩코드: 미국 독립전쟁의 시발점이 된 곳이다
3) 아포맷톡스: 1865년 여기에서 남군이 북군에게 항복하여 남북전쟁이 끝났다.
4) 총 3회에 걸쳐 이뤄진, 셀마와 몽고메리 사이를 오가는 행진의 출발지. 두 번째 행진은 미국 인권 운동의 상징인 마틴 루터 킹 목사가 주도했다.
5) 이 시위에 참여했던 백인 중 제임스 리브가 사망한 사실을 말한다.

The issue of equal rights for American Negroes is such an issue.

And should we defeat every enemy, and should we double our wealth and conquer the stars, and still be unequal to this issue, then we will have failed as a people and as a nation. For with a country as with a person, "What is a man profited, if he shall gain the whole world, and lose his own soul?"

There is no Negro problem. There is no Southern problem. There is no Northern problem. There is only an American problem. And we are met here tonight as Americans — not as Democrats or Republicans. We are met here as Americans to solve that problem.

This was the first nation in the history of the world to be founded with a purpose. The great phrases of that purpose still sound in every American heart, North and South: "All men are created equal," "government by consent of the governed," "give me liberty or give me death." Well, those are not just clever words, or those are not just empty theories. In their name Americans have fought and died for two centuries, and tonight around the world they stand there as guardians of our liberty, risking their lives.

미국 흑인에 대한 평등권 문제가 바로 그러한 문제입니다.

설령 우리가 모든 적을 물리치고, 우리의 재산을 두 배로 늘리고, 별을 정복한다하더라도, 이 문제에 대해 마냥 불평등하다면 우리는 국민으로서도 국가로서도 실패하는 셈입니다. '한 사람이 온 천하를 얻고도 제 목숨을 잃으면 무엇이 유익하리요?' 라는 말은 한 사람에게만이 아니라 한 국가에도 적용되는 것입니다.

흑인 문제는 없습니다. 남부 문제도 없습니다. 북부 문제도 없습니다. 오직 미국 문제만이 있습니다. 그리고 우리가 오늘밤 이곳에 모인 것은 미국인의 자격으로서입니다. 민주당원이나 공화당원의 자격으로서가 아닙니다. 우리는 그 문제를 해결하기 위해 미국인 자격으로서 이곳에 모였습니다.

세계 역사상 하나의 목표를 갖고 세워진 최초의 나라는 이 나라 미국입니다. 남부와 북부의 모든 미국인의 가슴에는 이 목표를 나타내는 위대한 글귀들이 아직도 울리고 있습니다. "모든 사람은 평등하게 창조되었다."는 말이나, "피통치자에 의한 통치"라는 말이나, "자유가 아니면 죽음을 달라."는 말이 단순히 재기가 넘치는 말만은 아닙니다. 아니, 그저 공허한 이론만도 아닙니다. 미국인은 두 세기 동안 미국인이라는 이름을 걸고 싸우다 죽었습니다. 그리고 오늘밤에는 전 세계에서 생명의 위험을 무릅쓰면서 자유의 수호자로 서 있습니다.

Those words are a promise to every citizen that he shall share in the dignity of man. This dignity cannot be found in a man's possessions; it cannot be found in his power, or in his position. It really rests on his right to be treated as a man equal in opportunity to all others. It says that he shall share in freedom, he shall choose his leaders, educate his children, provide for his family according to his ability and his merits as a human being. To apply any other test — to deny a man his hopes because of his color, or race, or his religion, or the place of his birth is not only to do injustice, it is to deny America and to dishonor the dead who gave their lives for American freedom.

Our fathers believed that if this noble view of the rights of man was to flourish, it must be rooted in democracy. The most basic right of all was the right to choose your own leaders. The history of this country, in large measure, is the history of the expansion of that right to all of our people. Many of the issues of civil rights are very complex and most difficult. But about this there can and should be no argument. Every American citizen must have an equal right to vote. There is no reason which can excuse the denial of that right. There is no duty which weighs more heavily on us than the duty we have to ensure that right.

find (수동태로 쓰여) (~에) 있다, 존재하다. merit 장점, 실력 test 시험, (판단이나 평가의) 기준, 잣대 이러한 말은 모든 시민이 인간의 존엄성을 함께 누릴 것이라는, 모든 시민에 대한 약속입니다. 이러한 존엄성은 인간의 소유물 속에 존재할 수가 없는 것입니다. 인간의 능력이나 지위 속에 존재할 수가 없는 것입니다. 그것은 기회에 있어서 다른 모든 사람과 평등하게 대우 받을 인간으로서의 권리 위에 존립하는 것입니다. 그것은 인간이 자유를 함께 누리고, 지도자들을 선택하고, 자녀들을 교육시키고, 인간으로서의 능력과 실력에 따라 가족을 부양해야 한다는 뜻입니다. 어떤 다른 기준을 적용하는 것, 즉 피부색이나 인종, 종교나 출생지 때문에 인간에게 희망을 주지 않는 것은 불의를 행하는 것이며 미국을 부정하는 것이며 미국의 자유를 위해 생명을 바친 고인들을 수치스럽게 하는 일입니다.

우리의 선조들은 인권에 대한 이러한 숭고한 시각이 번성하려면 민주주의 속에 뿌리를 두어야 한다고 믿었습니다. 모든 것 중에서 가장 기본적인 권리는 여러분 자신의 지도자를 선택하는 권리입니다. 이 나라의 역사는 대부분 우리 국민 모두에게 그러한 권리를 넓혀 주고자 하는 역사였습니다. 시민권과 관련된 여러 가지 문제는 아주 복잡하고 대단히 어렵습니다. 그러나 이에 대해서는 논쟁이 있을 수 없으며 있어서도 안 됩니다. 미국 국민은 누구나 투표할 수 있는 평등한 권리를 가져야 합니다. 그러한 권리의 부정에 구실을 댈 수 있는 근거는 없습니다. 그 권리를 보장해야 하는 의무보다 우리에게 더 막중한 의무는 없습니다.

1984 Democratic National Convention Keynote Address

1984년 민주당 전당대회 기조연설

delivered 16 July 1984 in San Francisco

1984년 7월 16일, 샌프란시스코

11
Speech

Mario M. Cuomo 마리오 M. 쿠오모

마리오 M. 쿠오모는 전 뉴욕 주지사(1932~)로 1983년부터 1994년까지 뉴욕 주지사를 역임했다. 미국 정치인 중에서도 보기 드문 웅변가로 민주당의 실력자이자 뉴욕 사람들의 두터운 신망을 받던 인물이었다. 빌 클린턴이 부상하기 전까지만 해도 그는 민주당의 가장 유력한 대통령 후보였으나 정작 대통령 후보 지명전에는 나서지 않았다.

그의 연설은 고대 로마제국 원로원 연설을 닮았다는 평을 듣기도 했다. 민주당 전당대회 등 정치 행사 때마다 그는 항상 다른 연사들을 압도하고 가장 많은 박수를 받았다. 92년 뉴욕 매디슨 스퀘어 가든에서 열린 민주당 전당대회에서도 제시 잭슨 목사, 에드워드 케네디 상원의원 등 당대의 쟁쟁한 연사들을 제치고 가장 많은 박수를 받았다. 그의 연설에는 신비감 같은 것이 들어 있었다.

'정치란 시(詩)로 유세하는 것이지만, 통치는 산문으로 하는 것이다.' 라는 그의 말은 다시 한 번 음미해 볼만하다.

Thank you very much.

On behalf of the great Empire State and the whole family of New York, let me thank you for the great privilege of being able to address this convention. Please allow me to skip the stories and the poetry and the temptation to deal in nice but vague rhetoric. Let me instead use this valuable opportunity to deal immediately with the questions that should determine this election and that we all know are vital to the American people.

Ten days ago, President Reagan admitted that although some people in this country seemed to be doing well nowadays, others were unhappy, even worried, about themselves, their families, and their futures. The President said that he didn't understand that fear. He said, "Why, this country is a shining city on a hill." And the President is right. In many ways we are a shining city on a hill.

But the hard truth is that not everyone is sharing in this city's splendor and glory. A shining city is perhaps all the President sees from the portico of the White House and the veranda of his ranch, where everyone seems to be doing well. But there's another city; there's another part to the shining the city; the part where some people can't pay their mortgages, and most young people can't afford one; where students can't afford the education they need, and middle-class parents watch the dreams they hold for their children evaporate.

감사합니다.

위대한 뉴욕 주와 뉴욕의 모든 가족들을 대표하여 이 전당대회에서 연설할 수 있는 커다란 특권을 주신 것에 대해 감사 드립니다. 여러 이야기와 시(詩)는 생략하겠습니다. 그럴듯하면서도 애매모호한 미사여구를 사용하고 싶은 유혹도 떨쳐 버리겠습니다. 그 대신 이 귀중한 기회를 이용하여 곧바로 이번 선거를 결정지어야 할 문제들, 우리 모두가 미국 사람들에게 중요하다고 생각하는 문제들을 다루도록 하겠습니다.

10일 전, 레이건 대통령은 현재 이 나라의 사람들 중에는 잘 사는 것처럼 보이는 사람도 있지만, 자기 자신과 가족 그리고 미래에 대해 불행해 하고 심지어는 걱정까지 하고 있는 사람도 있다는 점을 시인했습니다. 대통령은 그런 두려움을 이해하지 못하겠다고 말했습니다. "아니, 이 국가는 언덕 위의 빛나는 도시인데."라고 말했습니다. 대통령이 맞습니다. 여러 면에 있어서 우리는 언덕 위의 빛나는 도시입니다.

그러나 냉엄한 현실은 모든 사람이 이 도시의 화려함과 영광을 함께 나누고 있지는 못한다는 것입니다. 빛나는 도시는 모든 사람들이 잘 사는 것처럼 보이는 백악관의 현관이나 목장 베란다에서 대통령에게 보이는 광경일지도 모릅니다. 하지만 또 다른 도시가 있습니다. 빛나는 도시에는 또 다른 곳이 있습니다. 그곳에는, 주택 융자금을 갚을 능력이 없는 사람들, 주택을 구할 능력이 없는 대부분의 젊은이들, 필요한 교육을 받을 능력이 없는 학생들, 자식들에 대해 갖고 있던 꿈이 사라지는 것을 지켜보는 중산층의 부모들이 있습니다.

In this part of the city there are more poor than ever, more families in trouble, more and more people who need help but can't find it. Even worse: There are elderly people who tremble in the basements of the houses there. And there are people who sleep in the city streets, in the gutter, where the glitter doesn't show. There are ghettos where thousands of young people, without a job or an education, give their lives away to drug dealers every day. There is despair, Mr. President, in the faces that you don't see, in the places that you don't visit in your shining city.

In fact, Mr. President, this is a nation — Mr. President you ought to know that this nation is more a "Tale of Two Cities"[1] than it is just a "Shining City on a Hill."[2]

Maybe, maybe, Mr. President, if you visited some more places; maybe if you went to Appalachia where some people still live in sheds; maybe if you went to Lackawanna where thousands of unemployed steel workers wonder why we subsidized foreign steel. Maybe — Maybe, Mr. President, if you stopped in at a shelter in Chicago and spoke to the homeless there; maybe, Mr. President, if you asked a woman who had been denied the help she needed to feed her children because you said you needed the money for a tax break for a millionaire or for a missile we couldn't afford to use.

shed 오두막집, 헛간 subsidize 보조금을 주다 stop in 들르다 shelter 피난처, 노숙자 쉼터

빛나는 도시의 이런 곳에는 가난한 사람들이 더 많아졌고 고통을 겪는 가족들도 더 많아졌으며 도움을 필요로 하지만 도움을 찾을 수 없는 사람들도 더 많아졌습니다. 더 나쁜 경우도 있습니다. 그곳 주택의 지하에서는 노인들이 추위에 떨고 있습니다. 그리고 불빛조차 보이지 않는, 도시의 길거리에서, 하수구에서 잠을 자는 사람들도 있습니다. 흑인 빈민굴에는 직업도 없고 교육도 받지 못해 매일 마약 판매자에게 자신의 삶을 맡겨 버리는 젊은이의 숫자가 수천 명입니다. 대통령님, 당신의 빛나는 도시에는 당신이 보지 못하는 얼굴에 절망이, 당신이 찾지 않는 곳에 절망이 있습니다.

대통령님, 사실 이 나라는, "언덕 위의 빛나는 도시"라기보다는 오히려 "두 도시의 이야기"라는 것을 아셔야 합니다.

아마도, 아마도, 대통령님 당신이 좀 더 많은 곳을 보았더라면, 아직도 오두막집에서 사는 사람들이 있는 애팔래치아에 가 봤더라면, 혹시라도 수천 명의 실직한 철강 근로자들이 우리가 왜 외국산 철강에 보조금을 지급했는지 의아해 하는 래커워너에 가 봤더라면, 아마도, … 아마도 대통령님 당신이 시카고에 있는 노숙자 쉼터에 들러 그들과 대화했더라면, 혹시라도 아이들에게 먹일 것이 필요해서 도움을 요청했다가 거절을 당한 경험이 있는 여성에게 다음과 같이 물어봤더라면, 내가 백만장자에게 세금 우대 조치를 해 주기 위해 그 돈이 필요하거나 우리가 쓸 수도 없는 미사일을 만드는 데 그 돈이 필요하다고 말했다면 어땠을까요.

Check the Vocabulary

1) 영국의 작가 찰스 디킨스의 장편소설(1859). 프랑스 혁명 당시 런던과 파리라는 두 도시를 배경으로 하고 있다. 18년간 바스티유 감옥에 갇혀 있던 의사 마네트는 석방되어 런던으로 건너가 차차 안정을 되찾는다. 그의 딸 루시를 사랑하여 결혼한 프랑스 귀족이 혁명 전 자기 집에 있던 충실한 하인을 구하려고 은밀히 파리로 돌아가지만 신분이 탄로나 혁명정부에 의해 사형선고를 받게 된다. 오랫동안 루시를 사랑해오던 영국인 시드니 카턴은 곤경이 닥치면 도와주겠노라던 그의 약속대로 루시를 구해내고 대신 사형장으로 향한다. 프랑스 혁명의 역사적 기술에서 그치지 않고, 그 시대를 사는 인간의 심리를 정밀하고 다채롭게 그려냈다.
2) 미국의 예외주의(American Exceptionalism)를 비판할 때 사용하는 문구이다.

Maybe — Maybe, Mr. President. But I'm afraid not. Because the truth is, ladies and gentlemen, that this is how we were warned it would be. President Reagan told us from the very beginning that he believed in a kind of social Darwinism, survival of the fittest. "Government can't do everything," we were told, so it should settle for taking care of the strong and hope that economic ambition and charity will do the rest. Make the rich richer, and what falls from the table will be enough for the middle class and those who are trying desperately to work their way into the middle class.

You know, the Republicans called it "trickle-down" when Hoover tried it. Now they call it "supply side." But it's the same shining city for those relative few who are lucky enough to live in its good neighborhoods. But for the people who are excluded, for the people who are locked out, all they can do is stare from a distance at that city's glimmering towers.

아마도 … 아마도, 대통령님. 하지만 그렇게 말할 수는 없을 것 같습니다. 여러분, 사실 우리는 다음과 같은 경고를 들었습니다. 레이건 대통령은 처음부터 그가 일종의 사회적 다윈주의 즉 적자생존을 믿는다고 우리에게 이야기했습니다. 우리가 들은 말은 이렇습니다. "정부가 모든 것을 다 해줄 수는 없습니다." 그렇기에 정부는 강한 자를 돌보는 일에 전념하고 경제적 야망과 자선 활동이 그 나머지를 채우기를 바라야 합니다. 부자를 더 부유하게 만들면 중산층과 필사적으로 중산층이 되려는 사람들에게는 테이블에서 떨어지는 떡고물 정도로 충분할 것입니다.

여러분이 아시다시피, 후버 대통령이 그런 정책을 시행했을 때 공화당원들은 그것을 '트리클다운' 이라고 불렀습니다. 지금 그들은 '공급 중시' 라고 부릅니다. 그러나 좋은 이웃에서 사는 비교적 극소수의 행운아들에게 그 도시는 역시 빛나는 도시입니다. 하지만 소외된 사람들, 쫓겨난 사람들이 할 수 있는 것이라고는 멀찍이 떨어져서 저 깜빡이는 타워를 바라보는 것뿐입니다.

trickle-down 트리클다운(정부가 자금을 대기업에 유입시키면 중소기업과 가계로 흘러들어가 경기를 자극한다는 이론)
supply side 공급 중시(기업 투자와 성장을 촉진하고 경제를 안정시키기 위한 방편으로) 조세 완화를 통한 재화와 용역의 공급 증가를 중시한다.)

1984 Democratic National Convention Address

1984년 민주당 전당대회 연설

delivered 18 July 1984, San Francisco

1984년 7월 18일, 샌프란시스코

12
Speech

Jesse Jackson 제시 잭슨

제시 잭슨(1941~)은 미국의 정치가이자 민권운동가로 대학 시절 인권과 흑인 경제문제, 특히 노동 분야에 관심을 가지고 민권운동에 참여하였다. 졸업 후에는 시카고 신학교에 재직하였고, 1968년 침례교 목사로 부임하였다.

흑인 고용과 흑인 회사 제품의 구매 확장 캠페인을 벌여 성공을 거둔 그는, 1971년 시카고에 PUSH(People United to Save Humanity)를 설립하여 인종주의 철폐 투쟁을 벌이는 동시에 도시 흑인 청년들에게 장학금을 지급하고 직업 알선을 하는 등 흑인의 복지와 권리 확보에 진력하였다.

1984년에는 민주당의 대통령 후보 지명 예비선거에서 전 부통령 W. 먼데일, G. 하트 상원 의원에 이어 3위를 차지 강력한 대선 후보임을 입증하였다. 1987년에도 민주당 대통령 후보 지명 예비선거에 참가하였으나 그 뜻을 이루지는 못하였다.

Tonight we come together bound by our faith in a mighty God, with genuine respect and love for our country, and inheriting the legacy of a great Party, the Democratic Party, which is the best hope for redirecting our nation on a more humane, just, and peaceful course.

This is not a perfect party. We are not a perfect people. Yet, we are called to a perfect mission. Our mission: to feed the hungry; to clothe the naked; to house the homeless; to teach the illiterate; to provide jobs for the jobless; and to choose the human race over the nuclear race.

We are gathered here this week to nominate a candidate and adopt a platform which will expand, unify, direct, and inspire our Party and the nation to fulfill this mission. My constituency is the desperate, the damned, the disinherited, the disrespected, and the despised. They are restless and seek relief. They have voted in record numbers. They have invested the faith, hope, and trust that they have in us. The Democratic Party must send them a signal that we care. I pledge my best not to let them down.

오늘밤 우리는 위대한 하나님에 대한 믿음으로 하나가 되어, 조국에 대한 참된 존경과 사랑으로 함께 모여, 조국을 보다 자비롭고 정의롭고 평화로운 길로 다시 돌아가게 할 최고의 희망인 위대한 정당, 민주당의 유산을 계승하고 있습니다.

민주당은 완벽한 정당이 아닙니다. 우리는 완벽한 사람들이 아닙니다. 그러나 우리는 완벽한 임무를 부여 받았습니다. 우리의 임무는 배고픈 사람들에게 먹을 것을 주고, 헐벗은 사람들에게 옷을 주며, 집이 없는 사람들에게는 머물 곳을 주는 것입니다. 또한 글을 모르는 사람에게는 글을 가르치고, 직업이 없는 사람에게는 일자리를 제공하며, 핵을 위한 경쟁보다는 사람을 위한 경쟁을 선택하는 것입니다.

우리는 대통령 후보를 지명하고 우리 당과 미국을 발전시키고 통합하며 또 이들을 이끌어 이 사명을 수행하도록 분발시킬 정강을 채택하기 위해 이번 주에 여기에 모였습니다. 저의 지지자들은 절망에 빠진 사람들, 도탄에 빠진 사람들, 물려받을 재산이 없는 사람들, 존경 받지 못하는 사람들 그리고 무시 받는 사람들입니다. 그들은 어쩔 줄 몰라 하며 구원을 찾고 있습니다. 그들이 투표한 숫자는 기록적이었습니다. 그들은 자신들이 우리들에 대해 갖고 있는 믿음과 희망과 신뢰를 투자했습니다. 민주당은 반드시 그들에게 우리가 관심을 가지고 있다는 신호를 보내야 합니다. 저는 그들이 낙담하지 않도록 최선을 다할 것을 맹세합니다.

There is the call of conscience, redemption, expansion, healing, and unity. Leadership must heed the call of conscience, redemption, expansion, healing, and unity, for they are the key to achieving our mission. Time is neutral and does not change things. With courage and initiative, leaders change things.

No generation can choose the age or circumstance in which it is born, but through leadership it can choose to make the age in which it is born an age of enlightenment, an age of jobs, and peace, and justice. Only leadership — that intangible combination of gifts, the discipline, information, circumstance, courage, timing, will and divine inspiration — can lead us out of the crisis in which we find ourselves. Leadership can mitigate the misery of our nation. Leadership can part the waters and lead our nation in the direction of the Promised Land. Leadership can lift the boats stuck at the bottom.

I have had the rare opportunity to watch seven men, and then two, pour out their souls, offer their service, and heal and heed the call of duty to direct the course of our nation. There is a proper season for everything. There is a time to sow and a time to reap. There's a time to compete and a time to cooperate.

양심과 구속, 확장, 치유, 단합의 부름이 있습니다. 민주당 지도부는 이러한 부름에 주의를 기울여야 합니다. 이것들이 임무 달성에 핵심이기 때문입니다. 시간은 어느 편도 아닙니다. 시간이 흘러도 바뀌는 것은 별로 없습니다. 용기와 솔선수범으로 지도자는 여러 가지를 변화시킬 수 있습니다.

어떤 세대도 태어날 시기나 환경을 선택할 수는 없습니다. 그러나 이미 태어난 시대를 리더십을 통해 계몽의 시대, 일자리의 시대, 평화의 시대, 정의의 시대로 만들려고 결심할 수는 있습니다. 재능과 규율, 정보, 환경, 용기, 타이밍, 의지 그리고 거룩한 영감이 무형으로 어우러진 리더십만이 현재의 위기로부터 우리를 벗어나게 해 줄 수 있습니다. 리더십은 우리나라의 고통을 경감시켜 줄 수 있습니다. 리더십은 바다를 갈라 우리나라를 약속의 땅으로 인도할 수 있습니다. 리더십은 바닥에 빠져 움직이지 않는 배를 들어올릴 수 있습니다.

저는 일곱 명이, 나중에는 두 명이 혼신을 다하여 봉사하고 치유하며 우리나라를 인도할 의무의 부름에 주의를 기울이는 것을 볼 수 있는 귀한 기회를 가졌습니다. 모든 일에는 다 적당한 때가 있기 마련입니다. 씨앗을 뿌려야 할 때가 있으면 추수를 해야 할 때가 있습니다. 경쟁해야 할 때가 있으면 협동해야 할 때가 있습니다.

Check the Vocabulary

choose 결정하다, 결심하다 enlightenment 계몽 intangible 만져서 알 수 없는, 무형의 mitigate 누그러뜨리다, 경감하다 part 분할하다, 가르다 waters (pl.) (특정한 호수·강·바다의) 물 stuck 빠져서 움직이지 않는

I ask for your vote on the first ballot as a vote for a new direction for this Party and this nation — a vote of conviction, a vote of conscience. But I will be proud to support the nominee of this convention for the Presidency of the United States of America.

I have watched the leadership of our party develop and grow. My respect for both Mr. Mondale and Mr. Hart is great. I have watched them struggle with the crosswinds and crossfires of being public servants, and I believe they will both continue to try to serve us faithfully.

Young America, dream. Choose the human race over the nuclear race. Bury the weapons and don't burn the people. Dream — dream of a new value system. Teachers who teach for life and not just for a living; teach because they can't help it. Dream of lawyers more concerned about justice than a judgeship. Dream of doctors more concerned about public health than personal wealth. Dream of preachers and priests who will prophesy and not just profiteer. Preach and dream!

첫 번째 투표는 민주당과 우리나라의 새로운 방향을 위한 투표입니다. 여러분의 투표를 요청하는 바입니다. 신념의 투표, 양심의 투표를 부탁 드립니다. 그러나 저는 이 전당대회에서 선출될 미국 대통령 후보 지명자를 자랑스럽게 지지할 것입니다.

저는 우리 당의 리더십이 발전하고 성장하는 것을 보아 왔습니다. 먼데일 후보와 하트 후보에 대한 저의 존경심은 대단히 큽니다. 저는 두 분이 공직자의 자질에 대해 서로 활발한 토론을 하는 것을 보았습니다. 저는 두 분 모두가 성심을 다하여 계속 우리에게 봉사해 주리라 믿고 있습니다.

젊은 미국을 꿈꾸십시오. 핵을 위한 경쟁보다는 사람을 위한 경쟁을 선택하십시오. 무기를 땅에 묻어 두십시오. 사람을 불태우지 마십시오. 꿈을 꾸십시오. 새로운 가치 체계를 꿈꾸십시오. 생계를 위해서가 아니라 인생을 위해 가르치는 교사를 꿈꾸십시오. 가르치지 않고는 배길 수 없어서 가르치는 교사를 꿈꾸십시오. 법관의 권위보다는 정의에 대해 더 걱정하는 법관을 꿈꾸십시오. 개인의 부보다는 대중의 건강에 대해 더 걱정하는 의사를 꿈꾸십시오. 이익만을 취하려 하지 말고 하느님의 말씀을 전하려고 하는 목사와 사제를 꿈꾸십시오. 설교하고 꿈꾸십시오.

Our time has come. Our time has come. Suffering breeds character. Character breeds faith. In the end, faith will not disappoint. Our time has come. Our faith, hope, and dreams will prevail. Our time has come. Weeping has endured for nights, but now joy cometh in the morning. Our time has come. No grave can hold our body down. Our time has come. No lie can live forever. Our time has come. We must leave racial battle ground and come to economic common ground and moral higher ground. America, our time has come. We come from disgrace to amazing grace. Our time has come. Give me your tired, give me your poor, your huddled masses who yearn to breathe free and come November, there will be a change because our time has come.

우리의 시대가 왔습니다. 우리의 시대가 왔습니다. 고통은 인격을 키웁니다. 인격은 믿음을 키웁니다. 결국 믿음은 기대에 어긋나지 않습니다. 우리의 시대가 왔습니다. 우리의 믿음과 희망과 꿈이 승리할 것입니다. 우리의 시대가 왔습니다. 여러 밤을 눈물로 지새웠습니다. 그러나 이제 아침이면 기쁨이 옵니다. 우리의 시대가 왔습니다. 무덤이 우리의 몸을 억누를 수는 없습니다. 우리의 시대가 왔습니다. 거짓이 영원히 살 수는 없습니다. 우리의 시대가 왔습니다. 우리는 인종간의 전쟁터에서 벗어나 공통의 경제적 기반과 보다 높은 도덕적 기반에 다다라야 합니다. 미국이여, 우리의 시대가 왔습니다. 우리는 은총이 없는 곳에서 놀라운 은총이 있는 곳으로 갑니다. 우리의 시대가 왔습니다. 자유롭게 숨 쉬고자 한다면 여러분의 지치고, 가난하고, 응어리진 마음을 저에게 주십시오. 11월이 오면, 변화가 있을 것입니다. 우리의 시대가 왔기 때문입니다.

Statement on the Articles of Impeachment
닉슨 대통령 탄핵안 조항에 대한 성명서

delivered 25 July 1974, House Judiciary Committee

1974년 7월 25일, 하원 사법 위원회

13
Speech

Barbara C. Jordan 바바라 C. 조든

바바라 C. 조든(1936~1996)은 시민권 운동가이자 정치가로 1962년과 1964년 텍사스 주 하원 의원에 당선되어 하원 역사상 최초의 남부 출신 흑인 여성이라는 명예를 얻었다.

텍사스 남부 대학교에서 정치학과 역사학을 전공한 그녀는 다시 보스턴 대학교에 입학하여 법학을 공부했다. 그 후 1959년 말에 텍사스와 매사추세츠에서 변호사 시험에 합격했다. 하원 의원 시절에 여러 소위원회에서 정력적인 활동을 펼치기도 했으나 그리 잘 알려진 인물은 아니었다. 그러나 1974년 7월 25일 닉슨 대통령의 탄핵 문제를 다루기 위해 하원 법사위원회가 개최한 청문회의 TV 중계 연설로 그녀는 전국적인 명성을 얻게 되었다.

1976년 민주당 전당대회에서 행한 이 기조연설에서 그녀는 연설가로서의 탁월한 자질과 능력을 한껏 자신 있게 보여 주고 있다.

Mr. Chairman, I join my colleague Mr. Rangel in thanking you for giving the junior members of this committee the glorious opportunity of sharing the pain of this inquiry. Mr. Chairman, you are a strong man, and it has not been easy but we have tried as best we can to give you as much assistance as possible.

Earlier today, we heard the beginning of the Preamble to the Constitution of the United States: "We, the people." It's a very eloquent beginning. But when that document was completed on the seventeenth of September in 1787, I was not included in that "We, the people." I felt somehow for many years that George Washington and Alexander Hamilton just left me out by mistake. But through the process of amendment, interpretation, and court decision, I have finally been included in "We, the people."

Today I am an inquisitor. An hyperbole would not be fictional and would not overstate the solemnness that I feel right now. My faith in the Constitution is whole; it is complete; it is total. And I am not going to sit here and be an idle spectator to the diminution, the subversion, the destruction, of the Constitution.

친애하는 의장님, 이번 청문회의 고통을 같이 나눌 수 있는 영광스런 기회를 하원 사법 위원회의 신입 위원들에게 주신 것에 대해 민주당 동료인 랭걸 의원과 함께 감사 드리는 바입니다. 친애하는 의장님, 의장님께서는 성격이 강인하신 분이십니다. 쉬운 일은 아니었습니다마는, 저희는 가능한 한 많은 도움이 되도록 최선의 노력을 기울였습니다.

오늘 아침 일찍, 우리는 미국 헌법의 서문이 '우리, 국민' 이라고 시작한다는 말을 들었습니다. 참 감동적인 서두 문구입니다. 그러나 1787년 9월 17일에 그 문서(미국 헌법)가 완성되었을 때, 저는 "우리, 국민"이라는 문구에 포함되지 못했습니다. 지난 몇 년 동안 저는 어쩐지 조지 워싱턴과 알렉산더 해밀턴이 실수로 저를 빼놓은 게 아닌가 하는 생각을 했었습니다. 그러나 법안 수정과 해석 그리고 법원 결정 과정을 통해, 저는 마침내 '우리, 국민' 속에 포함되었습니다.

오늘 저는 심문하는 사람입니다. 제 말에 다소 과장이 있더라도 그것이 허구는 아니며, 제가 바로 지금 느끼고 있는 그 엄숙한 의미를 과장하려는 것도 아닙니다. 헌법에 대한 저의 믿음은 전적이고 완벽하며 절대적인 것입니다. 따라서 헌법의 축소와 전복, 파괴와 같은 행위에 대해서는 여기에 가만히 앉아서 수수방관자 노릇을 할 생각이 전혀 없습니다.

"Who can so properly be the inquisitors for the nation as the representatives of the nation themselves?" "The subjects of its jurisdiction are those offenses which proceed from the misconduct of public men." And that's what we're talking about. In other words, [the jurisdiction comes] from the abuse or violation of some public trust.

It is wrong, I suggest, it is a misreading of the Constitution for any member here to assert that for a member to vote for an article of impeachment means that that member must be convinced that the President should be removed from office. The Constitution doesn't say that. The powers relating to impeachment are an essential check in the hands of the body of the legislature against and upon the encroachments of the executive. The division between the two branches of the legislature, the House and the Senate, assigning to the one the right to accuse and to the other the right to judge, the framers of this Constitution were very astute. They did not make the accusers and the judgers, and the judges the same person.

We know the nature of impeachment. We've been talking about it awhile now. It is chiefly designed for the President and his high ministers to somehow be called into account. It is designed to "bridle" the executive if he engages in excesses. "It is designed as a method of national inquest into the conduct of public men." The framers confided in the Congress the power if need be, to remove the President in order to strike a delicate balance between a President swollen with power and grown tyrannical, and preservation of the independence of the executive.

"국민의 대표들이 국민의 대표인 대통령을 심문하는 것이 정당한 것입니까?" "사법 관할권 행사의 주인(主因)은 공인의 그릇된 행동에서 기인하는 위법행위입니다." 우리가 얘기하려는 점이 바로 이것입니다. 다시 말해, (사법 관할권의 행사는) 공적인 신뢰의 남용이나 위배에 그 원인이 있다는 것입니다.

탄핵 소추안에 찬성하는 의원은 대통령이 사임해야 한다는 확신을 가지고 있어야 한다고 주장하는 사람이 혹시라도 이 자리의 의원 여러분 중에 있다면, 제 생각에, 그것은 잘못된 일입니다. 헌법을 잘못 이해한 것입니다. 헌법에는 그렇게 되어 있지 않습니다. 탄핵 소추에 관한 권한은 행정부의 불법 행위를 방지하고 점검하기 위해 입법부가 갖고 있는 기본적인 권한입니다. 입법부는 하원과 상원이라는 두 갈래로 나뉘어 있습니다. 하원에는 소추 권리가 부여되어 있으며 상원에는 심의 권리가 부여되어 있습니다. 이 헌법의 작성자들은 아주 빈틈이 없었습니다. 그들은 소추할 수 있는 사람과 심의할 수 있는 사람, 그리고 재판을 할 수 있는 사람이 동일 인물이 될 수 없도록 만들어 놓았습니다.

우리는 탄핵의 성격을 알고 있습니다. 우리는 이에 대해 지금 잠시 의논하고 있는 중입니다. 이는 주로 대통령과 고위 각료들의 책임을 묻기 위해 만들어진 것입니다. 만약 행정부의 고위 관리가 무절제한 행위에 개입한다면 그에게 '고삐를 달기 위해' 만들어진 것입니다. "공인의 행동을 국민이 심문할 수 있는 수단으로 만들어진 것입니다." 헌법 작성자들은 권력이 비대해져 전제군주가 된 대통령, 그리고 행정부 독립 보전 사이의 미묘한 균형을 맞추기 위해 필요하다면 대통령을 제척(除斥)할 수 있는 권한을 의회에 맡겼습니다.

The nature of impeachment: a narrowly channeled exception to the separation-of-powers maxim. The Federal Convention of 1787 said that. It limited impeachment to high crimes and misdemeanors and discounted and opposed the term "maladministration." "It is to be used only for great misdemeanors," so it was said in the North Carolina ratification convention. And in the Virginia ratification convention: "We do not trust our liberty to a particular branch. We need one branch to check the other."

James Madison again at the Constitutional Convention: "A President is impeachable if he attempts to subvert the Constitution." The Constitution charges the President with the task of taking care that the laws be faithfully executed, and yet the President has counseled his aides to commit perjury, willfully disregard the secrecy of grand jury proceedings, conceal surreptitious entry, attempt to compromise a federal judge, while publicly displaying his cooperation with the processes of criminal justice. "A President is impeachable if he attempts to subvert the Constitution."

$탄$핵의 성격: 극히 제한된 범위의 경로를 통한, 권력분립의 원칙에 대한 예외 규정. 1787년의 연방헌법제정회의에서는 탄핵 소추의 범위를 중대한 범죄와 비리로 제한하고, '실정'이란 용어를 고려하지 않으며 또한 그에 반대하기로 결정했습니다. 따라서 노스캐롤라이나 비준 회의에서 "이 용어는 커다란 비리의 경우에만 사용한다."고 결정했습니다. 또한 버지니아 비준 회의에서는, "우리는 상하 양원 중 어느 특정한 하나에만 우리의 자유를 맡길 수 없다. 상하 양원이 서로 견제하도록 해야 한다."고 결정했습니다.

제임스 매디슨은 또 다시 헌법제정회의에서, "대통령이 헌정 질서를 파괴하려고 시도한다면 사면 받을 수 없다."고 했습니다. 미국 헌법에서는 대통령에게 충실히 법을 집행할 의무를 부과하고 있습니다. 그런데 닉슨 대통령은 위증과 대배심 소송의 비밀에 대한 고의적인 무시, 부정 침입의 은폐, 연방 판사와의 타협을 측근들에게 권유하였습니다. 그러면서도 공개적으로는 형사재판 소송에 협조하는 태도를 보였습니다. "대통령이라도 헌법을 파괴하려고 시도한다면 탄핵 소추의 대상이 될 수 있습니다."

If the impeachment provision in the Constitution of the United States will not reach the offenses charged here, then perhaps that 18th-century Constitution should be abandoned to a 20th-century paper shredder.

Has the President committed offenses, and planned, and directed, and acquiesced in a course of conduct which the Constitution will not tolerate? That's the question. We know that. We know the question. We should now forthwith proceed to answer the question. It is reason, and not passion, which must guide our deliberations, guide our debate, and guide our decision.

미국 헌법의 탄핵 소추 규정이 이 자리에서 제기된 위법행위의 범주에 미치지 않는다면, 그때에는 18세기의 헌법은 아마도 20세기에 휴지 조각으로 버려야 할 것입니다.

대통령이 위법행위를 저질렀을까요? 그리고 헌법상 용인이 되지 않는 일련의 행동을 계획하고 지시하며 묵인했을까요? 그것이 의문입니다. 우리는 그것을 알고 있습니다. 우리는 그 의문을 알고 있습니다. 우리는 지금 당장 그 의문에 대한 답을 얻는 일에 나서야 합니다. 우리의 토의를 이끌어 나가야 하는, 우리의 논쟁을 이끌어 나가야 하는, 우리의 결정을 이끌어 나가야 하는 것은 이성입니다. 분노가 아닙니다.

Farewell Address to Congress

의회 고별 연설

delivered 19 April 1951

1951년 4월 19일

14
Speech

General Douglas MacArthur 더글러스 맥아더 장군

맥아더(1880~1964)는 미국 육군사관학교(웨스트포인트)를 최우수 성적으로 졸업했고, 웨스트포인트 교장을 역임했다. 1945년 일본 점령 연합국최고사령관, 1950년 한국전쟁 국제연합군 총사령관이었다.

1903년에 육군사관학교를 수석으로 졸업한 그는 군에서는 극동통(極東通)으로 알려질 만큼 극동 지역의 정세에 대해 해박한 지식과 전략을 갖추고 있었다.

1950년에 한국전쟁이 발발하자 UN군 최고사령관으로 부임하여 인천 상륙작전을 성공시킴으로써 전세를 일시에 역전시켰다. 얼마 지나지 않아 중공군이 개입하여 다시 후퇴를 하게 되자 그는 강력한 반격을 주장했다. 그러나 트루먼 대통령의 견제로 결국 군문을 떠나게 되었다.

사령관직에서 해임된 뒤인 1951년 4월19일 미국 상하 양원 합동회의에서 그가 행한 이 연설에는 "노병은 결코 죽지 않는다, 다만 사라질 뿐이다"라는 명구가 들어 있다.

I stand on this rostrum with a sense of deep humility and great pride — humility in the wake of those great American architects of our history who have stood here before me, pride in the reflection that this forum of legislative debate represents human liberty in the purest form yet devised. Here are centered the hopes and aspirations and faiths of the entire human race. I do not stand here as advocate for any partisan cause, for the issues are fundamental and reach quite beyond the realm of partisan consideration. They must be resolved on the highest plane of national interest if our course is to prove sound and our future protected. I trust, therefore, that you will do me the justice of receiving that which I have to say as solely expressing the considered viewpoint of a fellow American.

Beyond pointing out these general truisms, I shall confine my discussion to the general areas of Asia. Before one may objectively assess the situation now existing there, he must comprehend something of Asia's past and the revolutionary changes which have marked her course up to the present. Long exploited by the so-called colonial powers, with little opportunity to achieve any degree of social justice, individual dignity, or a higher standard of life such as guided our own noble administration of the Philippines, the peoples of Asia found their opportunity in the war just past to throw off the shackles of colonialism and now see the dawn of new opportunity, and heretofore unfelt dignity, and the self-respect of political freedom.

rostrum 연단, 강단 deep humility = sincere humility 깊은 겸허 → 진정한 겸허 in the wake of ~의 자국을 쫓아서, ~을 본떠서 architect 건축가, 설계자 partisan 당파심이 강한, 파벌의 plane 평면, 수준, 비행기: a high plane of 고도의 that which I have to say = what I have to say do the justice ~을 공평하게 평가하다

저는 진정 겸허한 마음과 커다란 자부심으로 이 연단에 섰습니다. 이러한 겸허함은 저보다 먼저 이 자리에 섰던, 미국 역사의 기초를 세웠던 위대한 분들의 발자취를 따른 것이며, 이러한 자부심은 이 입법 토론의 장인 의회가 지금까지 고안된 형태 중에서 가장 순수한 형태로 인간의 자유를 대표하고 있다는 생각에서 나온 것입니다. 이곳에는 전 인류의 희망과 열망과 믿음이 결집되어 있습니다. 저는 어느 특정 정당의 주장을 옹호하는 대변인으로 이 자리에 선 것이 아닙니다. 왜냐하면 제가 말씀 드리려는 문제들은 근본적인 것으로서 당파적 고려의 영역을 훨씬 뛰어넘는 것이기 때문입니다. 우리의 방향이 올바르다는 것을 입증하고 우리의 미래를 보호하려 한다면, 이러한 문제들은 국가 이익 최우선이라는 차원에서 해결해야 합니다. 따라서 제가 드리는 말씀을 미국인 한 사람의 신중한 견해 표명으로만 받아들이는 공평함을 보여 주시기를 부탁 드립니다.

일반적이고 뻔한 말을 늘어놓느니보다 제 생각을 아시아 일반 지역으로 국한시켜 말씀 드리겠습니다. 지금 아시아에 현존하는 상황을 객관적으로 평가하려면 우선 아시아의 과거와 지금까지 아시아에서 일어난 혁명적인 변화에 관해 다소나마 이해해야만 합니다. 아시아의 민족들은 소위 식민주의라는 세력에 의해 오랫동안 착취를 당했습니다. 미국의 모범적인 필리핀 식민통치기구에서 가이드라인을 정해 놓은 것과 같은, 어느 정도의 사회 정의나 개인의 존엄성, 보다 높은 수준의 생활은 성취할 기회가 거의 없었습니다. 식민주의의 굴레를 벗어 버릴 기회는 바로 얼마 전에 끝난 전쟁에서 찾았습니다. 그리고 이제 그들은 새로운 기회, 지금까지 느껴 보지 못한 존엄성, 그리고 정치적 자유에 대한 자기 존중이라는 여명기를 맞이하고 있습니다.

The tragedy of Korea is further heightened by the fact that its military action is confined to its territorial limits. It condemns that nation, which it is our purpose to save, to suffer the devastating impact of full naval and air bombardment while the enemy's sanctuaries are fully protected from such attack and devastation.

Of the nations of the world Korea alone, up to now, is the sole one which has risked its all against communism. The magnificence of the courage and fortitude of the Korean people defies description. They have chosen to risk death rather than slavery. Their last words to me were "Don't scuttle the Pacific."

I have just left your fighting sons in Korea. They have met all tests there, and I can report to you without reservation that they are splendid in every way. It was my constant effort to preserve them and end this savage conflict honorably and with the least loss of time and a minimum sacrifice of life. Its growing bloodshed has caused me the deepest anguish and anxiety. Those gallant men will remain often in my thoughts and in my prayers always.

한국의 비극은 군사 행동이 영토의 경계선까지 제한되어 있다는 사실 때문에 더욱 고조되고 있습니다. 우리의 목표는 한국을 구하는 것입니다. 그런데 이 나라는 해군과 공군의 전면적인 폭격에 의한 참화의 충격을 겪어야 하지만, 적군의 성역은 그런 공격과 참화로부터 완전히 보호 받고 있는 상황입니다.

전 세계 국가들 중에서 한국만이, 지금까지, 모든 위험을 무릅쓰고 공산주의와 맞서 싸워 온 유일한 나라입니다. 한국 국민들의 그 대단한 용기와 불굴의 정신은 말로 표현할 수가 없습니다. 그들은 노예 상태보다는 차라리 죽음을 무릅쓰고자 했습니다. 그들이 제게 마지막으로 한 말은 "태평양을 포기하지 말라."는 것이었습니다.

지금 저는 전투 중인 여러분의 자제들을 한국에 두고 왔습니다. 그들은 그곳에서 모든 시련에 맞서고 있습니다. 저는 그들이 모든 면에서 더할 나위가 없다고 기탄없이 말씀 드릴 수 있습니다. 저는 그들을 보호하고 이 야만적인 전쟁을 명예롭게 그리고 최단 시간 내에 최소한의 희생으로 하여 끝내고자 끝없이 노력했습니다. 이 유혈 참사의 증가는 저를 깊은 고뇌와 근심 속에 빠뜨려 왔습니다. 이 용감한 젊은이들은 저의 마음속에 자주 머물 것입니다. 그리고 항상 저의 기도 속에 남아 있을 것입니다.

 14.mp3

I am closing my fifty-two years of military service. When I joined the army, even before the turn of the century, it was the fulfillment of all of my boyish hopes and dreams. The world has turned over many times since I took the oath on the plain at West Point, and the hopes and dreams have long since vanished, but I still remember the refrain of one of the most popular barrack ballads of that day which proclaimed most proudly that old soldiers never die; they just fade away. And, like the old soldier of that ballad, I now close my military career and just fade away, an old soldier who tried to do his duty as God gave him the light to see that duty.

Check the Vocabulary

oath 맹세, 선서 refrain 후렴, 그만두다, 삼가다 barrack 막사, 병영 proclaim 선언하다, 분명히 나타내다 저는 52년간의 군복무를 마감하려고 합니다. 제가 군에 입대할 때, 20세기가 되기 전이었습니다만, 그것은 제 소년 시절의 모든 희망과 꿈을 실현하기 위한 것이었습니다. 제가 웨스트포인트 연병장에서 선서를 한 날부터 세상은 여러 번 바뀌었습니다. 그리고 저의 희망과 꿈도 오래 전에 사라졌지만, 그 시절 병영에서 가장 유명했던 노래들 중 하나를 아직도 기억하고 있습니다. 그 노래의 후렴에는 '노병은 죽지 않는다, 다만 사라질 뿐이다' 라고 아주 자랑스럽게 쓰여 있습니다. 그리고 그 노래 속의 노병처럼 이제 저는 군인이란 직업을 끝마치고 다만 사라지려 합니다. 신께서 주신 의무를 깨닫고 그 의무를 다 하려고 애쓴 노병으로 말입니다.

I've Been to the Mountaintop
나는 산 정상에 올라갔다 왔습니다

delivered 3 April 1968,

Mason Temple (Church of God in Christ Headquarters), Memphis, Tennessee

1968년 4월 3일, 테네시 주 멤피스 메이슨 사원

15
Speech

Martin Luther King, Jr. 마틴 루터 킹 주니어

미국 내 흑인의 인권 운동을 이끈 대표적인 침례교 목사로 1964년 노벨 평화상을 수상했다.

〈나는 산 정상에 올라갔다 왔습니다〉는 마틴 루터 킹 목사가 암살당하기 바로 전날 멤피스에서 한 연설로, 그는 이미 자신의 죽음을 알고 있었다.

모세가 가나안에 들어가지 못하고 '산 정상(Mountaintop)'에 올라 멀리서나마 그 약속의 땅을 보고 죽은 것처럼, 마틴 루터 킹 목사도 이미 자신이 죽으리란 점을 이 단어로 암시하였다. 따라서 이 연설에 나오는 '산 정상'은 영광의 자리가 아니라 죽음의 자리이며, 또한 하나님의 뜻을 이룰 수 있다는 희망찬 비전의 제시이다.

Something is happening in our world. The masses of people are rising up. And wherever they are assembled today, whether they are in Johannesburg, South Africa; Nairobi, Kenya; Accra, Ghana; New York City; Atlanta, Georgia; Jackson, Mississippi; or Memphis, Tennessee — the cry is always the same: "We want to be free."

And another reason that I'm happy to live in this period is that we have been forced to a point where we are going to have to grapple with the problems that men have been trying to grapple with through history, but the demands didn't force them to do it. Survival demands that we grapple with them. Men, for years now, have been talking about war and peace. But now, no longer can they just talk about it. It is no longer a choice between violence and nonviolence in this world; it's nonviolence or nonexistence. That is where we are today.

And also in the human rights revolution, if something isn't done, and done in a hurry, to bring the colored peoples of the world out of their long years of poverty, their long years of hurt and neglect, the whole world is doomed. Now, I'm just happy that God has allowed me to live in this period to see what is unfolding. And I'm happy that He's allowed me to be in Memphis.

grapple with 격투하다, 맞붙어 싸우다   it = choice

지금 세계에서는 중대한 일이 벌어지고 있습니다. 대중들이 일어서고 있습니다. 남아공의 요하네스버그, 케냐의 나이로비, 가나의 아크라, 뉴욕시, 조지아 주의 애틀랜타, 미시시피 주의 잭슨, 테네시 주의 멤피스 등 사는 곳이 어디이든 오늘 모인 곳이 어디이든, 다 똑같이 그 외침은 "우리는 자유롭기를 원한다."는 것입니다.

제가 이 시기에 살아서 행복한 다른 한 가지 이유는, 우리가 역사 이후 지금까지 인류가 맞붙어 싸워 온 문제들과 앞으로도 어쩔 수 없이 맞붙어 싸워야만 하는 시점에 놓여 있다는 것 때문입니다. 하지만 그런 요구에도 불구하고 인류는 그렇게 하지 못했습니다. 우리가 살아남으려면 그들과 맞붙어 싸워야 합니다. 인류는 지금까지 수년 동안 전쟁과 평화에 대해 이야기해 왔습니다. 하지만 이제는 더 이상 이에 대해 이야기만 하고 있을 수 없습니다. 이 세상에 폭력과 비폭력 사이의 선택은 더 이상 없습니다. 선택은 비폭력이냐 아니면 존재의 상실이냐 하는 것입니다. 이것이 오늘 우리가 사는 세상입니다.

그리고 또한 인권 혁명에 있어서, 세계의 흑인들을 오랜 가난과 오랜 고통과 경시로부터 해방시키기 위한 무엇인가가 마련되지 않는다면, 그것도 서둘러 마련되지 않는다면, 전 세계는 파멸할 것입니다. 제가 이 시기에 태어나 어떤 일이 벌어지고 있는지 볼 수 있도록 하나님께서 허락해 주신 것이 참 좋습니다. 그리고 제가 멤피스에 있도록 하나님께서 허락해 주신 것이 참 좋습니다.

Now, what does all of this mean in this great period of history? It means that we've got to stay together. We've got to stay together and maintain unity. You know, whenever Pharaoh wanted to prolong the period of slavery in Egypt, he had a favorite, favorite formula for doing it. What was that? He kept the slaves fighting among themselves. But whenever the slaves get together, something happens in Pharaoh's court, and he cannot hold the slaves in slavery. When the slaves get together, that's the beginning of getting out of slavery. Now let us maintain unity.

And then I got into Memphis. And some began to say the threats, or talk about the threats that were out. What would happen to me from some of our sick white brothers?

Well, I don't know what will happen now. We've got some difficult days ahead. But it really doesn't matter with me now, because I've been to the mountaintop.

And I don't mind.

slavery 노예 제도, 노예 신분 formula 공식, 방식 지금, 역사의 이 위대한 시기에 이 모든 것은 무엇을 의미합니까? 우리가 함께 견뎌내야 한다는 것을 의미합니다. 우리는 함께 견뎌내며 단합을 유지해야 합니다. 파라오가 이집트에서 노예 신분의 기간 연장을 원할 때마다 즐겨 사용하던 방법이 있었습니다. 여러분, 그것이 무엇이었는지 아십니까? 계속 노예들끼리 서로 싸우도록 하는 것이었습니다. 하지만 노예들이 함께 할 때면 파라오의 궁전에서는 무슨 일인가가 일어나 노예들을 노예 신분으로 붙잡아 둘 수 없습니다. 노예들이 함께 할 때면, 그것은 노예 신분에서 탈출하는 시작이 되는 것입니다. 이제 단합을 유지합시다.

그리고 멤피스에 도착했습니다. 그런데 사람들이 위협을 얘기하기 시작했습니다. 혹은 드러나 있는 위협에 대해 말하기 시작했습니다. 우리의 병든 백인 형제들 중 일부로부터 제게 어떤 일이 벌어질지 모른다고 말입니다.

지금 어떤 일이 발생할지 저는 모릅니다. 앞으로 많은 어려움이 있을 것입니다. 그러나 이제 제게 그런 것은 정말 상관이 없습니다. 저는 산 정상에 가 보았기 때문입니다.

저는 걱정하지 않습니다.

Like anybody, I would like to live a long life. Longevity has its place. But I'm not concerned about that now. I just want to do God's will. And He's allowed me to go up to the mountain. And I've looked over. And I've seen the Promised Land. I may not get there with you. But I want you to know tonight, that we, as a people, will get to the promised land!

And so I'm happy tonight.
I'm not worried about anything.
I'm not fearing any man!
Mine eyes have seen the glory of the coming of the Lord!

다른 사람들처럼, 저도 오래 살기를 원합니다. 장수할 여지가 있습니다. 그러나 저는 지금 그런 것에 관심이 없습니다. 다만 하나님의 뜻을 실천하고 싶을 뿐입니다. 그런데 하나님께서는 제가 산 위에 오르는 것을 허락하셨습니다. 거기에서 저는 멀리 보고, 또 보았습니다. 약속된 땅을 보았습니다. 저는 여러분들과 함께 그 땅에 가지 못할 수도 있습니다. 그러나 오늘 밤 여러분은 아셔야 합니다. 우리 모두 같은 사람으로 약속된 땅에 갈 것이란 사실을 말입니다.

그래서 저는 오늘 밤 행복합니다.
저는 아무것도 걱정하지 않습니다.
저는 아무도 두려워하지 않습니다!
내 두 눈으로 주님께서 오시는 영광을 보았습니다!

Remarks on the Assassination of Martin Luther King, Jr.

마틴 루터 킹 목사의 암살에 대한 연설

delivered 4 April 1968, Indianapolis, IN

1968년 4월 4일, 인디애나 주 인디애나폴리스

16
Speech

Robert F. Kennedy 로버트 F. 케네디

로버트 F. 케네디(1925~1968)는 미국의 제35대 대통령 존 F. 케네디의 동생이다. 법조인이자 정치인인 그는 애칭 바비 케네디(Bobby Kennedy), 이니셜 RFK로도 널리 알려져 있다.

케네디 대통령 시절, 그는 연방 법무장관으로 재직하였다. 법무장관으로 임명되자, 경험이 일천한 35세의 젊은 법조인이 대통령의 친동생이라는 이유만으로 고위 공직에 올랐다고 여론이 들끓었다. 안팎에서 족벌 인사, 정실 등용이라는 비난이 이어졌지만, 그는 자신의 탁월한 능력으로 이러한 비난을 잠재우고 미국 역사상 가장 기억에 남는 법무장관의 한 사람이 되었다.

당시 남부에서 벌어지던 인종차별을 철폐하기 위한 그의 노력은, 1963년 11월 존 F. 케네디가 암살된 이후 존슨 대통령 밑에서 그 결실을 보게 되었다. 그러나 1968년 대통령 선거의 유력한 후보였던 그는 로스앤젤레스 앰배서더 호텔에서 8발의 총격을 받고 병원으로 옮겨졌으나 끝내 사망하고 말았다. 마틴 루터 킹 목사의 암살에 이은 그의 암살은 미국을 큰 충격과 혼란 속에 빠져들게 했으며 결국 민주당은 이 선거에서 공화당에 지고 말았다.

마틴 루터 킹 목사의 암살을 애도했던 그마저도 암살을 당했다는 사실은 미국 역사의 아이러니가 아닐 수 없다.

Ladies and Gentlemen,

I'm only going to talk to you just for a minute or so this evening, because I have some — some very sad news for all of you — Could you lower those signs, please? I have some very sad news for all of you, and, I think, sad news for all of our fellow citizens, and people who love peace all over the world; and that is that Martin Luther King was shot and was killed tonight in Memphis, Tennessee.

Martin Luther King dedicated his life to love and to justice between fellow human beings. He died in the cause of that effort. In this difficult day, in this difficult time for the United States, it's perhaps well to ask what kind of a nation we are and what direction we want to move in. For those of you who are black — considering the evidence evidently is that there were white people who were responsible — you can be filled with bitterness, and with hatred, and a desire for revenge.

We can move in that direction as a country, in greater polarization — black people amongst blacks, and white amongst whites, filled with hatred toward one another. Or we can make an effort, as Martin Luther King did, to understand, and to comprehend, and to replace that violence, that stain of bloodshed that has spread across our land, with an effort to understand, compassion, and love.

Check the Vocabulary

in the cause of ~을 위해 bitterness 쓴맛, 슬픔, 괴로움

안녕하십니까, 국민 여러분!

매우 슬픈 소식이 있어서 오늘 저녁 여러분에게 잠시 그 소식을 전하려고 합니다. 그 게시물들을 좀 내려주실 수 있겠습니까? 저는 여러분 모두에게 아주 슬픈 소식을 전하려고 합니다. 제 생각에, 이는 우리 미국인 모두와 전 세계의 평화를 사랑하는 분 모두에게 슬픈 소식입니다. 마틴 루터 킹 목사가 오늘밤 테네시 주의 멤피스에서 총을 맞고 사망했다는 소식입니다.

마틴 루터 킹 목사는 평생을 사람들 사이의 사랑과 정의를 위해 헌신하신 분입니다. 그는 그러한 노력을 위해 목숨을 바쳤습니다. 미국의 이 어려운 시기에, 이 어려운 때에, 우리나라가 어떤 종류의 나라인지 그리고 우리가 나아갈 방향이 무엇인지 물어보는 것이 아마 좋을 것입니다. 그에 대한 책임이 백인에게 있다는 것은 분명 명백합니다. 흑인 여러분, 이 점을 고려할 때, 여러분의 마음은 슬픔과 미움 그리고 복수에 대한 욕구로 가득 할 수 있습니다.

우리는 서로가 서로를 미워하는 마음으로 가득 찬, 흑인은 흑인끼리, 백인은 백인끼리라는 보다 양극화된 방향으로 나아갈 수도 있습니다. 그렇지 않고 마틴 루터 킹 목사처럼 이해하고 인식하기 위해 노력할 수 있으며 이 나라 전체에 만연한 그러한 유혈 사태의 오점인 폭력을 서로 이해하려는 노력과 깊은 연민 그리고 사랑으로 바꿀 수도 있습니다.

For those of you who are black and are tempted to fill with — be filled with hatred and mistrust of the injustice of such an act, against all white people, I would only say that I can also feel in my own heart the same kind of feeling. I had a member of my family killed, but he was killed by a white man.

But we have to make an effort in the United States. We have to make an effort to understand, to get beyond, or go beyond these rather difficult times.

My favorite poem, my … my favorite poet was Aeschylus.[1] And he once wrote:

Even in our sleep, pain which cannot forget
falls drop by drop upon the heart,
until, in our own despair,
against our will,
comes wisdom
through the awful grace of God.

What we need in the United States is not division; what we need in the United States is not hatred; what we need in the United States is not violence and lawlessness, but is love, and wisdom, and compassion toward one another, and a feeling of justice toward those who still suffer within our country, whether they be white or whether they be black.

Check the Vocabulary

be tempted to ~하고 싶어지다

138

여러분 중에 모든 백인에게 그러한 행동의 부당성에 대한 미움과 불신을 가득 채우고 싶어진 흑인이 계시다면, 저도 속으로는 똑같은 감정을 느낄 수 있다는 것만을 말씀 드리고 싶습니다. 제 가족 중의 한 명도 죽었습니다. 그러나 그는 백인에 의해 살해되었습니다.

그러나 우리는 미국 안에서 노력을 해야 합니다. 우리는 이 어려운 시기를 넘기기 위해, 넘어서기 위해 이해하려고 노력을 해야 합니다

제가 좋아하는 시, 제가 좋아하는 … 그리스의 비극 시인 아이스킬로스는 이런 시를 썼습니다.

잠을 자는 동안에도, 잊을 수 없는 고통이
가슴 위로 한 방울 한 방울 떨어진다.
마침내 절망 속에서
우리의 의지와는 달리
하나님의 커다란 은총을 통해
지혜가 샘솟는다.

우리가 미국에서 필요로 하는 것은 분열이 아닙니다. 우리가 미국에서 필요로 하는 것은 미움이 아닙니다. 미국에서 우리가 필요로 하는 것은 폭력과 무법이 아닙니다. 우리가 필요로 하는 것은 서로에 대한 사랑과 지혜와 연민과, 흑인이건 백인이건 이 나라 안에서 아직도 고통을 받고 있는 사람들에 대한 정의감입니다.

1) 아이스킬로스(기원전 525년~456): 고대 그리스의 대표적인 비극 작가이다. 비극예술의 창조에 기본적인 형태를 부여한 80여 편의 작품을 만들었다. 그는 비극에서 합창시의 형식과 배열을 정비하여 극의 악곡적 구성과 극적 리듬의 통합을 이루었고, 비극의 테마에 어울리는 장대하고 화려한 연출방법을 만들었다.

🎧 16.mp3

So I ask you tonight to return home, to say a prayer for the family of Martin Luther King … yeah, it's true … but more importantly to say a prayer for our own country, which all of us love … a prayer for understanding and that compassion of which I spoke.

We can do well in this country. We will have difficult times. We've had difficult times in the past, but we … and we will have difficult times in the future. It is not the end of violence; it is not the end of lawlessness; and it's not the end of disorder.

But the vast majority of white people and the vast majority of black people in this country want to live together, want to improve the quality of our life, and want justice for all human beings that abide in our land.

And let's dedicate ourselves to what the Greeks wrote so many years ago: to tame the savageness of man and make gentle the life of this world. Let us dedicate ourselves to that, and say a prayer for our country and for our people.

Thank you very much.

that compassion of which I spoke = that compassion which I spoke of = that compassion I spoke of

그러므로 저는 여러분께 부탁 드립니다. 오늘밤 집에 돌아가시면 마틴 루터 킹 목사님의 가족을 위해 기도를 해 주십시오. 정말입니다. 하지만 보다 중요한 것은 우리 모두가 사랑하는 이 나라를 위해 기도를 해 달라는 것입니다. 제가 말한 이해와 연민에 대한 기도를 해 달라는 것입니다.

우리는 이 나라에서 잘 살 수 있습니다. 힘든 때가 있을 것입니다. 과거에도 힘든 때가 있었습니다. 그러나 우리는, 우리는 미래에도 힘든 때가 있을 것입니다. 그것은 폭력의 끝이 아닙니다. 그것은 무법의 끝이 아닙니다. 그리고 그것은 무질서의 끝이 아닙니다.

그러나 이 나라의 백인 대다수는 또 흑인 대다수는 함께 살기를 원합니다. 우리 삶의 질을 높이기를 원합니다. 이 땅에 사는 모든 사람을 위한 정의를 원합니다.

아주 오래 전의 그리스 사람들의 글처럼, 인간의 야만성을 길들이고 이 세상의 삶을 부드럽게 하기 위해 우리가 헌신합시다. 그 일에 헌신합시다. 그리고 이 나라와 이 나라 사람들을 위해 기도합시다.

감사합니다.

Farewell Address

아이젠하워 대통령직 이임사

delivered 17 January 1961

1961년 1월 17일

17
Speech

Dwight D. Eisenhower 드와이트 D. 아이젠하워

미국의 제34대 대통령(1953~1961)인 아이젠하워는 제2차 세계대전 중 서유럽 주둔 연합군 최고사령관을 역임했다. 제1차 세계대전 중 그는 기갑훈련 중대의 지휘를 맡아 대위로 승진, 해외로 파견될 예정이었으나 전쟁이 끝나는 바람에 그대로 미국에 남게 되었다. 1922~1924년 파나마운하 지역에 배속되어 그 지역의 위수사령관인 폭스 코너 준장의 영향을 강하게 받게 되었으며, 그의 배려로 포트 레번워스에 있는 육군 지휘참모학교에 입교하였다. 이어 프랑스에서 근무하면서 제1차 세계대전 때의 격전장 안내서를 저술하였다.

워싱턴 D.C.에서 근무하던 중 1933년 육군 참모총장 더글러스 맥아더 장군의 참모가 되었으며 2년 뒤 그를 따라 필리핀에 부임하여 필리핀 군대의 재건을 지원하였다. 제2차 세계대전 중에는 노르망디상륙작전을 비롯한 프랑스와 독일 지역 공격에 대한 책임자로서 혁혁한 공을 세웠다.

1952년 민주당 대통령 시대를 마감하고 20년 만에 공화당원으로서 대통령에 당선된 그는 한국전쟁의 휴전을 성사시킨 인물이다. 선거운동 당시 그는 한국전쟁 장기화에 대한 미국인의 우려를 불식시키기 위해 '제가 한국에 가겠습니다.' 라는 말을 했는데, 실제로 당선 직후 실제로 이를 실행에 옮겼다. 1959년에는 흐루시초프 소련 총리와 캠프데이비드 회담을 성사시켜, 냉전에서 화해의 길을 열기도 하였다.

Three days from now, after half century in the service of our country, I shall lay down the responsibilities of office as, in traditional and solemn ceremony, the authority of the Presidency is vested in my successor. This evening, I come to you with a message of leave-taking and· farewell, and to share a few final thoughts with you, my countrymen.

Like every other — Like every other citizen, I wish the new President, and all who will labor with him, Godspeed. I pray that the coming years will be blessed with peace and prosperity for all.

Our people expect their President and the Congress to find essential agreement on issues of great moment, the wise resolution of which will better shape the future of the nation. My own relations with the Congress, which began on a remote and tenuous basis when, long ago, a member of the Senate appointed me to West Point, have since ranged to the intimate during the war and immediate post-war period, and finally to the mutually interdependent during these past eight years. In this final relationship, the Congress and the Administration have, on most vital issues, cooperated well, to serve the nation good, rather than mere partisanship, and so have assured that the business of the nation should go forward. So, my official relationship with the Congress ends in a feeling, on my part, of gratitude that we have been able to do so much together.

지금부터 사흘 뒤, 저는 지난 반세기 동안의 조국에 대한 봉사를 마치고, 전통적이고 엄숙한 의례에 따라 대통령직의 책무를 내려놓을 것입니다. 그리고 그 권한은 저의 후임자에게 부여될 것입니다. 오늘 저녁, 저는 (대통령직의) 인수인계에 관한 메시지와 고별인사를 전하며 동시에 국민 여러분과 몇 가지 마지막 의견을 나누기 위해 이 자리에 섰습니다.

다른 모든 사람 혹은 다른 시민들처럼, 저는 새로운 대통령과 그와 함께 일할 분들의 성공을 기원합니다. 다가오는 해에는 모든 사람에게 평화와 번영의 축복이 있기를 기도합니다.

우리 국민은 대통령과 의회가 나라의 아주 중요한 문제에 대해 근본적인 합의를 이루기를 기대하고 있습니다. 그에 관한 현명한 결정은 우리나라의 미래의 모습을 더욱 훌륭하게 만들 것입니다. 저와 의회와의 관계는, 오래 전 보잘것없는 이유에서부터 시작되었습니다. 그러나 상원의원 한 분이 저에게 육군사관학교에 가라고 하셨을 때부터 시작된 이러한 관계는, 전쟁 중 그리고 바로 그 뒤의 전후에도 계속 끈끈한 관계로 이어져 왔습니다. 그리고 마침내 지난 8년 동안 서로가 서로를 의지하는 관계로 발전하였습니다. 바로 이 관계를 바탕으로, 의회와 행정부는 중요한 문제에서 단순한 파트너십 차원을 넘어 국가 이익을 위해 협조해 왔습니다. 그 결과, 국가의 업무에 분명한 진척이 있을 수 있었습니다. 따라서 저와 의회와의 공적인 관계는, 제 입장에서 볼 때, 우리가 서로 합심하여 그처럼 많은 일을 할 수 있었구나, 하는 감사의 마음으로 귀결됩니다.

Check the Vocabulary

of great moment (of + 무관사의 추상명사 = 형용사) 아주 중요한 = very important **resolution** 결의, 해결, 결정 **tenuous** 희박한, 보잘것없는 **appoint** 지시하다, 지명하다 **range** 줄짓다, 이어지다 **intimate** 친근한, 끈끈한

17.mp3

During the long lane of the history yet to be written, America knows that this world of ours, ever growing smaller, must avoid becoming a community of dreadful fear and hate, and be, instead, a proud confederation of mutual trust and respect. Such a confederation must be one of equals. The weakest must come to the conference table with the same confidence as do we, protected as we are by our moral, economic, and military strength. That table, though scarred by many fast frustrations — past frustrations, cannot be abandoned for the certain agony of disarmament — of the battlefield.

Disarmament, with mutual honor and confidence, is a continuing imperative. Together we must learn how to compose differences, not with arms, but with intellect and decent purpose. Because this need is so sharp and apparent, I confess that I lay down my official responsibilities in this field with a definite sense of disappointment. As one who has witnessed the horror and the lingering sadness of war, as one who knows that another war could utterly destroy this civilization which has been so slowly and painfully built over thousands of years, I wish I could say tonight that a lasting peace is in sight.

lane 좁은 길, 차선 the weakest 아무리 약한 나라라 할지라도(최상급에는 양보의 의미가 있다) disarmament 군비축소, 무장해제

역사는 앞으로도 계속 쓰일 것입니다. 그 먼 길에서, 미국은 점점 작아지고 있는 우리들의 이 세계가 끔찍한 공포와 증오의 사회가 되는 것을 피하고, 대신 상호 신뢰와 존경의 자랑스러운 연합체가 되도록 해야 한다는 사실을 알고 있습니다. 그런 연합체는 동등한 사람들의 연합체가 되어야 합니다. 아무리 약한 나라라 할지라도 우리와 똑같은 자신감을 갖고 대화의 테이블로 나와야 하며, 우리가 도덕적, 경제적, 군사적 힘에 의해 보호받는 것처럼 그 나라도 보호받아야 합니다. 그러한 평등한 대화의 테이블은, 과거의 실패, 많은 성급한 실패란 상처를 갖고 있지만, 어떤 특정한 고민, 전장의 군비축소라는 고민 때문에 포기될 수 없습니다.

상호간의 명예와 신뢰에 의한 군비축소는 반드시 지속되어야 합니다. 동시에 우리는 무기가 아니라 지성과 합당한 목표를 갖고 어떻게 여러 의견의 차이를 조정할 수 있는지를 배워야만 합니다. 이의 필요성은 아주 명명백백합니다. 따라서 고백하건대, 이 분야의 제 공적인 책임을 그만두는 것에 대해 저는 실망감이 큽니다. 전쟁의 공포와 그 오랜 아픔을 목격한 한 사람으로서, 또 다시 전쟁이 일어나면 수천 년 동안 서서히 애써 이루어 놓은 이 문명이 완전히 파괴될 수 있다는 것을 아는 한 사람으로서, 저는 오늘밤 지속적인 평화가 곧 눈앞에 보인다고 말할 수 있길 바랍니다.

Check the Vocabulary

decent 예의 바른, 적당한, 합당한 **sharp and apparent** 명명백백한 lingering 오래 끄는, 망설이는 I wish + S + 가정법 과거

Happily, I can say that war has been avoided. Steady progress toward our ultimate goal has been made. But so much remains to be done. As a private citizen, I shall never cease to do what little I can to help the world advance along that road.

So, in this, my last good night to you as your President, I thank you for the many opportunities you have given me for public service in war and in peace. I trust in that — in that — in that service you find some things worthy. As for the rest of it, I know you will find ways to improve performance in the future.

You and I, my fellow citizens, need to be strong in our faith that all nations, under God, will reach the goal of peace with justice. May we be ever unswerving in devotion to principle, confident but humble with power, diligent in pursuit of the Nations' great goals.

다행히도, 저는 지금까지 전쟁을 피해 왔다고 말할 수 있습니다. 우리의 궁극적인 목표를 향한 발전은 지금까지 꾸준히 진행되어 왔습니다. 그러나 아직 해야 할 일이 많이 남아 있습니다. 한 명의 개인적인 시민으로서, 세계가 그 길을 따라 나아가는 것을 돕는 데 제가 할 수 있는 일이라면 아무리 작은 일이라도 결코 멈추지 않을 것입니다.

이제, 이 연설로 여러분께 대통령으로서 마지막 인사를 드립니다. 저는 전쟁과 평화 속에서도 제가 공직에 봉사할 수 있는 기회를 많이 주신 것에 대해 감사를 드립니다. 그러한 봉사 중에서 무엇인가 가치 있는 것을 찾으시리라고 믿습니다. 그 나머지, 성과를 향상시킬 수 있는 방법은 앞으로 여러분이 찾으시리라고 생각합니다.

국민 여러분, 우리는 모든 국가가 하나님 밑에서 정의와 함께하는 평화라는 목표에 도달할 것이라는 점을 굳게 해야 합니다. 우리가 원칙에 대한 믿음에 있어서는 굳건하고, 힘에 있어서는 자신감이 있으되 겸손하며 국가의 위대한 목표 추구에 있어서는 성실하기를 바랍니다.

To all the peoples of the world, I once more give expression to America's prayerful and continuing aspiration: We pray that peoples of all faiths, all races, all nations, may have their great human needs satisfied; that those now denied opportunity shall come to enjoy it to the full; that all who yearn for freedom may experience its few spiritual blessings. Those who have freedom will understand, also, its heavy responsibility; that all who are insensitive to the needs of others will learn charity; and that the sources — scourges of poverty, disease, and ignorance will be made (to) disappear from the earth; and that in the goodness of time, all peoples will come to live together in a peace guaranteed by the binding force of mutual respect and love.

Now, on Friday noon, I am to become a private citizen. I am proud to do so. I look forward to it.

전 세계의 모든 국민들께, 저는 다시 한 번 더 미국의 간절하고 지속적인 열망을 말씀 드리겠습니다. 모든 종교, 모든 인종, 모든 국가의 국민 여러분, 저는 여러분의 커다란 인간적인 욕구가 충족되기를 기원합니다. 지금 기회를 잃은 분들도 그 기회를 완전히 얻게 되기를 기원합니다. 자유를 갈망하는 모든 분들도 자유의 정신적 축복을 경험하기를 기원합니다. 자유를 누리고 있는 분들은 또한 그 무거운 책임을 이해하기를 기원합니다. 다른 사람들의 욕구에 무감각한 분들은 자비의 의미를 깨닫기를 기원합니다. 천벌과도 같은 가난과 질병, 무지가 지구상에서 사라지기를 바랍니다. 때가 되면 모든 민족이 상호 존중과 사랑이라는 유대의 힘으로 약속이 된 평화 속에서 함께 살 것을 기원합니다.

이제 금요일 오후면 저는 평범한 시민으로 돌아갑니다. 저는 그것을 자랑스럽게 여깁니다. 그것을 고대하고 있습니다.

Duty, Honor, Country
의무, 명예, 조국

Sylvanus Thayer Award Acceptance Address
실바누스 세이어 상 수상 소감 연설

delivered 12 May 1962, West Point, NY

1962년 5월 12일, 뉴욕 주 웨스트포인트

18
Speech

General Douglas MacArthur 더글러스 맥아더 장군

영원한 군인으로서의 삶을 마무리하는 대선배 더글러스 맥아더 장군이 군인의 명예와 조국을 위해 군문에 들어선 후배들에게 남긴 연설문이다.

이 글에서 그는 '의무, 명예, 조국'이란 주제로 군인의 숭고한 사명이 무엇인지를 역설하고 있다. 조국에 대한 자신의 신념과 애정을 여실히 보여 준 이 연설문은 매우 시적(詩的)이다. 군인의 사명감과 희생정신을 강조한 이 연설에는 과거의 회상에서부터 미래의 우주 전쟁에 이르기까지 다방면에 걸친 통찰력이 드러나 있다.

'의무, 명예, 조국'이란 글귀는 1898년에 웨스트포인트의 정식 교훈으로 채택된 것으로 웨스트포인트 사관학교의 문장에 새겨진 글귀이기도 하다.

No human being could fail to be deeply moved by such a tribute as this(Thayer Award). Coming from a profession I have served so long, and a people I have loved so well, it fills me with an emotion I cannot express. But this award is not intended primarily to honor a personality, but to symbolize a great moral code … the code of conduct and chivalry of those who guard this beloved land of culture and ancient descent. That is the animation of this medallion. For all eyes and for all time, it is an expression of the ethics of the American soldier. That I should be integrated in this way with so noble an ideal arouses a sense of pride and yet of humility which will be with me always.

Duty, Honor, Country: Those three hallowed words reverently dictate what you ought to be, what you can be, what you will be. They are your rallying points: to build courage when courage seems to fail; to regain faith when there seems to be little cause for faith; to create hope when hope becomes forlorn.

Unhappily, I possess neither that eloquence of diction, that poetry of imagination, nor that brilliance of metaphor to tell you all that they mean.

이와 같은 찬사(세이어 상)에 깊이 감명을 받지 않을 사람은 없을 것입니다. 제가 그토록 오랫동안 헌신해 왔던 직업, 그리고 제가 그토록 사랑해 왔던 국민들로부터 이러한 찬사를 받게 되니, 제 마음은 형용할 수 없는 감정으로 가득합니다. 그러나 이 상은 원래 어느 한 개인의 영광을 위한 것이 아니라 하나의 위대한 도덕률, 즉 문화와 오랜 전통에 빛나는 이 사랑하는 나라를 수호하는 이들의 행동 규범과 기사도 정신을 상징하기 위한 것입니다. 그것이 바로 이 큰 상의 활력소입니다. 모든 사람에게 그리고 언제나, 그것은 미국 군인의 윤리입니다. 저는 그렇게 고귀한 이상과 이런 방식으로 하나가 되어야 한다는 사실에 자부심과 겸허의 마음을 느낍니다. 그러한 마음은 언제나 저와 함께 할 것입니다.

의무와 명예, 조국이라는 이 신성한 세 단어는 여러분의 책무, 여러분의 능력, 여러분의 미래를 가만히 결정짓는 것입니다. 이들은 용기가 꺾일 것처럼 보일 때 용기를 북돋아 주고, 믿음에 대한 동기가 희박해지는 것처럼 보일 때 믿음을 되찾게 해 주고, 희망이 사라질 때 희망을 창조해 내는 활력의 회복점입니다.

유감스럽게도, 저는 이들이 의미하는 바를 모두 여러분에게 애기할 수 있는 말재주나 시적 상상력, 그리고 멋지게 은유적으로 표현할 수 있는 능력이 없습니다.

They teach you to be proud and unbending in honest failure, but humble and gentle in success; not to substitute words for actions, not to seek the path of comfort, but to face the stress and spur of difficulty and challenge; to learn to stand up in the storm but to have compassion on those who fall; to master yourself before you seek to master others; to have a heart that is clean, a goal that is high; to learn to laugh, yet never forget how to weep; to reach into the future yet never neglect the past; to be serious yet never to take yourself too seriously; to be modest so that you will remember the simplicity of true greatness, the open mind of true wisdom, the meekness of true strength.

They give you a temper of the will, a quality of the imagination, a vigor of the emotions, a freshness of the deep springs of life, a temperamental predominance of courage over timidity, of an appetite for adventure over love of ease. They create in your heart the sense of wonder, the unfailing hope of what next, and the joy and inspiration of life. They teach you in this way to be an officer and a gentleman.

이들은 여러분이 진정한 패배에 있어서는 당당하고 떳떳하되, 성공에 있어서는 겸손하고 너그러워야 한다는 것을 가르쳐 줍니다. 행동 대신에 말을 앞세우지 않으며, 편안한 길을 추구하는 대신에 고난과 도전의 스트레스와 채찍에 맞서며, 폭풍 속에서 굳건히 버틸 줄 알면서도 쓰러진 사람들에게 동정을 표할 수 있으며, 다른 사람을 다스리려 하기 전에 먼저 스스로를 다스리며, 깨끗한 마음과 고귀한 목표를 가지며, 웃을 줄 알면서도 눈물을 잊지 않으며, 내일을 향해 나아가되 어제를 잊지 않으며, 항상 진지하되 스스로를 너무 심각하지 않으며, 참된 위대함의 단순성과 참된 지혜에 대한 개방적인 마음과 참된 힘의 온화함을 기억할 만큼 조심성이 있어야 한다는 것을 가르쳐 줍니다.

이들은 여러분에게 강인한 의지와 고급의 상상력, 활기찬 감성, 인생의 깊은 샘물에서 오는 신선한 정신, 소심함을 뛰어넘는 용기, 안이함에 대한 애착을 뛰어넘는 모험에 대한 욕구의 타고난 주도권을 가져다 줍니다. 이들은 여러분의 마음속에 경이감과 미래를 향한 시들지 않는 희망, 그리고 삶의 기쁨과 감동을 가져다 줍니다. 이들은 여러분에게 이런 방식으로 한 명의 장교이자 한 명의 신사가 되는 방법을 가르쳐 줍니다.

temper 기질, 적절한 균형, 중용 temperamental predominance 기질적인 우세 inspiration 영감, 고무, 감동

I do not know the dignity of their birth, but I do know the glory of their death. They died unquestioning, uncomplaining, with faith in their hearts, and on their lips the hope that we would go on to victory. Always, for them: Duty, Honor, Country; always their blood and sweat and tears, as we sought the way and the light and the truth.

저는 그들이 얼마나 고귀하게 태어났는지는 몰라도, 그들이 얼마나 영광스럽게 이 세상을 떠났는지는 알고 있습니다. 그들은 아무것도 묻지 않고, 아무런 불평도 하지 않은 채, 마음속의 신념에 따라, 우리는 승리를 위해 나아간다는 희망을 입에 올리며 전사했습니다. 그들에게는 언제나 '의무, 명예, 조국'이 있었습니다. 우리가 그 길과 그 빛, 그 진리를 찾을 때면 언제나 그들의 피와 땀과 눈물이 보입니다.

The Great Silent Majority
위대한 다수의 침묵

delivered 3 November 1969

1969년 11월 3일

19

Speech

Richard M. Nixon 리처드 M. 닉슨

리처드 M. 닉슨(1913~1994)은 미국의 제37대 대통령으로 '닉슨독트린'을 제창하였으며, '핑퐁외교'로 중국과의 관계를 개선하고 소련과의 데탕트를 추진했다. 외교 분야에서 이룩한 많은 업적에도 불구하고 워터게이트 사건으로 1974년에 대통령직을 사임하였다.

1961년 미국 케네디 대통령은 동남아시아의 공산화를 막기 위해 비전투 군사 요원을 파견하여 '특수전쟁'을 전개하였다. 그의 뒤를 이은 존슨 대통령은 1964년의 통킹 만(灣) 사건을 계기로 베트남에 직접 미군을 파견하여 개입하기 시작하였다. 그러나 미국은 우세한 군사력을 보유하고 있으면서도 베트콩의 교묘한 게릴라전, 미국 내의 반전운동, 월남 정부의 무능과 부패 등으로 고전을 면치 못했다.

이 연설은 베트남전쟁에 대한 닉슨 대통령의 시각이 그대로 드러난 것으로 그가 인도차이나 지역의 공산화에 대해 얼마나 고민하고 있었는지를 알려 준다. 그러나 그의 노력에도 불구하고 1968년부터 1973년까지 베트남전쟁의 종결을 위한 베트남 평화 회담, 이어 전개된 1975년 4월 30일의 사이공 함락으로 이 전쟁은 막을 내렸다.

Good evening, my fellow Americans.

Tonight I want to talk to you on a subject of deep concern to all Americans and to many people in all parts of the world, the war in Vietnam.

I believe that one of the reasons for the deep division about Vietnam is that many Americans have lost confidence in what their Government has told them about our policy. The American people cannot and should not be asked to support a policy which involves the overriding issues of war and peace unless they know the truth about that policy.

Tonight, therefore, I would like to answer some of the questions that I know are on the minds of many of you listening to me.

How and why did America get involved in Vietnam in the first place? How has this administration changed the policy of the previous Administration? What has really happened in the negotiations in Paris and on the battlefront in Vietnam? What choices do we have if we are to end the war? What are the prospects for peace?

국민 여러분 안녕하십니까?

오늘 밤 저는 미국 시민 모두와 전 세계 많은 사람의 깊은 관심사인 베트남전쟁에 대해
말씀 드리고자 합니다.

저는 베트남에 대한 깊은 의견 분열의 이유 중 하나가 많은 미국 국민이 정부가 얘기하
는 정책에 대해서 신뢰하지 못했기 때문이라고 믿고 있습니다. 미국 국민이 그러한 정
책에 대한 진실을 알지 못한다면 전쟁과 평화에 관한 매우 중요한 문제가 포함된 정책
을 지지할 리도 없거니와 또 이를 지지하도록 강요를 받아서도 안 된다고 생각하고 있
습니다.

그러므로 저는 오늘 밤, 제 연설에 귀를 기울이고 계신 많은 국민 여러분들이 걱정하고
있는 몇 가지 문제에 대하여 해명을 하고자 합니다.

첫째, 미국이 어떻게 또 왜 베트남에 관여하게 되었는가 하는 점입니다. (그 다음은) 이
정부가 어떻게 전 정부의 정책을 바꾸었는가? 파리 협상과 베트남의 최전선에서는 정
말 무슨 일이 일어났는가? 전쟁을 끝내기 위해 우리는 어떤 선택권을 가지고 있는가?
평화에 대한 전망은 어떤가? 하는 점입니다.

Now let me begin by describing the situation I found when I was inaugurated on January 20: The war had been going on for four years. Thirty-one thousand Americans had been killed in action. The training program for the South Vietnamese was beyond [behind] schedule. Five hundred and forty-thousand Americans were in Vietnam with no plans to reduce the number. No progress had been made at the negotiations in Paris and the United States had not put forth a comprehensive peace proposal.

The war was causing deep division at home and criticism from many of our friends, as well as our enemies, abroad.

In view of these circumstances, there were some who urged that I end the war at once by ordering the immediate withdrawal of all American forces. From a political standpoint, this would have been a popular and easy course to follow. After all, we became involved in the war while my predecessor was in office. I could blame the defeat, which would be the result of my action, on him … and come out as the peacemaker. Some put it to me quite bluntly: This was the only way to avoid allowing Johnson's war to become Nixon's war.

Check the Vocabulary

inaugurate 취임시키다 beyond schedule 예정 시간보다 늦게 comprehensive 포괄적인, 이해력이 빠른

1월 20일에 취임했을 때 제가 확인한 상황을 먼저 설명 드리겠습니다. 그 전쟁(베트남 전쟁)은 4년 동안 지속되고 있었습니다. 삼만 천명의 미국인이 작전 중 사망한 상태였습니다. 월남인을 위한 훈련 프로그램은 예정보다 늦어지고 있었습니다. 오십사만 명의 미국인이 베트남에 있었지만 그 숫자를 줄일 계획은 전혀 없었습니다. 파리에서의 협상에는 진척이 없었으며 미국은 포괄적인 평화안을 제시하지 못하고 있는 상황이었습니다.

이 전쟁은 국내에서 깊은 분열과 해외의 적들과 우리의 많은 친구들로부터 비난을 불러일으키고 있었습니다.

이런 상황을 고려하여, 일부 사람들은 저에게 모든 미국 군대의 즉각적인 철수를 명령함으로써 이 전쟁을 끝내라고 촉구하였습니다. 정치적인 관점에서 볼 때, 이는 따르기도 쉽거니와 인기에도 영합할 수 있는 길이었습니다. 결국, 저의 전임자가 재직하고 있는 동안 우리가 이 전쟁에 휘말리게 된 것이었습니다. 저는 그러한 패배, 제가 취할 조치의 결과가 될지도 모르지만, 그러한 패배에 대한 비난을 그에게 돌릴 수 있었습니다. 그리고 피스메이커로서 등장할 수 있었습니다. 몇몇 사람들은 아주 솔직히, 그것만이 존슨의 전쟁을 닉슨의 전쟁이 되는 것을 막을 유일한 방법이라고 말했습니다.

withdrawal = pullout 철수, 철군　standpoint 관점, 입장　predecessor 전임자, 선배　bluntly 무뚝뚝하게, 퉁명스럽게, 솔직히

🎧 19.mp3

But I had a greater obligation than to think only of the years of my Administration, and of the next election. I had to think of the effect of my decision on the next generation, and on the future of peace and freedom in America, and in the world.

My fellow Americans, I am sure you can recognize from what I have said that we really only have two choices open to us if we want to end this war. I can order an immediate precipitate withdrawal of all Americans from Vietnam without regard to the effects of that action. Or we can persist in our search for a just peace through a negotiated settlement, if possible, or through continued implementation of our plan for Vietnamization, if necessary — a plan in which we will withdraw all of our forces from Vietnam on a schedule in accordance with our program as the South Vietnamese become strong enough to defend their own freedom.

166

그러나 몇 년 동안의 임기와 다음 선거에 대해서만 생각하는 것보다는 더 큰 의무가 저에게 있었습니다. 저는 다음 세대 그리고 미국과 세계의 평화와 자유의 미래에 대한 제 결정의 영향에 대해 생각해야만 했습니다.

친애하는 국민 여러분, 우리가 이 전쟁을 끝내려면 우리 앞에 놓인 선택은 두 가지뿐이란 점을 제가 말씀 드린 것으로 알 수 있으리라 믿습니다. 저는 결과에 상관없이 모든 미국인의 즉각적이고 신속한 베트남 철수를 명령할 수 있습니다. 혹은 가능하다면 협상의 타결을 통해서 혹은 필요하다면 베트남화 계획, 다시 말해서 월남 사람들이 자신들 스스로 자유를 수호할 수 있을 만큼 강해졌을 때 우리 프로그램에 맞춰 예정대로 베트남에서 우리의 모든 군대를 철수하겠다는 계획을 지속적으로 이행함으로써 올바른 평화를 추구하자고 주장할 수도 있습니다.

I have chosen this second course. It is not the easy way. It is the right way. It is a plan which will end the war and serve the cause of peace, not just in Vietnam but in the Pacific and in the world.

In speaking of the consequences of a precipitous withdrawal, I mentioned that our allies would lose confidence in America. Far more dangerous, we would lose confidence in ourselves. Oh, the immediate reaction would be a sense of relief that our men were coming home. But as we saw the consequences of what we had done, inevitable remorse and divisive recrimination would scar our spirit as a people.

저는 두 번째 방법을 선택했습니다. 그것은 쉬운 길이 아닙니다. (하지만) 옳은 길입니다. 그것은 이 전쟁을 끝내려는 계획입니다. 베트남뿐만 아니라 태평양 그리고 세계의 평화라는 대의에 부합하는 계획입니다.

신속한 철수의 영향에 대해서, 저는 우리의 동맹국들이 미국에 대해 신뢰감을 잃을 것이라는 점을 말씀 드렸습니다. 더 위험한 것은 우리가 우리 자신에 대한 신뢰감을 잃는 것이란 점입니다. 그렇게 즉각적인 대응 조치를 취한다면 우리 군인이 고국으로 돌아온다는 안도감은 생길 것입니다. 그러나 우리가 했던 일의 결과에서 알 수 있듯이, 필연적인 후회와 분열적인 이전투구 양상이 같은 국민인 우리의 마음에 상처를 입힐 것입니다.

Ich bin ein Berliner (I am a 'Berliner')

이히 빈 아인 베를리너 (나는 독일인입니다)

delivered 26 June 1963, West Berlin

1963년 6월 26일, 서베를린

20
Speech

John F. Kennedy 존 F. 케네디

'이히 빈 아인 베를리너'는 미국의 40대 기수로서 공산주의의 확산을 막고 서방세계를 지키는 데 진력하던 케네디 대통령이, 1963년 6월 26일 베를린을 방문하여 붉은 천이 걸려 있는 브란덴부르크 장벽 앞 루돌프 빌데 광장에서 한 연설의 끝 구절이다.

연설 말미에서, 그가 '어디에 살건, 모든 자유인은 베를린의 시민입니다. 그러므로 저는 한 사람의 자유인으로서, '이히 빈 아인 베를리너(Ich bin ein Berliner)'라는 말을 자랑스럽게 여길 것입니다.'라고 한 것은 당시 중앙 유럽 공산국가들을 겨냥한 것이었을 뿐만 아니라, 동독 및 소련에 맞서 서베를린을 지키겠다는 단호한 의지가 담긴 발언이기도 했다.

당시 예상치 못한 수많은 인파(서베를린 시민의 80% 이상)가 연설장 앞은 물론이고 인근 거리와 건물 옥상을 가득 메운 채 케네디 대통령의 이름을 연호하며 환호했다. '연설의 달인'으로 통했던 그도 이 광경에 감복하여 이따금씩 말을 더듬거나 반복할 정도로 그 열기가 대단했다고 한다.

I am proud to come to this city as the guest of your distinguished Mayor, who has symbolized throughout the world the fighting spirit of West Berlin. And I am proud ⋯ And I am proud to visit the Federal Republic with your distinguished Chancellor who for so many years has committed Germany to democracy and freedom and progress, and to come here in the company of my fellow American, General Clay, who has been in this city during its great moments of crisis and will come again if ever needed.

Two thousand years ago … Two thousand years ago, the proudest boast was "civis Romanus sum." Today, in the world of freedom, the proudest boast is "Ich bin ein Berliner."

(I appreciate my interpreter translating my German.)

There are many people in the world who really don't understand, or say they don't, what is the great issue between the free world and the Communist world. Let them come to Berlin. There are some who say — There are some who say that communism is the wave of the future. Let them come to Berlin. And there are some who say, in Europe and elsewhere, we can work with the Communists. Let them come to Berlin.

저는 전 세계에서 서베를린 투쟁 정신을 잘 보여 주신, 저명하신 시장님의 초청으로 이 도시에 온 것을 자랑으로 생각합니다. 또한 저는 지난 수년 동안 독일이 민주주의와 자유, 그리고 번영을 위해 전력을 다할 수 있도록 이 나라를 이끌어 오신 총리님과 함께 독일을 방문하게 된 것을 자랑으로 생각합니다. 그리고 미국의 클레이 장군이 일행으로 여기에 함께 온 것을 자랑으로 생각하고 있습니다. 클레이 장군은 커다란 위기의 순간 내내 이 도시에 있었으며, 필요하다면 다시 또 이곳으로 올 것입니다.

2000년 전, 가장 자랑스러운 말은 '치비스 로마누스 숨(나는 로마 시민입니다)' 이었습니다. 오늘날, 자유세계에서 가장 자랑스러운 말은 단연 '나는 베를린 시민입니다(Ich bin ein Berliner)' 일 것입니다.

(제 독일어를 옮겨 준 통역께 감사 드립니다.)

이 세상에는 자유세계와 공산 세계 간의 가장 큰 쟁점이 무엇인지를 이해하지 못하거나 이해하지 못한다고 말하는 사람들이 있습니다. 그들에게 베를린으로 와 보라고 합시다. 공산주의가 미래의 흐름이라고 말하는 사람들도 있습니다. 그들에게 베를린으로 와 보라고 합시다. 그리고 유럽과 다른 곳에도 공산주의자들과 함께 일할 수 있다고 말하는 사람들도 있습니다. 그들에게 베를린으로 와 보라고 합시다.

And there are even a few who say that it is true that communism is an evil system, but it permits us to make economic progress. Lass' sie nach Berlin kommen. Let them come to Berlin.

Freedom has many difficulties and democracy is not perfect. But we have never had to put a wall up to keep our people in … to prevent them from leaving us. I want to say on behalf of my countrymen who live many miles away on the other side of the Atlantic, who are far distant from you, that they take the greatest pride, that they have been able to share with you, even from a distance, the story of the last 18 years. I know of no town, no city, that has been besieged for 18 years that still lives with the vitality and the force, and the hope, and the determination of the city of West Berlin.

While the wall is the most obvious and vivid demonstration of the failures of the Communist system … for all the world to see … we take no satisfaction in it; for it is, as your Mayor has said, an offense not only against history but an offense against humanity, separating families, dividing husbands and wives and brothers and sisters, and dividing a people who wish to be joined together.

I want to say ~ that 여기에서 that 이하가 say의 목적어 절이다. pride 다음에 나오는 that은 동격어 절이다. **besiege** 포위(공격)하다, 에워싸다

심지어 공산주의는 나쁜 제도이지만 우리가 경제적 번영을 달성할 수 있도록 허용한다고 하는 사람들도 있습니다. 그들에게 베를린으로 와 보라고 합시다. 그들에게 베를린으로 와 보라고 합시다.

자유에는 여러 가지 어려움이 있습니다. 그리고 민주주의가 완벽한 것은 아닙니다. 그러나 우리는 장벽을 쌓아 사람들을 가두는 일 … 사람들이 떠나는 것을 막는 일은 하지 않습니다. 저는, 비록 대서양 반대편 멀리 떨어진 곳에 사는, 여러분으로부터 아주 멀리 떨어져 있는 저의 국민들을 대신하여, 그들은 그 먼 곳에서도 지난 18년간의 역사를 여러분과 공유할 수 있었다는 사실을 아주 자랑스러워하고 있다는 점을 말씀 드리고 싶습니다. 제가 알기로는, 18년 동안이나 포위되어 있으면서도, 여전히 활력과 힘, 희망과 결의를 갖고 살아가고 있는 서베를린 같은 도시는 없습니다.

베를린 장벽은 공산주의 체제의 실패를, 전 세계에, 아주 분명히 그리고 생생하게 보여주는 본보기입니다. 그러나 우리는 그에 만족할 수 없습니다. 가족을 뿔뿔이 흩어지게 하고, 남편과 아내, 형제자매를 갈라놓고, 함께 합치고 싶어하는 사람들을 떼어놓는 것은, 시장님이 말씀하신 것처럼, 역사를 거역하는 일일 뿐만 아니라 인륜에도 어긋나는 일이기 때문입니다.

What is ... What is true of this city is true of Germany: Real, lasting peace in Europe can never be assured as long as one German out of four is denied the elementary right of free men, and that is to make a free choice. In 18 years of peace and good faith, this generation of Germans has earned the right to be free, including the right to unite their families and their nation in lasting peace, with good will to all people.

You live in a defended island of freedom, but your life is part of the main. So let me ask you, as I close, to lift your eyes beyond the dangers of today, to the hopes of tomorrow, beyond the freedom merely of this city of Berlin, or your country of Germany, to the advance of freedom everywhere, beyond the wall to the day of peace with justice, beyond yourselves and ourselves to all mankind.

베를린에 적용되는 것은 독일에도 적용됩니다. 독일인 네 명 중 한 명이 자유인의 기본적인 권리, 자유로운 선택을 할 수 있는 권리를 부여받지 못하는 한, 유럽의 진정하고 지속적인 평화는 결코 보장될 수 없습니다. 평화와 정직을 유지한 지 18년이 된 지금, 독일의 현 세대는 자유로울 권리, 모든 사람들에게 선의를 가지고 지속적인 평화 속에서 가족과 조국을 합칠 수 있는 권리를 얻었습니다.

여러분은 자유라는 수호의 섬에 살고 있습니다. 그러나 여러분의 삶은 그 중심의 일부입니다. 이 연설을 마치며, 저는 여러분에게 눈을 들어올려 오늘의 위험을 넘어 내일의 희망을 바라보라고 부탁 드리고 싶습니다. 단지 베를린 시나 여러분의 조국 독일의 자유를 넘어, 모든 곳에서 일어나는 자유의 전진을 바라보라고 부탁 드리고 싶습니다. 베를린 장벽을 넘어 정의가 있는 평화의 날을, 여러분과 우리를 넘어 모든 인류를 바라보라고 부탁 드리고 싶습니다.

Freedom is indivisible, and when one man is enslaved, all are not free. When all are free, then we look … can look forward to that day when this city will be joined as one and this country and this great Continent of Europe in a peaceful and hopeful globe. When that day finally comes, as it will, the people of West Berlin can take sober satisfaction in the fact that they were in the front lines for almost two decades.

All … All free men, wherever they may live, are citizens of Berlin. And, therefore, as a free man, I take pride in the words "Ich bin ein Berliner."

자유란 나눌 수 없는 것입니다. 따라서 한 사람이 노예가 되면 모든 사람이 자유롭지 못하게 됩니다. 모든 사람이 자유를 누리는 날, 이 도시가 하나가 되어 이 나라가 되고 평화롭고 희망 찬 지구촌 속의 위대한 유럽 대륙이 되는 날을 기대할 수 있을 것입니다. 그날이 드디어 오면 반드시 올 것입니다만, 서베를린 사람들은 거의 20년 동안이나 최전방에 있었다는 사실에 대해 정말 만족감을 얻을 수 있을 것입니다.

어디에 살건, 모든 자유인은 베를린의 시민입니다. 그러므로 저는 한 사람의 자유인으로서, '이히 빈 아인 베를리너(Ich bin ein Berliner)' 라는 말을 자랑스럽게 여길 것입니다.

Oklahoma Bombing
Memorial Prayer Service Address

오클라호마 폭탄 테러 추도식 연설

delivered 23 April 1995 in Oklahoma City, OK

오클라호마, 오클라호마 시, 1995년 4월 23일

21
Speech

William J. Clinton 윌리엄 J. 클린턴

윌리엄 J. 클린턴(1946~)은 미국의 제42대 대통령이다. 흔히 빌 클린턴이라고 불리는 그는 아칸소 주지사를 거쳐 46세라는 젊은 나이에 대통령 자리에 올랐다. 1995년 4월 오클라호마 주 연방 건물 테러 폭파 사건으로 갑작스런 슬픔에 빠진 미국 국민에 대한 그의 이 연설은 감동 그 자체였다. 국민의 고통을 가슴으로 따뜻하게 감싸 안은 이 애도사는 결국 민주당과 공화당이라는 당파적 대립을 초월하는 대통령으로서의 그의 자질을 명확히 보여 줬다. 수사를 거의 생략한, 간결하면서도 우직한 그의 말투에는 강한 호소력이 그대로 배어 있다.

🎧 21.mp3

Today our nation joins with you in grief. We mourn with you. We share your hope against hope that some may still survive. We thank all those who have worked so heroically to save lives and to solve this crime — those here in Oklahoma and those who are all across this great land, and many who left their own lives to come here to work hand in hand with you. We pledge to do all we can to help you heal the injured, to rebuild this city, and to bring to justice those who did this evil.

This terrible sin took the lives of our American family, innocent children in that building, only because their parents were trying to be good parents as well as good workers; citizens in the building going about their daily business; and many there who served the rest of us — who worked to help the elderly and the disabled, who worked to support our farmers and our veterans, who worked to enforce our laws and to protect us. Let us say clearly, they served us well, and we are grateful.

But for so many of you they were also neighbors and friends. You saw them at church or the PTA meetings, at the civic clubs, at the ball park. You know them in ways that all the rest of America could not. And to all the members of the families here present who have suffered loss, though we share your grief, your pain is unimaginable, and we know that. We cannot undo it. That is God's work.

늘 우리 나라는 여러분과 슬픔을 함께하고 있습니다. 우리는 여러분과 함께 애도를 표하고 있습니다. 요행이라도 누군가가 아직 살아있으리란 희망을 여러분과 함께하고 있습니다. 많은 생명을 살리려고 애쓰신, 또 이러한 범죄를 해결하기 위해 애쓰신, 아주 영웅적으로 노력하신 모든 분들, 이곳 오클라호마에 사시는 분들과 이 큰 나라 전역에 사시는 분들, 그리고 자신의 생활을 제쳐놓고 이곳에 오셔서 여러분과 함께 수고하신 분들 모두에게 감사를 드립니다. 우리는 여러분이 상처를 치유하고 이 도시를 재건하는 것을 돕기 위해 가능한 한 모든 것을 다 할 것이며 또한 이러한 못된 짓을 저지른 사람들을 재판하여 처벌할 것을 약속드립니다.

이 끔찍한 범죄는 저 건물 안에 있던 우리 미국인 가정의 생명들을 앗아갔습니다. 저 빌딩 안에는 무고한 어린이들도 있었습니다. 그런데 그 이유는 단지, 그들의 부모가 훌륭한 일꾼이자 훌륭한 부모가 되기 위해 노력하고 있다는 것 때문이었습니다. 저 빌딩 안에는 묵묵히 그날 자신이 맡은 일을 하고 있던 시민들도 있었습니다. 연세 많으신 분들과 장애인분들을 돕기 위해 애쓰시던 분들, 농부들과 퇴역 군인들을 위해 애쓰시던 분들, 법을 집행하여 우리를 보호하려고 애쓰시던 분들도 있었습니다. 분명히 말씀드리건대, 그분들은 우리에게 많은 도움을 주셨습니다. 이에 감사를 드립니다.

그러나 여러분 대다수에게 그분들은 이웃이기도 하고 친구이기도 하였습니다. 그분들은 여러분이 교회나 사친회(師親會), 시민 클럽 혹은 야구장에서 만나던 분들이었습니다. 미국 다른 지역의 사람들은 알 수 없었겠지만, 여러분은 여러 면에서 그분들을 잘 알고 있었습니다. 그리고 우리가 여러분과 슬픔을 함께하고 있습니다만, 가족을 잃는 아픔을 겪은 모든 분들에 대한 여러분의 고통도 상상할 수 없을 정도라는 점을 우리는 알고 있습니다. 우리는 그것을 원상태로 돌릴 수 없습니다. 그것은 하나님의 역사(役事)입니다.

Our words seem small beside the loss you have endured. But I found a few I wanted to share today. I've received a lot of letters in these last terrible days. One stood out because it came from a young widow and a mother of three whose own husband was murdered with over 200 other Americans when Pan Am 103 was shot down. Here is what that woman said I should say to you today:

The anger you feel is valid, but you must not allow yourselves to be consumed by it. The hurt you feel must not be allowed to turn into hate, but instead into the search for justice. The loss you feel must not paralyze your own lives. Instead, you must try to pay tribute to your loved ones by continuing to do all the things they left undone, thus ensuring they did not die in vain.

You have lost too much, but you have not lost everything. And you have certainly not lost America, for we will stand with you for as many tomorrows as it takes.

여러분이 겪고 있는 그러한 아픔에 비하면 우리의 말은 초라하게 보입니다. 그러나 저는 오늘 함께 나누고 싶은 몇 가지 말을 준비하였습니다. 이 끔찍한 지난 며칠 동안 저는 많은 편지를 받았습니다. (그들 중) 하나가 눈에 띄었습니다. 팬암 항공기 103이 격추되었을 때 다른 200여 명의 미국인들과 함께 남편을 잃은, 세 딸의 어머니이자 젊은 미망인 여성으로부터 온 편지였기 때문입니다. 오늘 제가 말하고자 하는 것은 바로 그 여성이 한 얘기입니다.

여러분이 느끼는 분노는 당연한 것입니다. 그러나 그것에 의해 사로잡히지는 않도록 해야 합니다. 여러분이 느끼는 고통이 증오가 아니라, 그보다는 정의의 추구로 바뀔 수 있도록 해야 합니다. 여러분이 느끼는 희생의 아픔이 자신의 삶을 마비시키면 안 됩니다. 그보다는, 사랑하는 사람들이 미처 끝마치지 못한 것 모두를 그대로 계속하여 그들이 헛되이 죽지 않았다는 것을 확실하게 함으로써 그들에게 경의를 표하려고 노력해야 합니다.

여러분은 너무나 많은 것을 잃었습니다. 그러나 모든 것을 잃은 것은 아닙니다. 또한 미국을 잃은 것도 분명 아닙니다. 왜냐하면 가능한 한 앞으로도 오랫동안 우리가 여러분과 함께 할 것이기 때문입니다.

for as many tomorrows as it takes 가능한 한 앞으로도 오랫동안

🎧 21.mp3

If ever we needed evidence of that, I could only recall the words of Governor and Mrs. Keating: "If anybody thinks that Americans are mostly mean and selfish, they ought to come to Oklahoma. If anybody thinks Americans have lost the capacity for love and caring and courage, they ought to come to Oklahoma."

To all my fellow Americans beyond this hall, I say, one thing we owe those who have sacrificed is the duty to purge ourselves of the dark forces which gave rise to this evil. They are forces that threaten our common peace, our freedom, our way of life. Let us teach our children that the God of comfort is also the God of righteousness: Those who trouble their own house will inherit the wind.[1] Justice will prevail.

Let us let our own children know that we will stand against the forces of fear. When there is talk of hatred, let us stand up and talk against it. When there is talk of violence, let us stand up and talk against it. In the face of death, let us honor life. As St. Paul admonished us, let us "not be overcome by evil, but overcome evil with good."[2]

만약 우리가 그것에 대한 증거를 필요로 한다면, 다음과 같은 키팅 주지사 부부의 말을 상기시켜 드리고자 합니다. "미국인이 버릇없고 이기주의적이라고 생각하는 사람이 있다면, 그 사람은 오클라호마에 와봐야 합니다. 미국인이 사랑과 동정과 용기에 대한 능력을 잃어버렸다고 생각하는 사람이 있다면, 그 사람은 오클라호마에 와봐야 합니다."

이 홀 밖의 모든 친애하는 미국 국민 여러분께 한 가지만은 말씀드리고자 합니다. 희생당한 분들께 우리가 지고 있는 빚은 이러한 나쁜 짓을 일삼는 어둠의 세력을 스스로 일소해야 한다는 것입니다. 그들은 우리 공통의 평화, 우리의 자유, 우리의 삶의 양식을 위협하는 세력입니다. 위로(慰勞)의 하나님은 공의(公義)의 하나님이라는 것을 우리의 자식들에게 가르쳐줍시다. 자기 집을 해롭게 하는 자의 소득은 바람입니다. 정의는 승리하기 마련입니다.

우리가 공포의 세력과 맞서리란 것을 우리의 자식들에게 알려줍시다. 증오의 말이 있으면 우리가 일어서서 그에 맞서 말합시다. 폭력의 말이 있으면 우리가 일어서서 그에 맞서 말합시다. 죽음 앞에서 삶을 명예롭게 합시다. 사도 바울께서 이르셨듯이, "악에게 지지 말고 선으로 악을 이기도록 합시다."

1), 2) 성경의 문구들이다.

A Time for Choosing (aka "The Speech")

선택의 순간

Air date 27 October 1964, Los Angeles, CA

1964년 10월 27일, LA CA 방송

22
Speech

Ronald Reagan 로널드 레이건

로널드 레이건(1911~2004)은 미국의 제40대 대통령(1981~1989)으로 미국 공화당의 전형적인 보수주의자이다. 라디오 스포츠 아나운서로 사회생활을 시작하여 1937년 영화배우로 데뷔했다. 영화배우 겸 제너럴일렉트릭사의 순회 대변인으로 활약(1954~1962)했으며 이 시기에 민주당에서 공화당으로 당적을 변경했다. 캘리포니아 주지사를 거쳐, 1980년에 실시된 대통령 선거에서 지미 카터 대통령에게 압도적인 승리를 거두고 대통령 자리에 올랐다.

레이건에게 '의사소통의 달인(Great Communicator)' 이란 칭호를 가져다 준 이 연설문은, 1964년 공화당 대통령 후보이던 배리 골드워터(Barry Goldwater)를 위해 마련된 것으로 '더 스피치(The Speech)' 라고도 알려져 있다. 레이건은 수많은 곳의 지원 유세에서 이 연설문을 사용했으나 그 세부 내용은 조금씩 다르다.

이 연설로 골드워터는 8백만 달러의 선거 자금을 모금할 수 있었으며, 레이건 또한 자신의 정치적 입지를 넓혀 얼마 뒤에는 캘리포니아 주지사에 출마할 수 있었다. 이 '선택의 순간' 은 대선 후보 지원 연설 중 가장 훌륭한 것으로 평가받고 있으나 아이러니컬하게도 공화당은 그해 대통령 선거에서 많은 표차로 지고 말았다.

I have spent most of my life as a Democrat. I recently have seen fit to follow another course. I believe that the issues confronting us cross party lines. Now, one side in this campaign has been telling us that the issues of this election are the maintenance of peace and prosperity. The line has been used, "We've never had it so good."

But I have an uncomfortable feeling that this prosperity isn't something on which we can base our hopes for the future. No nation in history has ever survived a tax burden that reached a third of its national income. Today, 37 cents out of every dollar earned in this country is the tax collector's share, and yet our government continues to spend 17 million dollars a day more than the government takes in. We haven't balanced our budget 28 out of the last 34 years. We've raised our debt limit three times in the last twelve months, and now our national debt is one and a half times bigger than all the combined debts of all the nations of the world. We have 15 billion dollars in gold in our treasury; we don't own an ounce. Foreign dollar claims are 27.3 billion dollars. And we've just had announced that the dollar of 1939 will now purchase 45 cents in its total value.

저는 인생의 대부분을 민주당 당원으로 살아왔습니다. (그러나) 최근에 다른 길을 가기로 결정했습니다. 우리 앞에 놓인 핵심 쟁점은 정치 노선의 경계를 뛰어넘는 것이라고 믿고 있습니다. 지금, 이번 유세에서, 한쪽은 이번 선거의 핵심쟁점이 평화와 번영을 유지하는 것이라고 말해 왔습니다. "우리는 지금까지 그것을 제대로 해내지 못했다."는 대사는 이미 낡은 것입니다.

그러나 이러한 번영은 우리가 미래에 대한 우리의 희망을 믿고 맡길 수 있는 것이 아니므로 불쾌한 기분이 듭니다. 역사상, 국가 수입의 1/3에 달하는 세금 부담을 견뎌 낸 국가는 일찍이 없었습니다. 오늘날, 이 나라에서는 1달러를 벌 때마다 그 중 37센트를 세금으로 내야 합니다. 그러나 정부는 하루에 거둬들이는 세금보다 더 많은 1천 7백만 달러를 계속 지출하고 있습니다. 우리는 지난 34년 동안 28년씩이나 예산의 균형을 맞추지 못했습니다. 지난 12개월 동안 (지방자치단체의) 부채 한도는 이미 세 배로 상승하였으며 국가 채무는 세계 모든 국가의 채무를 모두 합한 것보다 1.5배 더 큽니다. 재무부는 150억 달러의 금을 가지고 있지만, 우리는 1온스도 소유하지 못하고 있습니다. 달러 표시 대외 채권(債權)은 273억 달러입니다. 뿐만 아니라, 1939년의 1달러는 이제 그 구매 가치에 있어서 45센트라는 발표가 있었습니다.

37 cents out of every dollar earned in this country is the tax collector's share 이 나라에서 버는 돈 1달러 중 37센트는 세무서의 몫입니다 → 이 나라에서는 1달러를 벌 때마다 그중 37센트를 세금으로 내야 합니다 **take in** 거둬들이다, 끌어들이다 **debt limit** 부채 한도: (미국) 지방자치단체의 부채 중 아직 지급하지 않은 부채의 법정 최대 허용 금액 **foreign dollar claims** 달러 표시 대외 채권(債權) **purchase** 구매하다, (금전이) ~의 구매력을 갖다

As for the peace that we would preserve, I wonder who among us would like to approach the wife or mother whose husband or son has died in South Vietnam and ask them if they think this is a peace that should be maintained indefinitely. Do they mean peace, or do they mean we just want to be left in peace? There can be no real peace while one American is dying some place in the world for the rest of us. We're at war with the most dangerous enemy that has ever faced mankind in his long climb from the swamp to the stars, and it's been said if we lose that war, and in so doing lose this way of freedom of ours, history will record with the greatest astonishment that those who had the most to lose did the least to prevent its happening. Well I think it's time we ask ourselves if we still know the freedoms that were intended for us by the Founding Fathers.

Check the Vocabulary

I wonder who 누가 ~할까요? mean 의미하다, ~에 관하여 말하려고 하다 in his long climb from the swamp to the stars 인류가 늪에서 별까지 올라가는 동안

우리가 유지하고 싶어하는 평화에 대해 얘기해 봅시다. 월남에서 남편을 잃은 아내나 아들을 잃은 어머니에게 다가가 평화에 대해 물어보고 싶은 사람이 과연 누가 있을까요? 무기한 유지해야 하는 평화가 이것이냐고 물어보고 싶은 사람이 과연 누가 있을까요? 그들이 평화에 대해 말하려고 할까요? 아니면, 그들이 우리는 그저 평화 속에 남아 있기를 원한다는 말을 하려고 할까요? 미국인 중 누군가가 남은 우리를 위해 세계의 어떤 곳에선가 죽어 가는 동안, 진정한 평화란 있을 수 없습니다. 우리는 인류가 늪에서 별까지 올라가는 동안 마주친 적들 중에서 가장 위험한 적과 전쟁을 벌이고 있습니다. 그런데, 만약 우리가 그 전쟁에서 진다면 그리고 그 전쟁을 치르는 동안 이런 방식의 자유를 잃는다면, 정말 놀랍게도 역사는 잃을 것이 많은 사람들이 그 일을 막는 데에는 거의 아무 일도 하지 않았다고 기록할 것입니다. 저는 건국의 아버지들이 마련해 준 자유의 의미를 우리가 아직 알고 있는지 스스로 물어봐야 할 때라고 생각합니다.

This is the issue of this election: whether we believe in our capacity for self-government or whether we abandon the American revolution and confess that a little intellectual elite in a far-distant capitol can plan our lives for us better than we can plan them ourselves.

Well, I, for one, resent it when a representative of the people refers to you and me, the free men and women of this country, as "the masses." This is a term we haven't applied to ourselves in America. But beyond that, "the full power of centralized government" — this was the very thing the Founding Fathers sought to minimize. They knew that governments don't control things. A government can't control the economy without controlling people. And they know when a government sets out to do that, it must use force and coercion to achieve its purpose. They also knew, those Founding Fathers, that outside of its legitimate functions, government does nothing as well or as economically as the private sector of the economy.

194

이번 선거의 핵심 쟁점은 바로 이것입니다. 우리가 민주 정체에 대한 우리의 능력을 믿느냐 못 믿느냐 하는 것입니다. 아니, 우리가 미국의 혁명을 포기하고 우리 스스로 자신의 삶을 계획하는 것보다는 저 멀리 국회 의사당에 있는 소수의 지적 엘리트들이 계획하는 것이 낫다고 인정할 것이냐 말 것이냐 하는 것입니다.

국민의 대표라는 사람이 여러분과 저에게 이 나라의 자유로운 남녀를 '대중'이라고 지칭할 때, 저는 불쾌합니다. 미국에서는 이 용어를 우리들에게 사용한 적이 없습니다. 그러나 그보다도 먼저, '중앙집권적인 정부의 막강한 파워', 건국의 아버지들은 바로 이것을 극소화하고자 했습니다. 그들은 정부가 모든 것을 통제할 수 없다는 것을 알고 있었습니다. 정부는 국민을 통제하지 않으면 경제를 통제할 수 없습니다. 그런데 그들은 정부가 통제를 하기 시작하면 그 목적을 달성하기 위해 무력과 강압을 사용해야 한다는 점을 알고 있었습니다. 또한 건국의 아버지들은 정부가 합법적인 기능이 없으면, 경제의 민간 부문에서뿐만 아니라 경제 전반에서 아무것도 할 수 없다는 사실을 알고 있었습니다.

The Great Arsenal of Democracy

민주주의의 거대한 병기창

delivered 29 December 1940

1940년 12월 29일

23
Speech

Franklin D. Roosevelt 프랭클린 D. 루스벨트

미국의 제32대 대통령으로 뉴딜정책을 추진하여 대공황을 극복했으며 제2차 세계대전 때에는 연합국 회의에서 주도권을 갖고 전쟁을 승리로 이끌었다. 대서양헌장을 선언하여 국제연합 조직의 기초를 확립한 그는 미국 최초로 4번이나 대통령에 선출되었다. 1930년대의 대공황 타개를 위해 과감하게 뉴딜정책을 추진하여 자신의 리더십을 여지없이 보여 주기도 했다.

제2차 세계대전 초기, 중립을 지키던 미국은 전황이 악화되자 민주주의를 옹호해야 한다는 명분으로 연합국에 무기 및 물자를 지원하였다. 1940년 12월 17일 기자회견에서 그는 무기대여법(武器貸與法)의 구상을 발표하면서 연합국에 대한 원조를 한층 강화하겠다고 밝혔다.

그리고 29일의 라디오 연설에서 미국 외교정책의 기조는 미국을 전쟁으로부터 수호함과 동시에 '민주주의의 병기창' 역할을 하는 데 있다고 말하였다. 미국이 전통적인 고립주의에서 개입주의로 전환하게 된 동기가 이 연설문이 잘 나와 있다.

My friends:

This is not a fireside chat on war. It is a talk on national security; because the nub of the whole purpose of your President is to keep you now, and your children later, and your grandchildren much later, out of a last-ditch war for the preservation of American independence, and all of the things that American independence means to you and to me and to ours.

Tonight, in the presence of a world crisis, my mind goes back eight years to a night in the midst of a domestic crisis. It was a time when the wheels of American industry were grinding to a full stop, when the whole banking system of our country had ceased to function. I well remember that while I sat in my study in the White House, preparing to talk with the people of the United States, I had before my eyes the picture of all those Americans with whom I was talking. I saw the workmen in the mills, the mines, the factories, the girl behind the counter, the small shopkeeper, the farmer doing his spring plowing, the widows and the old men wondering about their life's savings. I tried to convey to the great mass of American people what the banking crisis meant to them in their daily lives.

nub 요점, 골자 last-ditch 절대 절명의, 막판의, 마지막 희망을 건

친 애하는 국민 여러분,

이번 연설은 전쟁에 대한 노변담화(爐邊談話)가 아닙니다. 국가 안보에 관한 이야기입니다. 여러분의 대통령인 제가 이 연설을 하는 전반적인 목적의 핵심은, 절대 절명의 전쟁으로부터 지금의 여러분과 그 뒤의 여러분의 자식과 훨씬 뒤의 여러분의 손자를 보호하려는 것입니다. 미국의 독립을 보호하고 미국의 독립이 여러분과 저와 우리 모두에게 무엇을 의미하든 그 모두를 지키기 위한 것입니다.

오늘밤, 세계의 위기 앞에서, 저의 마음은 8년 전 국내가 한창 위태롭던 밤으로 거슬러 올라갑니다. 미국 산업의 수레바퀴가 삐걱거리며 완전히 멈춰 설 것 같던 시기, 우리나라의 모든 은행 시스템이 작동을 멈추어 버린 시기 말입니다. 백악관의 서재에 앉아 미국 국민들과 대화할 준비를 하는 동안 함께 대화를 나눌 미국인 모두의 사진이 눈앞에 있었던 것을 저는 잘 기억하고 있습니다. 제분소와 광산, 공장의 노동자들과 카운터 뒤의 여성, 구멍가게 주인, 봄 농사에 바쁜 농부, 노후 대비 저축 문제로 걱정하고 있는 미망인들과 노인들의 모습을 보았습니다. 저는 은행 시스템의 위기가 그들의 일상생활에서 무엇을 의미하는지를 많은 국민에게 전달하려고 노력했습니다.

Check the Vocabulary

grind 갈다, 갈리다, 삐걱거리다 **spring plowing** 봄에 밭을 가는 일, 봄 농사 **life's savings** 평생 동안 모은 노후 대비 저축

Tonight, I want to do the same thing, with the same people, in this new crisis which faces America. We met the issue of 1933 with courage and realism. We face this new crisis, this new threat to the security of our nation, with the same courage and realism. Never before since Jamestown and Plymouth Rock has our American civilization been in such danger as now. For on September 27th, 1940 … this year … by an agreement signed in Berlin, three powerful nations, two in Europe and one in Asia, joined themselves together in the threat that if the United States of America interfered with or blocked the expansion program of these three nations — a program aimed at world control — they would unite in ultimate action against the United States.

The people of Europe who are defending themselves do not ask us to do their fighting. They ask us for the implements of war, the planes, the tanks, the guns, the freighters which will enable them to fight for their liberty and for our security. Emphatically, we must get these weapons to them, get them to them in sufficient volume and quickly enough so that we and our children will be saved the agony and suffering of war which others have had to endure.

Let not the defeatists tell us that it is too late. It will never be earlier. Tomorrow will be later than today.

Certain facts are self-evident.

Jamestown 제임스타운(북아메리카 대륙 가운데 영국인이 최초로 영구 정착한 곳) **Plymouth Rock** 플리머스 록(필그림 파더즈(Pilgrim Fathers: 영국의 청교도)가 메이플라워호로 처음 정착한 곳)

늘밤, 저는 미국이 직면한 이 새로운 위기에 있어서 같은 분들과 같은 일을 하고 싶습니다. 우리는 1933년의 문제에 용기와 현실주의로 대처했습니다. 우리는 이러한 새로운 위기, 우리나라의 안전에 대한 이 새로운 위협에 그와 같은 용기와 현실주의로 대처하고 있습니다. 제임스타운과 플리머스 록 이후 지금만큼 우리의 미국 문명이 위험에 빠진 적은 없었습니다. 1940년 9월 27일, 올해입니다. 세 강대국, 유럽의 두 나라와 아시아의 한 나라가 베를린에서 조약을 맺고, 만일 미국이 이 세 나라의 팽창 계획, 곧 자기들이 세계를 지배하기 위한 계획에 간섭하거나 방해를 한다면, 그들은 힘을 합쳐 미국에 대항해 최후의 행동을 하겠다는 위협에 자리를 함께 했습니다.

유럽 사람들은 스스로를 방어하고 있습니다. 그들이 우리에게 자신들을 위해 싸워 달라고 부탁하는 것은 아닙니다. 그들이 부탁하는 것은 비행기와 탱크, 총기, 화물선 등 자신들의 자유와 우리의 안보를 위해 싸우는 데에 힘이 되는 전쟁 물자입니다. 강조하건대, 다른 이들이 지금껏 인내해 온 전쟁의 고통과 아픔을 우리와 우리 아이들은 겪지 않도록 이 무기들을 충분하게 그리고 아주 신속하게 그들에게 제공해야 합니다.

패배주의자들이 너무 늦었다고 말하지 못하게 합시다. 지금보다 더 이른 때는 없을 것입니다. 내일이면 오늘보다 더 늦을 것입니다.

특정한 사실은 의심할 여지가 없는 것입니다.

But all of our present efforts are not enough. We must have more ships, more guns, more planes … more of everything. And this can be accomplished only if we discard the notion of "business as usual." This job cannot be done merely by superimposing on the existing productive facilities the added requirements of the nation for defense. Our defense efforts must not be blocked by those who fear the future consequences of surplus plant capacity. The possible consequences of failure of our defense efforts now are much more to be feared. And after the present needs of our defense are past, a proper handling of the country's peacetime needs will require all of the new productive capacity, if not still more. No pessimistic policy about the future of America shall delay the immediate expansion of those industries essential to defense. We need them.

We must be the great arsenal of democracy.

For us this is an emergency as serious as war itself. We must apply ourselves to our task with the same resolution, the same sense of urgency, the same spirit of patriotism and sacrifice as we would show were we at war.

discard 패를 버리다, 해고하다   business as usual 변함없이, 일상적으로   superimpose 겹쳐 놓다, 덧붙이다
surplus 과잉, 잉여   much more to be feared 두려워해야 하는 것보다 많은 → 기우인

그러나 우리의 현재의 모든 노력은 충분하지가 않습니다. 우리는 선박과 총기와 비행기를 더 많이 보유해야 합니다. 모든 것을 더 많이 보유해야 합니다. 그리고 이는 우리가 '일상적'이란 개념을 버릴 때에만 이루어질 수 있습니다. 이 일은 기존의 생산 시설에 국가가 방위를 위해 필요한 것을 추가한다고 해서 이루어질 수는 없습니다. 우리의 방위 노력은 잉여 설비 능력이 앞으로 끼칠 영향을 두려워하는 사람들에 의해 저지되어서는 안 됩니다. 우리의 방위 노력이 실패라는 결말을 가져올 가능성이 있다는 것은 기우입니다. 현재의 방위의 필요성이 사라진 뒤에 우리나라가 평시에 필요로 하는 것을 제대로 처리하려면, 그리 많지는 않겠지만, 모두 새로운 생산 능력이 필요할 것입니다. 미국의 미래에 대한 비관주의 정책이 방위에 필수적인 산업의 즉각적인 확장을 지연시켜서는 안 됩니다. 우리는 그것들이 필요합니다.

우리는 민주주의의 거대한 병기창이 되어야 합니다.

우리에게, 이것은 전쟁 그 자체만큼 심각하고 다급한 일입니다. 우리가 전쟁 중이라면 보여 줄 것과 똑같은 결의와 절박감과, 애국정신과 희생정신으로 우리의 임무에 헌신해야 합니다.

The Evil Empire
악의 제국

Remarks at the Annual Convention of the National Association of Evangelicals
전국 복음교회 연합 연례회의 연설문

delivered 8 March 1983, Orlando, Florida

1983년 3월 8일, 플로리다 주, 올랜도

24

Speech

Ronald Reagan 로널드 레이건

로널드 레이건(1911~2004)은 미국의 제40대 대통령(1981~1989)으로 미국 공화당의 전형적인 보수주의자이다. 라디오 스포츠 아나운서로 사회생활을 시작하여, 1937년 영화배우로 데뷔했다.

영화배우 겸 제너럴일렉트릭사의 순회 대변인으로 활약(1954~1962)했으며 이 시기에 민주당에서 공화당으로 당적을 변경했다. 캘리포니아 주지사를 거쳐, 1980년에 실시된 대통령 선거에서 지미 카터 대통령에게 압도적인 승리를 거두고 대통령 자리에 올랐다.

악의 제국

로널드 레이건 미국 대통령이 1983년 3월8일 플로리다 주 올랜도에서 열린 전국 복음교회 연합 연례회의에서 한 연설이다. 이 자리에서 그는 낙태의 자유화를 반대하였으며, 미국은 공산주의자들에 대하여 군사적 도덕적 우월성을 확보해야 한다고 역설하였다. 또한 공산주의에 대한 사상전은 기독교 신앙을 바탕으로 해야 성공한다고 강조하였다. 이 과정에서 공산주의의 맹주인 소련을 악의 제국(Evil Empire)으로 보았다.

I would agree to a freeze if only we could freeze the Soviets' global desires. A freeze at current levels of weapons would remove any incentive for the Soviets to negotiate seriously in Geneva and virtually end our chances to achieve the major arms reductions which we have proposed. Instead, they would achieve their objectives through the freeze.

A freeze would reward the Soviet Union for its enormous and unparalleled military buildup. It would prevent the essential and long overdue modernization of United States and allied defenses and would leave our aging forces increasingly vulnerable. And an honest freeze would require extensive prior negotiations on the systems and numbers to be limited and on the measures to ensure effective verification and compliance. And the kind of a freeze that has been suggested would be virtually impossible to verify. Such a major effort would divert us completely from our current negotiations on achieving substantial reductions.

우리 혼자서 소련의 세계적인 야욕을 동결시킬 수 있다면 저는 (무기) 동결에 찬성할 것입니다. 현 수준에서의 무기 동결은 제네바에서 심각하게 협상을 벌여야 할 만한 동기를 소련 측에 제거해 줌으로써 실질적으로는 우리 스스로 우리가 제안한 주요 군비 축소 계획을 달성할 수 있는 기회를 무산시킬 것입니다. 그 대신에 소련은 그러한 동결 조치를 통해 자신들의 목표를 달성할 것입니다.

무기 동결은 소련에게 거대하고 비할 데 없는 군비 증강이란 보상을 가져다 줄 것입니다. 그것은 미국과 동맹국 방위 시설의, 필수적이고 오랜 현안이었던 현대화를 가로막고 우리의 노후화된 군사력을 점점 더 취약한 상태로 남게 할 것입니다. 그리고 진정한 무기 동결을 위해서는 제한할 시스템과 숫자 및 효율적인 검증과 이행을 보장할 수 있는 조치에 관한 광범위한 사전 협상이 필요할 것입니다. 지금까지 제안된 것과 같은 종류의 무기 동결 조치는 실제 검증이 불가능할 것입니다. 그러한 주요 노력은 실질적인 감축을 달성하기 위한 우리의 현 협상의 흐름을 완전히 바꿀 것입니다.

A number of years ago, I heard a young father, a very prominent young man in the entertainment world, addressing a tremendous gathering in California. It was during the time of the cold war, and communism and our own way of life were very much on people's minds. And he was speaking to that subject. And suddenly, though, I heard him saying, "I love my little girls more than anything." And I said to myself, "Oh, no, don't. You can't … don't say that." But I had underestimated him. He went on: "I would rather see my little girls die now; still believing in God, than have them grow up under communism and one day die no longer believing in God."

There were thousands of young people in that audience. They came to their feet with shouts of joy. They had instantly recognized the profound truth in what he had said, with regard to the physical and the soul and what was truly important.

몇 년 전, 연예계의 아주 뛰어난 젊은 아빠가 캘리포니아의 거대한 모임에서 말하는 것을 들은 적이 있습니다. 그때는 냉전의 시기였습니다. 그리고 사람들은 공산주의와 우리 자신의 생활 방식에 대해 아주 많이 고민하고 있을 때였습니다. 그가 그 주제에 대해 얘기하고 있었습니다. 그가 갑자기 "저는 그 무엇보다도 귀여운 제 딸들을 더 사랑합니다."라고 말하는 소리가 들렸습니다. 그때 저는 속으로 말했습니다. "당신은 그럴 수 없어 … 그런 말 하지 마." 그러나 저는 그를 과소평가한 것이었습니다. 그가 말을 이었습니다. "제 딸들이 공산주의 아래에서 자라 어느 날 하나님을 믿지 않고 죽게 하는 것보다는 그들이 지금 죽더라도 하나님을 믿는 것을 보는 것이 저는 더 낫습니다."

청중들 중에는 젊은이들이 수천 명 있었습니다. 그들이 일어나 기쁨의 환호성을 외쳐댔습니다. 그들은 그가 말한 내용 안의 심오한 진리, 육체와 정신과 정말로 중요한 것에 대한 진리를 즉시 깨달았던 것입니다.

So, I urge you to speak out against those who would place the United States in a position of military and moral inferiority. You know, I've always believed that old Screwtape reserved his best efforts for those of you in the Church. So, in your discussions of the nuclear freeze proposals, I urge you to beware the temptation of pride — the temptation of blithely declaring yourselves above it all and label both sides equally at fault, to ignore the facts of history and the aggressive impulses of an evil empire, to simply call the arms race a giant misunderstanding and thereby remove yourself from the struggle between right and wrong and good and evil.

I ask you to resist the attempts of those who would have you withhold your support for our efforts, this administration's efforts, to keep America strong and free, while we negotiate real and verifiable reductions in the world's nuclear arsenals and one day, with God's help, their total elimination.

따라서 저는 미국을 군사적 도덕적 열세의 위치에 빠트리려는 사람들에 맞서 여러분이 큰 소리를 내기를 촉구합니다. 저는 늙은 악마 스크루 테이프가 여러분과 같은 사람들을 악마의 교회에 보내려고 최선의 노력을 비축해 놓는다고 항상 믿고 있습니다. 그러므로 여러분이 핵무기 동결 제안에 대해 토론을 할 때면 자만의 유혹, 곧 경솔하게도 여러분 자신이 그 무엇보다도 뛰어나다고 선언하고 싶은 유혹, 양쪽이 똑같이 틀렸다고 하면서, 악의 제국이 만든 역사적 사실과 공격적인 충동성을 무시하고 싶은 유혹을 조심할 것이며, 군비 경쟁을 거대한 착각이라고 단순히 비난만 하고 그리하여 옳은 것과 그른 것, 선과 악 사이의 싸움에서 스스로 벗어나고 싶은 유혹을 조심할 것을 촉구합니다.

미국을 강하고 자유로운 국가로 유지하려는 우리의 노력, 이 행정부의 노력에 대한 지지를 막으려는 사람들의 시도에 대해서는 여러분이 저항할 것을 부탁 드립니다. 그러나 우리는 세계의 핵무기에 대한 실질적이고 검증 가능한 감축 문제에 대해서는 협상할 것입니다. 신의 가호가 있다면 언젠가는 핵무기의 완전한 제거 문제를 협상할 것입니다.

While America's military strength is important, let me add here that I've always maintained that the struggle now going on for the world will never be decided by bombs or rockets, by armies or military might. The real crisis we face today is a spiritual one; at root, it is a test of moral will and faith.

Whittaker Chambers, the man whose own religious conversion made him a witness to one of the terrible traumas of our time, the Hiss-Chambers case, wrote that the crisis of the Western world exists to the degree in which the West is indifferent to God, the degree to which it collaborates in communism's attempt to make man stand alone without God. And then he said, for Marxism-Leninism is actually the second-oldest faith, first proclaimed in the Garden of Eden with the words of temptation, "Ye shall be as gods."

미국의 군사력은 중요합니다. 그러나 여기에서 덧붙이고 싶은 말은, 지금 세계를 향해 진행되고 있는 투쟁은 결코 폭탄이나 로켓, 혹은 군대나 군사적인 힘에 의하여 결정되지 않으리란 점을 제가 항상 주장하여 왔다는 것입니다. 오늘날 우리가 직면하고 있는 진짜 위기는 정신적인 것입니다. 근본적으로, 그것은 도덕적 의지와 신념의 시험인 것입니다.

휘터커 체임버스는 스스로 개종하여 우리 시대의 끔찍한 상처 중의 하나인 히스-체임버스 사건을 증언한 사람입니다. 그는 서방세계의 위기는 서방세계가 하나님에 대해 무관심할 정도, 인간이 하나님이 없이 인간을 홀로 두려는 공산주의의 의도에 가담할 정도라는 사실을 밝혔습니다. 마르크스 레닌주의는 두 번째로 오래된 신앙입니다. 이 신앙은 에덴동산에서 "네가 하느님처럼 될 것이다."라는 유혹의 말로 시작되었던 것입니다.

First Inaugural Address

초선 대통령 취임사

delivered 20 January 1981

1981년 1월 20일

25
Speech

Ronald Reagan 로널드 레이건

1981년 1월 20일 대통령 취임식에서 미국 경제의 활성화를 최우선 과제로 설정하고, 이를 실천하기 위한 방안으로 긴축재정, 연방 정부의 축소, 세금 인하 등의 정책을 제시하였다. 그리고 미국인에게 엄청난 피해를 끼치고 있던 테러리스트들과 공산주의 진영에는 세계적인 도발 방지와 미국의 안전을 위한 강력한 자위 메시지를 천명하였다. 그러나 이는 복지 재정의 축소로 이어져 나중에 민주당이 그를 공격하는 좋은 빌미가 되었다.

The business of our nation goes forward. These United States are confronted with an economic affliction of great proportions. We suffer from the longest and one of the worst sustained inflations in our national history. It distorts our economic decisions, penalizes thrift, and crushes the struggling young and the fixed-income elderly alike. It threatens to shatter the lives of millions of our people. Idle industries have cast workers into unemployment, human misery and personal indignity.

Those who do work are denied a fair return for their labor by a tax system which penalizes successful achievement and keeps us from maintaining full productivity. But great as our tax burden is, it has not kept pace with public spending. For decades we have piled deficit upon deficit, mortgaging our future and our children's future for the temporary convenience of the present. To continue this long trend is to guarantee tremendous social, cultural, political, and economic upheavals.

우리나라의 비즈니스는 진척되고 있습니다. 이러한 미국이 상당히 어려운 경제적 역경에 직면해 있습니다. 우리는 우리나라 역사상 가장 긴, 최악의 지속적인 인플레이션을 겪고 있습니다. 인플레이션이 우리의 경제적인 결단을 일그러뜨리고 절약 정신을 마비시키고 있습니다. 또한 열심히 노력하는 젊은이들과 수입이 고정된 노인들 모두를 짓밟고 있습니다. 수백만 명의 삶을 뿌리째 뒤흔들려고 하는 참입니다. 기업들은 일감이 없어 노동자들을 해고하고 인간적인 고통, 개인적인 냉대로 내몰고 있습니다.

뛰어난 성과에 불이익을 주는 조세 제도, 생산성의 극대화를 가로막는 조세 제도 때문에, 일자리가 있는 사람들이 노동의 정당한 대가를 받지 못하고 있습니다. 그러나 세금 부담이 아무리 늘어나도 공공의 지출과 보조를 맞추는 일은 불가능합니다. 우리는 수십 년 동안 현재의 일시적인 편의를 위해 우리의 미래와 우리 아이들의 미래를 담보로 적자에 적자를 쌓아 왔습니다. 이러한 추세가 오래 지속된다면, 사회적으로나 문화적으로나 정치적으로나 경제적인 끔찍한 변동이 있을 것이 확실합니다.

do 강조의 do **successful achievement** 성공적인 업적 → 뛰어난 성과 **great as our tax burden is = though our tax burden is great**(as가 양보의 의미로 쓰일 때에는 보어가 as 앞에 온다.) **mortgage** 모기지, 담보 융자 **upheaval** 대변동, 격변

Well, this Administration's objective will be a healthy, vigorous, growing economy that provides equal opportunities for all Americans with no barriers born of bigotry or discrimination. Putting America back to work means putting all Americans back to work. Ending inflation means freeing all Americans from the terror of runaway living costs.

All must share in the productive work of this "new beginning," and all must share in the bounty of a revived economy. With the idealism and fair play which are the core of our system and our strength, we can have a strong and prosperous America at peace with itself and the world.

이 정부의 목표는 경제의 건전화와 활성화, 그리고 성장입니다. 이는 완미한 신앙이나 인종 차별에서 유래하는 장벽을 걷어내고 모든 미국인에게 동등한 기회를 제공하려는 것입니다. 미국을 일터로 되돌린다는 것은 모든 미국인들을 일터로 되돌린다는 의미입니다. 인플레이션을 끝낸다는 것은 미국인 모두를 천정부지의 생계비에 대한 공포로부터 해방시킨다는 의미입니다.

우리 모두는 이 '새로운 시작'이라는 생산적인 일에 동참해야 하며 또한 모두가 경제 회복의 혜택을 나누어 가져야 합니다. 우리 시스템의 핵심이자 강점인 이상주의와 페어플레이 정신으로 우리는 미국과 세계가 함께 하는 평화로운 세상, 강력하고 번영하는 미국을 이룩할 수 있습니다.

Above all we must realize that no arsenal or no weapon in the arsenals of the world is so formidable as the will and moral courage of free men and women. It is a weapon our adversaries in today's world do not have. It is a weapon that we as Americans do have. Let that be understood by those who practice terrorism and prey upon their neighbors.

Check the Vocabulary

arsenal 무기고, 군수품 **adversary** = enemy 적 **prey upon** 먹이로 삼다, 희생양으로 삼다 **let that be understood** = let + 목적어 + be(동사의 원형) + 타동사의 과거분사 Don't let me be misunderstood. *** 자동사인 경우는 let + 목적어 + 자동사의 원형 Let him go.

특히, 우리는 세계의 어떤 무기고나 그 무기고에 있는 어떠한 무기도 자유인의 의지와 도덕적 용기만큼 강하지는 못하다는 사실을 깨달아야 합니다. 그것은 오늘의 세계에서 우리의 적들에게는 없는 무기입니다. 우리 미국인에게 있는 무기입니다. 테러를 일삼고 이웃을 희생양으로 삼는 사람들이 그것을 깨닫도록 합시다.

First Fireside Chat "The Banking Crisis"
제1차 노변정담(爐邊情談) "은행의 위기"

delivered 12 March 1933, Washington D.C.

1933년 3월 12일, 워싱턴 D.C.

26
Speech

Franklin D. Roosevelt 프랭클린 D. 루스벨트

미국의 제32대 대통령으로 뉴딜정책을 추진하여 대공황을 극복했다. 제2차 세계대전 때에는 연합국 회의에서 주도권을 갖고 전쟁을 승리로 이끌었다. 대서양헌장을 선언하여 국제연합 조직의 기초를 확립한 그는 미국 최초로 4번이나 대통령에 선출되었다. 1930년대의 대공황 타개를 위해 과감하게 뉴딜정책을 추진하여 자신의 리더십을 여지없이 보여 주기도 했다.

노변정담(爐邊情談, Fireside Chat)
노변담화(爐邊談話)라고도 한다. F.D. 루스벨트 대통령이 라디오를 이용하여 국민에게 직접 호소한 담화 형식으로서 이는 많은 여론의 관심과 세계인의 이목을 끌었다. 일종의 여론 조작이라고도 할 수 있는 이러한 담화 형식으로 루스벨트는 자신의 소신을 다정한 음성과 힘찬 어조로 국민에게 전하여 깊은 사랑을 받았다. 미국이 '민주주의의 거대한 병기창' 이 되어야 한다는 연설도 이러한 노변정담 형식으로 이루어졌다.

 26.mp3

I want to talk for a few minutes with the people of the United States about banking — to talk with the comparatively few who understand the mechanics of banking, but more particularly with the overwhelming majority of you who use banks for the making of deposits and the drawing of checks.

I want to tell you what has been done in the last few days, and why it was done, and what the next steps are going to be. I recognize that the many proclamations from State capitols and from Washington, the legislation, the Treasury regulations, and so forth, couched for the most part in banking and legal terms, ought to be explained for the benefit of the average citizen. I owe this, in particular, because of the fortitude and the good temper with which everybody has accepted the inconvenience and hardships of the banking holiday. And I know that when you understand what we in Washington have been about, I shall continue to have your cooperation as fully as I have had your sympathy and your help during the past week.

저는 미국 국민 여러분과 은행 업무에 대해 대화를 나누고자 합니다. 비교적 은행 업무 체계를 잘 이해하는 몇 분과 얘기를 나누고 싶습니다만, 예금을 하거나 수표를 발행하기 위해 은행을 이용하는 압도적인 다수의 분들이라면 특히 더 좋겠습니다.

지난 며칠 동안 무슨 일을 했으며 또 왜 그 일을 했으며 다음 단계의 일이 무엇인지를 여러분께 말씀 드리고 싶습니다. 대부분 은행 용어와 법률 용어로 표현된, 주(州) 의회와 워싱턴에서 발표한 많은 성명과 입법 조치, 재무부의 법규 등에 대해 보통의 시민들께 설명해 드려야 한다는 점을 저는 인식하고 있습니다. 이는 여러분 모두가 은행의 휴무로 생겼던 불편과 고통을 의연히 그리고 기분 좋게 받아 주셨기 때문입니다. 워싱턴에 있는 저희들이 그동안 해 온 바를 여러분께서 이해하신다면 지난 주 내내 여러분의 지지와 도움을 받았던 것처럼 충분히 여러분의 협조를 계속 얻으리란 점도 알고 있습니다.

First of all, let me state the simple fact that when you deposit money in a bank, the bank does not put the money into a safe deposit vault. It invests your money in many different forms of credit — in bonds, in commercial paper, in mortgages and in many other kinds of loans. In other words, the bank puts your money to work to keep the wheels of industry and of agriculture turning around. A comparatively small part of the money that you put into the bank is kept in currency — an amount which in normal times is wholly sufficient to cover the cash needs of the average citizen. In other words, the total amount of all the currency in the country is only a comparatively small proportion of the total deposits in all the banks of the country.

What, then, happened during the last few days of February and the first few days of March? Because of undermined confidence on the part of the public, there was a general rush by a large portion of our population to turn bank deposits into currency or gold — a rush so great that the soundest banks couldn't get enough currency to meet the demand. The reason for this was that on the spur of the moment it was, of course, impossible to sell perfectly sound assets of a bank and convert them into cash, except at panic prices far below their real value. By the afternoon of March third, a week ago last Friday, scarcely a bank in the country was open to do business. Proclamations closing them, in whole or in part, had been issued by the Governors in almost all the states. It was then that I issued the proclamation providing for the national bank holiday, and this was the first step in the Government's reconstruction of our financial and economic fabric.

vault 둥근 천장, 지하(저장)실, 금고 **credit** 신용, 차관, (소비자) 금융 **commercial paper** 상업 어음 **currency** 화폐, 통화(량)

우 선, 여러분이 은행에 돈을 예금하신다고 해도 은행은 그 돈을 안전한 금고에 넣어 두지 않는다는 단순한 사실을 말씀 드려야 하겠습니다. 은행은 여러분의 돈을 많은 여러 형태의 금융, 곧 채권과 상업 어음, 모기지, 그리고 많은 다른 종류의 공채에 투자합니다. 다시 말씀 드리자면, 은행은 여러분의 돈을 산업과 농업의 수레바퀴가 계속 잘 돌아가도록 하는 일에 투자를 하는 것입니다. 여러분이 은행에 넣는 돈 중에서 비교적 적은 액수만이 화폐로 보관됩니다. 정상적인 시기에는 보통 시민의 현금 요구를 감당하기에 전적으로 충분한 액수입니다. 다시 말해, 시중의 총 통화량은 시중의 모든 은행에 예치된 총액 중 비교적 적은 일부에 지나지 않습니다.

2월 마지막 며칠과 3월 처음 며칠 동안 무슨 일이 일어났습니까? 공공 부문의 신뢰감 상실 때문에 많은 국민들이 은행 예금을 급히 화폐나 금으로 바꾸려는 분위기가 지배적이었습니다. 가장 건전한 은행들조차도 그 수요를 맞출 수 있을 만큼 충분한 화폐를 마련하지 못할 정도로 커다란 혼잡이 벌어졌습니다. 이에 대한 이유는 물론, 실제의 가치보다 훨씬 낮은 공황적인 싼 값이 아니라면 은행의 건전 자산을 갑자기 완전 매각하여 현금으로 바꾸는 일은 불가능하기 때문이었습니다. 일주일 전인 지난 금요일, 3월 3일 오후가 되자 문을 열고 영업을 하는 은행이 거의 없게 되었습니다. 거의 모든 주에서는 주지사가 은행을 완전 폐쇄 혹은 부분 폐쇄한다는 성명을 발표했습니다. 제가 국내 은행의 휴무를 규정하는 성명을 발표한 것이 바로 그때였습니다. 그런데 이것은 정부가 우리의 금융과 경제 구조를 재건하려는 첫 번째 조치였습니다.

undermined confidence 신뢰감 상실 on the spur of the moment 얼떨결에, 갑자기 panic price 공황적인 싼 값 provide for 규정하다 fabric 직물, 구조, 조직

The second step, last Thursday, was the legislation promptly and patriotically passed by the Congress confirming my proclamation and broadening my powers so that it became possible in view of the requirement of time to extend the holiday and lift the ban of that holiday gradually in the days to come. This law also gave authority to develop a program of rehabilitation of our banking facilities. And I want to tell our citizens in every part of the Nation that the national Congress — Republicans and Democrats alike — showed by this action a devotion to public welfare and a realization of the emergency and the necessity for speed that it is difficult to match in all our history.

The third stage has been the series of regulations permitting the banks to continue their functions to take care of the distribution of food and household necessities and the payment of payrolls.

This bank holiday, while resulting in many cases in great inconvenience, is affording us the opportunity to supply the currency necessary to meet the situation. Remember that no sound bank is a dollar worse off than it was when it closed its doors last week. Neither is any bank which may turn out not to be in a position for immediate opening. The new law allows the twelve Federal Reserve Banks to issue additional currency on good assets and thus the banks that reopen will be able to meet every legitimate call. The new currency is being sent out by the Bureau of Engraving and Printing in large volume to every part of the country. It is sound currency because it is backed by actual, good assets.

지난 목요일의 두 번째 조치는 의회가 저의 성명을 확인하고 제 권한을 확대하는 법을 즉시 애국적으로 통과시킨 것이었습니다. 그에 따라 시간이란 요건을 고려하여 휴무를 연장하는 것과 앞으로 점진적으로 휴무를 없애는 것도 가능하게 되었습니다. 이 법은 또한 우리의 은행 시설의 재건 프로그램을 개발할 수 있는 권한도 제공하였습니다. 공화당 의원과 민주당 의원 모두 다 같이 의회에서 이러한 조치로 공공의 복지와 비상사태의 실현, 그리고 우리의 역사상 따라가기 힘든, 속도를 필요로 하는 일에 헌신적인 애정을 보여 주었다는 것을 전국 각지의 국민들께 말씀 드리고 싶습니다.

세 번째 조치는 은행들이 식량과 생필품의 유통과 월급의 지불 문제를 해결할 수 있는 기능을 지속할 수 있도록 허용하는 일련의 법규 제정이었습니다.

이러한 은행 휴무는 큰 불편을 끼치는 경우가 많지만, 그러한 상황을 충족시키기에 필요한 화폐를 준비할 수 있는 기회를 우리에게 제공하고 있습니다. 건전한 은행은 지난 주에 문을 닫았을 때보다 달러가 더 부족하게 된 경우가 없다는 점을 기억해 주십시오. 또한, 즉각적인 업무 개시를 할 만한 위치에 있지 못한 것으로 판명될 만한 은행도 없다는 점을 기억해 주십시오. 새로운 법률에 따라 12개의 연방 준비 은행은 우량 자산에 대해서 추가적인 화폐를 발행할 수 있습니다. 따라서 다시 업무를 시작하는 은행은 모든 합법적인 청구를 충족시킬 수 있을 것입니다. 새로운 화폐는 조폐공사에 의해 전국 각지에 대량으로 발송되고 있습니다. 그것은 실제의 우량 자산을 바탕으로 하고 있으므로 건전한 화폐입니다.

The Truman Doctrine
트루먼독트린

delivered 12 March 1947 before a Joint Session of Congress

1947년 3월 12일, 상하 양원 합동회의 연설

27
Speech

Harry S. Truman 해리 S. 트루먼

해리 S. 트루먼(1884~1972)은 미국의 제33대 대통령(1945~1953)으로 2차 세계대전 이후, 반소·반공 기치로 한 트루먼독트린으로 국제정치의 방향을 설정하였다. 한국전쟁이 발발하자 그는 이러한 노선에 따라 미군의 파병을 결정하였다.

트루먼독트린

미국 대통령 해리 S. 트루먼이 1947년 3월 12일 공산주의 폭동으로 위협을 받고 있던 그리스 정부와 지중해에서 소련의 팽창으로 압력을 받고 있던 터키에 대해 즉각적인 경제·군사 원조를 제공할 것을 공약한 선언이다. 공산주의의 확대를 저지하기 위해서는 자유와 독립의 유지에 노력해야 하며, 소수의 정부 지배를 거부하는 의사를 가진 세계 여러 나라에 대하여 군사적·경제적 원조를 제공해야 한다는 것이 그 골자였다. 미국 의회는 그의 요청에 따라 이들 국가를 원조하기 위한 기금으로 4억 달러를 책정했다.

The gravity of the situation which confronts the world today necessitates my appearance before a joint session of the Congress. The foreign policy and the national security of this country are involved. One aspect of the present situation, which I present to you at this time for your consideration and decision, concerns Greece and Turkey. The United States has received from the Greek Government an urgent appeal for financial and economic assistance. Preliminary reports from the American Economic Mission now in Greece and reports from the American Ambassador in Greece corroborate the statement of the Greek Government that assistance is imperative if Greece is to survive as a free nation.

The very existence of the Greek state is today threatened by the terrorist activities of several thousand armed men, led by Communists, who defy the government's authority at a number of points, particularly along the northern boundaries. A Commission appointed by the United Nations Security Council is at present investigating disturbed conditions in northern Greece and alleged border violations along the frontiers between Greece on the one hand and Albania, Bulgaria, and Yugoslavia on the other.

제가 이 자리, 상하 양원 합동회의에 참석하게 된 것은 지금 세계가 직면하고 있는 심상치 않은 상황 때문입니다. 미국의 외교정책과 국가 안보가 얽혀 있습니다. 여러분의 심사숙고와 결정을 위해 이 시간 제가 밝히고자 하는 바는 그리스와 터키에 관련된 현 상황의 일면입니다. 미국은 그리스 정부로부터 재정적 경제적 원조에 대한 급박한 요청을 받았습니다. 현재의 그리스 주재 미 경제 사절단의 예비 보고서와 미국 대사의 보고서에 따르면, 그리스가 자유국가로 살아남으려면 절대적으로 원조가 필요하다는 그리스 정부의 발표가 틀림이 없다는 사실이 확인되었습니다.

그리스라는 나라의 존립은 현재 많은 지역, 특히 북부 접경 지역에서 정부의 권위에 도전하는 공산주의자들이 이끄는 수천 명 무장 세력의 테러 활동으로 위협받고 있습니다. UN 안전보장이사회가 설립한 위원회가 현재 그리스 북부의 혼란 상황과 알바니아, 불가리아, 유고슬라비아 접경 지역의 국경선 침입 혐의를 조사하고 있습니다.

defy ~에 도전하다, 반항하다   alleged 추정된, (증거 없이) 주장된

Meanwhile, the Greek Government is unable to cope with the situation. The Greek army is small and poorly equipped. It needs supplies and equipment if it is to restore authority of the government throughout Greek territory. Greece must have assistance if it is to become a self-supporting and self-respecting democracy. The United States must supply this assistance. We have already extended to Greece certain types of relief and economic aid. But these are inadequate. There is no other country to which democratic Greece can turn. No other nation is willing and able to provide the necessary support for a democratic Greek government.

Greek's [sic] neighbor, Turkey, also deserves our attention. The future of Turkey, as an independent and economically sound state, is clearly no less important to the freedom-loving peoples of the world than the future of Greece. The circumstances in which Turkey finds itself today are considerably different from those of Greece. Turkey has been spared the disasters that have beset Greece. And during the war, the United States and Great Britain furnished Turkey with material aid.

그러나 그리스 정부는 현 상황에 대처할 능력이 없습니다. 그리스 군대는 규모가 작고 장비가 열악합니다. 그리스가 국토 전역에 대한 정부의 권위를 회복하려면 물자와 장비가 필요합니다. 스스로를 돕고 스스로를 존중하는 민주주의 국가가 되려면, 그리스는 도움을 받아야 합니다. 미국이 이러한 도움을 제공해야 합니다. 우리는 구호와 경제 원조 분야에 있어서 이미 여러 형태로 그리스에 그 범위를 확대해 오고 있었습니다. 그러나 이런 것들만으로는 충분하지가 않습니다. 민주주의 국가 그리스가 의지할 수 있는 다른 나라가 없습니다. 그리스 민주주의 정부에 필요한 원조를 제공하려고 하거나 제공할 수 있는 다른 나라가 없습니다.

그리스의 이웃 터키 또한 우리의 주목을 받을 만합니다. 독립 정신이 강하고 경제가 건전한 국가 터키의 미래는 분명 그리스의 미래만큼이나 세계 자유를 사랑하는 민족들에게도 중요합니다. 오늘날 터키가 처한 상황은 그리스의 상황과 상당히 다릅니다. 터키는 그리스를 따라다니고 있는 여러 재앙에서 벗어나 있었습니다. 제2차 세계대전 중에 미국과 영국은 터키에 물질적 원조를 제공하였습니다.

Nevertheless, Turkey now needs our support. Since the war, Turkey has sought additional financial assistance from Great Britain and the United States for the purpose of effecting that modernization necessary for the maintenance of its national integrity. That integrity is essential to the preservation of order in the Middle East. The British government has informed us that, owing to its own difficulties, it can no longer extend financial or economic aid to Turkey. As in the case of Greece, if Turkey is to have the assistance it needs, the United States must supply it. We are the only country able to provide that help.

Should we fail to aid Greece and Turkey in this fateful hour, the effect will be far reaching to the West as well as to the East.

그렇지만 터키는 지금 우리의 원조를 필요로 하고 있습니다. 전쟁 이후 터키는 국가 보전의 지속을 위해 필요한 현대화를 완수할 목적으로 영국과 미국의 추가적인 재정적 도움을 모색해 왔습니다. 터키의 보전은 중동의 질서 유지에 필수적입니다. 영국 정부는 자신의 어려운 문제들 때문에 더 이상 터키에 재정 지원이나 경제 지원을 베풀 수 없다고 알려 왔습니다. 그리스의 경우처럼 터키가 필요로 하는 도움이 있다면 미국은 그것을 제공해야 합니다. 우리가 그러한 도움을 제공할 수 있는 유일한 국가입니다.

이 중요한 순간에 우리가 그리스와 터키를 돕지 않는다면, 그 영향은 동양은 물론 멀리 서양에까지 미칠 것입니다.

Check the Vocabulary

Should we fail to = If we should fail to 우리가 ～하지 않는다면

Speech Accepting
the Nobel Prize in Literature
노벨 문학상 수락 연설

originally delivered December 10, 1950 in Stockholm, Sweden

1950년 12월 10일, 스웨덴, 스톡홀름

28
Speech

William Faulkner 윌리엄 포크너

윌리엄 포크너(1897~1962)는 미국의 소설가로 미국 남부 농원 사회의 비참한 실존 이야기를 어디에서나 볼 수 있는 인간 운명에 대한 이야기로 승화시킨, 실험적 수법의 연작물 「요크나파토파 마을」로 유명하다. 대표적인 작품으로는 「압살롬, 압살롬」, 「음향과 분노」, 「죽음의 자리에 누워서」 등이 있다.

이 글은 1949년도 노벨 문학상 수상자로 지명된 포크너가 행한 연설문이다. 포크너는 이 연설문에서 이제까지 그가 자신의 작품을 통하여 보여 준 태도나 입장과는 전혀 다른 면을 보여 주고 있다. 왜냐하면 그의 초기와 중기 작품에서는 주로 삶의 어두운 면이 취급되어 있는 반면에, 이 글에서는 삶의 긍정적인 면이 강조되어 있기 때문이다. 이 글은 부정에서 긍정으로, 절망에서 희망으로, 비극에서 희극으로 변천해 가는 포크너의 인생관을 이해하는 데 매우 좋은 자료가 된다.   ─ 김욱동 '윌리엄 포크너'

I feel that this award was not made to me as a man, but to my work — a life's work in the agony and sweat of the human spirit, not for glory, so this award is only mine in trust. It will not be hard to find a dedication for the money part of it commensurate with the purpose and significance of its origin. But I would like to do the same with the acclaim too, by using this moment as a pinnacle from which I might be listened to by the young men and young women already dedicated to the same anguish and travail.

Our tragedy today is a general and universal physical fear so long sustained by now that we can even bear it. There are no longer problems of the spirit. There is only one question: When will I be blown up? Because of this, the young man or young woman writing today has forgotten the problems of the human heart in conflict with itself which alone can make good writing because only that is worth writing about, worth the agony and the sweat.

이 상은 저 한 사람에게 주어진 것이 아니라 저의 작품, 곧 영광을 위해서가 아니라 인간의 정신적 고뇌와 땀 속에서 이루어진 필생의 작업에 주어진 것이라고 생각합니다. 따라서 이 상은 단지 제가 보관하는 것일 뿐입니다. 이 상의 금전적인 부분에 대해서는, 그 원래의 목적과 의의에 상응하는 전용 대상을 찾는 일이 그리 어렵지 않을 것입니다. 그러나 저는 이 순간을, 이미 저와 같은 고민과 고통에 전념하고 있는 젊은 남녀 작가들이 제 말을 경청해 줄 최상의 기회로 삼아 그러한 갈채에 답하고자 합니다.

오늘날 우리의 비극은 지금까지 너무나 오랫동안 겪다 보니 참을 수도 있을 만한, 일반적이고 보편적인 육체의 공포입니다. 이제 정신의 문제는 더 이상 없습니다. 언제 제가 완전히 지칠 것이냐 하는 한 문제만 있습니다. 이 때문에, 오늘날 글을 쓰는 젊은 작가는 스스로 갈등하는 인간 내면의 문제들을 잊고 지내 왔습니다. 그런데 이런 문제들이야말로 훌륭한 작품의 소재가 될 수 있는 것입니다. 왜냐하면 오로지 그것만이 글 소재의 가치가 있으며 고뇌와 땀의 가치가 있기 때문입니다.

Check the Vocabulary

sustain 유지하다, (손해 따위를) 받다, 입다, 겪다 **that we can even bear it** 여기에서 it을 빼면 안 된다. 그러나 이 문장을 부정사로 바꿔 쓸 때는 it을 빼야 한다.(= as to even bear blown up) **writing about** 글의 소재 cf. writing on 글을 쓸 용지 writing with 글을 쓸 도구

He must learn them again. He must teach himself that the basest of all things is to be afraid; and, teaching himself that, forget it forever, leaving no room in his workshop for anything but the old verities and truths of the heart, the old universal truths lacking which any story is ephemeral and doomed — love and honor and pity and pride and compassion and sacrifice. Until he does so, he labors under a curse. He writes not of love but of lust, of defeats in which nobody loses anything of value, of victories without hope and, worst of all, without pity or compassion. His griefs grieve on no universal bones, leaving no scars. He writes not of the heart but of the glands.

Until he relearns these things, he will write as though he stood among and watched the end of man. I decline to accept the end of man. It is easy enough to say that man is immortal simply because he will still endure: that when the last ding-dong of doom has clanged and faded from the last worthless rock hanging tideless in the last red and dying evening, that even then there will still be one more sound: that of his puny inexhaustible voice, still talking.

Check the Vocabulary

base 천한, 비열한 **ephemeral** 덧없는, 단명한, 하루살이의 **doomed** 운이 다한, 불운한 **under a curse** 저주를 받아, 빌미 붙어 **lust** 욕망, 육욕 **gland** 분비선(腺)

젊은 작가는 그러한 문제들을 다시 배워야 합니다. 모든 것 중에서 가장 비열한 것은 두려워하는 것이라는 사실을 스스로 깨달아야 합니다. 그리고 스스로 깨달았다면, 그 공포를 영원히 잊어버리고, 내면의 옛 진리와 진실 이외에는 어떤 것에 대해서도 자신의 작업에 여지를 남겨 두어서는 안 됩니다. 보편적인 옛 진리들, 그러니까 사랑과 명예와 연민과 자존심과 동정과 희생이 없다면, 어떤 작품도 단명으로 운이 다할 것입니다. 그렇게 되기까지는 그는 저주를 받으며 노동을 하는 셈입니다. 그는 사랑이 아니라 육욕에 대하여 글을 쓰는 셈입니다. 패배를 해도 어느 누구도 값진 것을 잃지 않고 승리를 해도 희망이 없는 무엇보다 나쁜 것은 연민이나 동정도 없는 글을 쓰는 것입니다. 그의 슬픔은 보편적인 뼈대도 없이 슬퍼하는 것이므로 아무런 상처를 남기지 않습니다. 그는 인간의 내면에 대하여 글을 쓰는 것이 아니라 분비선(腺)에 대하여 글을 쓰는 것입니다.

이러한 것들을 다시 배울 때까지, 그는 마치 인간의 종말 한가운데에 서서 그것을 지켜보는 사람처럼 글을 쓸 것입니다. 저는 인간의 종말을 받아들일 수 없습니다. 인간은 견뎌 내기 마련이라는 이유만으로 인간이 불멸의 존재라고 말하기는 아주 쉽습니다. 죽음의 마지막 종소리가 쩽그렁 울려 퍼지더니 마지막 붉게 저물어 가는 임종에 꼼짝 않고 걸려 있는 쓸모없는 마지막 바위에서 사라지는 순간에도 여전히 한 목소리, 지칠 줄 모르는 인간의 작은 목소리가 들릴 것이라고 말하기는 매우 쉽습니다.

Women's Rights are Human Rights
여성의 권리는 인권이다

Remarks to the U.N. 4th World Conference on Women Plenary Session
제4차 세계 여성 총회 연설

delivered 5 September 1995, Beijing, China

1995년 9월 5일, 중국 베이징

29
Speech

Hillary R. Clinton 힐러리 R. 클린턴

힐러리 R. 클린턴(1947년~)은 미국의 여성 정치인이자, 전직 국무부 장관이다. 1993년 ~2001년 제42대 대통령을 지낸 빌 클린턴의 부인으로, 남편의 대통령 재직 중 활발한 사회 활동으로 세계적인 주목을 받았다. 2008년 마틴 루터 킹 센터 선정 올해의 지도자 상을 받고, 1991년 미국의 가장 힘 있는 변호사 100인, 1984년 미국 아칸소 주 올해의 여성, 올해의 어머니 중의 한 명으로 선정되어 여성 지도자로서의 위치를 확고히 하였다.

2008년 미국 대통령 선거에서 유력한 여성 대통령 후보로 부각하였으나, 그해 6월 3일에 열린 민주당 대통령 후보 경선에서 버락 오바마에게 패배하였다. 빌 클린턴 대통령 재임 중, 그녀는 여성과 가정에 깊은 관심을 갖고 사법부의 여성폭행방지사무소 설치, 입양과 안전한 가정을 위한 법률의 제정 등을 위해 힘을 기울였다.

이 연설은 그녀가 중국 베이징에서 열린 제4차 세계 여성 총회에서 했던 것으로, 문체가 아주 평이하고 이해하기 쉬운 것이 특징이다.

This is truly a celebration, a celebration of the contributions women make in every aspect of life: in the home, on the job, in the community, as mothers, wives, sisters, daughters, learners, workers, citizens, and leaders.

It is also a coming together, much the way women come together every day in every country. We come together in fields and factories, in village markets and supermarkets, in living rooms and board rooms. Whether it is while playing with our children in the park, or washing clothes in a river, or taking a break at the office water cooler, we come together and talk about our aspirations and concern. And time and again, our talk turns to our children and our families. However different we may appear, there is far more that unites us than divides us. We share a common future, and we are here to find common ground so that we may help bring new dignity and respect to women and girls all over the world, and in so doing bring new strength and stability to families as well.

board room (중역의) 회의실 **time and again** = again and again 몇 번이고, 되풀이해서

이 자리는 정말 축하의 자리입니다. 모든 면에서 … 가정에서, 직장에서, 지역사회에서, 어머니로서, 아내로서, 여자 형제로서, 딸로서, 학생으로서, 근로자로서, 시민으로서, 지도자로서 여성의 기여를 축하하는 자리입니다.

이 자리는 각 나라에서 매일 여성들이 함께 모이는 것과 똑같은 만남의 장이기도 합니다. 우리는 들판과 공장에서, 재래시장과 슈퍼마켓에서, 거실과 회의실에서 함께 모입니다. 공원에서 아이들과 놀 때나, 강에서 빨래를 할 때나, 사무실 정수기 앞에서 휴식을 취할 때에도 우리는 함께 모여 우리의 소망과 근심에 대해 이야기합니다. 그런데 우리의 대화는 자꾸 아이와 가족에 대한 이야기로 돌아갑니다. 우리의 얼굴이 아무리 달라도, 우리 사이를 갈라놓는 것보다는 우리 사이를 합치게 하는 것이 더 많습니다. 우리는 공통의 미래를 함께 가지고 있습니다. 우리는 전 세계 여성들께 새로운 자긍심과 존경심을 일깨워 드리고 또 이를 통해 가족들께도 새로운 활력과 안정감을 일깨워 드릴 수 있는 공통의 기반을 마련하기 위해 이곳에 모였습니다.

What we are learning around the world is that if women are healthy and educated, their families will flourish. If women are free from violence, their families will flourish. If women have a chance to work and earn as full and equal partners in society, their families will flourish. And when families flourish, communities and nations do as well. That is why every woman, every man, every child, every family, and every nation on this planet does have a stake in the discussion that takes place here.

The great challenge of this conference is to give voice to women everywhere whose experiences go unnoticed, whose words go unheard. Women comprise more than half the word's population, 70% of the world's poor, and two-thirds of those who are not taught to read and write. We are the primary caretakers for most of the world's children and elderly. Yet much of the work we do is not valued — not by economists, not by historians, not by popular culture, not by government leaders.

우리가 전 세계에서 지금 배우고 있는 것은, 여성이 건강하고 교육을 받으면 그 가족이 잘된다는 것입니다. 여성이 폭력에서 해방되면, 그 가족이 잘된다는 것입니다. 여성이 사회에서 완전하고 동등한 파트너로서 일을 해서 돈을 벌면, 그 가족이 잘된다는 것입니다. 그리고 가족이 잘되면, 그 지역사회와 국가도 잘된다는 것입니다. 지구상의 모든 여성과 모든 남성, 모든 어린이, 모든 가족, 그리고 모든 국가가 여기에서 이루어지는 토론에 관심을 기울이는 이유는 바로 여기에 있습니다.

이 회의의 큰 목표는 경험이 있어도 주목을 받지 못하고 말을 해도 무시당하는 전 세계 여성에 대해 얘기를 하는 것입니다. 전 세계 인구의 절반 이상을 여성이 차지하고 있습니다. 전 세계 빈민의 70%가 여성이며, 읽고 쓰는 법을 배우지 못한 사람의 2/3가 여성입니다. 전 세계의 아동과 노인 대부분의 1차 돌봄이가 바로 여성입니다. 그러나 우리가 하는 그 일의 대부분은, 경제학자나 역사학자, 대중문화, 정부 지도자에게서 그 가치를 인정받지 못하고 있습니다.

We have seen peace prevail in most places for a half century. We have avoided another world war. But we have not solved older, deeply-rooted problems that continue to diminish the potential of half the world's population.

Now it is the time to act on behalf of women everywhere. If we take bold steps to better the lives of women, we will be taking bold steps to better the lives of children and families too. Families rely on mothers and wives for emotional support and care. Families rely on women for labor in the home. And increasingly, everywhere, families rely on women for income needed to raise healthy children and care for other relatives.

As long as discrimination and inequities remain so commonplace everywhere in the world, as long as girls and women are valued less, fed less, fed last, overworked, underpaid, not schooled, subjected to violence in and outside their homes … the potential of the human family to create a peaceful, prosperous world will not be realized.

우리는 반세기 동안 대부분의 지역에 평화가 널리 보급되는 것을 보았습니다. 우리는 또 한 차례의 세계대전을 피했습니다. 그러나 전 세계 인구 절반의 잠재력을 계속 떨어트리는, 보다 오래된, 뿌리 깊은 문제들은 해결하지 못했습니다.

이제 모든 곳의 여성을 대표하여 행동할 때입니다. 우리가 여성의 삶을 개선하기 위해 과감한 조치를 취한다면, 그것은 아이와 가족의 삶을 개선하기 위해 과감한 조치를 취하는 셈이 될 것입니다. 가족은 정서적인 후원과 보살핌을 어머니와 아내에게 의존합니다. 가족은 집안에서의 노동을 여성에게 의존합니다. 점점 더, 어느 곳에서나, 가족은 아이를 건강하게 키우고 다른 친척을 보살피는 데 필요한 수입을 여성에게 의존하고 있습니다.

세계 모든 곳에서 차별과 불평등이 아주 흔한 일로 남아 있는 한, 그리고 여성이 낮은 평가를 받고, 먹을 것을 적게 받으면서도 가장 나중에 받고, 과로를 당하면서도 임금은 적게 받고, 교육 기회가 주어지지 않고, 가정 내외에서 폭력을 당하는 한, 평화롭고 번영하는 세계를 만들 수 있는 인류 가족의 잠재력은 실현되지 못할 것입니다.

Let ... Let this conference be our ... and the world's ... call to action. Let us heed that call so we can create a world in which every woman is treated with respect and dignity, every boy and girl is loved and cared for equally, and every family has the hope of a strong and stable future. That is the work before you. That is the work before all of us who have a vision of the world we want to see ... for our children and our grandchildren.

The time is now. We must move beyond rhetoric. We must move beyond recognition of problems to working together, to have the comment efforts to build that common ground we hope to see.

이 회의를, 행동을 위한 우리와 세계의 부름으로 삼아야 합니다. 모든 여성이 존경심과 자긍심으로 대우받는 세상, 모든 남자아이와 여자아이가 평등하게 사랑받고 보살핌 받는 세상, 모든 가족이 힘차고 안정된 미래에 대한 희망을 갖는 세상을 만들 수 있도록 하기 위해, 이 부름에 주의를 기울여야 합니다. 이것은 우리 앞에 있는 일입니다. 이것은 우리가 원하는 세계, 우리 아이들과 우리 손자들을 위한 세계에 대한 비전을 갖고 있는 우리 모두의 앞에 있는 일입니다.

지금이 바로 그때입니다. 우리는 화려한 말만 하지 말고 움직여야 합니다. 우리가 원하는 공통의 기반을 조성하기 위한 비판적인 성과를 갖기 위해 함께 일하는 것에 대한 문제를 인식하는 것 이상으로 나아가야 합니다.

Atoms for Peace
평화를 위한 원자력

delivered 8 December 1953, United Nations General Assembly

1953년 12월 8일 유엔총회

30
Speech

Dwight D. Eisenhower 드와이트 D. 아이젠하워

1953년 드와이트 D. 아이젠하워는 UN총회 연설에서 '평화를 위한 원자력(Atoms for Peace)'에 대한 자신의 구상을 밝혔다. 대량 파괴 무기의 제조에 쓰이던 핵 물질을 평화적인 목적에 사용하자고 역설한 이 연설을 계기로, UN에서는 1957년에 국제원자력기구(International Atomic Energy Agency)를 설립하여 원자력을 군사 목적이 아닌 세계 평화와 인류 복지에 공헌하는 데 사용하도록 하였다.

1945년에 막을 내린 제2차 세계대전으로 히로시마, 나가사키가 원자탄 폭격으로 엄청난 피해를 입은 것을 목격한 그는, 이 가공할 핵의 위력에 깜짝 놀라 핵의 양면적인 본질을 과감하게 밝히고 그에 대한 평화적인 사용을 거듭 강조하였다.

동서 진영의 냉전 체제로 핵무기 개발에 박차를 가하고 있던 5대 상임이사국(P5: 미·러·영·불·중)은 그 후 그의 이러한 노력에 적극 호응하여 원자력 발전, 방사선 의학 등 다양한 분야에서 원자력 이용에 매진하게 되었다. 오늘날의 원자력 관련 산업은 이 연설에 힘입은 바가 크다.

The United States would seek more than the mere reduction or elimination of atomic materials for military purposes. It is not enough to take this weapon out of the hands of the soldiers. It must be put into the hands of those who will know how to strip its military casing and adapt it to the arts of peace.

The United States knows that if the fearful trend of atomic military build-up can be reversed, this greatest of destructive forces can be developed into a great boon, for the benefit of all mankind. The United States knows that peaceful power from atomic energy is no dream of the future. That capability, already proved, is here, now, today. Who can doubt, if the entire body of the world's scientists and engineers had adequate amounts of fissionable material with which to test and develop their ideas, that this capability would rapidly be transformed into universal, efficient, and economic usage?

To hasten the day when fear of the atom will begin to disappear from the minds of people and the governments of the East and West, there are certain steps that can be taken now. I therefore make the following proposals:

미국은 군사용 핵 물질의 감축이나 제거보다는 그 이상의 목표를 추구하고자 합니다. 군인의 손에서 이런 무기를 빼앗는 것만으로는 충분하지 않습니다. 그것은 군사적인 틀을 벗겨내어 평화적인 기술로 전환시킬 수 있는 방법을 알아낼 사람들의 손에 주어져야 합니다.

미국은, 군사적인 핵 증강이라는 끔찍한 추세가 역전될 수 있다면, 이 가장 파괴적인 무기가 모든 인류의 이익을 위한 아주 큰 은혜로 발전할 수 있다고 알고 있습니다. 원자력에서 나오는 평화적인 힘이 미래의 꿈만은 아니라고 알고 있습니다. 그러한 역량은 오늘, 지금, 이 자리에 이미 입증되어 있습니다. 세계의 과학자들과 엔지니어들로 구성된 완벽한 조직이 그들의 이상을 시험하고 발전시키기에 알맞은 양의 핵분열 물질을 갖고 있다면, 이 역량이 세계적인 용도, 효율적인 용도, 경제적인 용도로 급속히 변환되지 않으리라 누가 의심할 수 있겠습니까?

원자력에 대한 두려움이 동서 양 진영의 국민들과 정부들의 마음에서 사라지기 시작할 날을 앞당기기 위해, 지금 우리가 취할 수 있는 확실한 조치들이 있습니다. 따라서 다음과 같은 제안을 하는 바입니다.

🎧 30.mp3

The governments 'principally involved', to the extent permitted by elementary prudence, to begin now and continue to make joint contributions from their stockpiles of normal uranium and fissionable materials to an international atomic energy agency. We would expect that such an agency would be set up under the aegis of the United Nations.

The ratios of contributions, the procedures, and other details would properly be within the scope of the "private conversations" I have referred to earlier.

The United States is prepared to undertake these explorations in good faith. Any partner of the United States acting in the same good faith will find the United States a not unreasonable or ungenerous associate.

Undoubtedly, initial and early contributions to this plan would be small in quantity. However, the proposal has the great virtue that it can be undertaken without the irritations and mutual suspicions incident to any attempt to set up a completely acceptable system of world-wide inspection and control.

‘주요 관련’ 국가 즉 5대 상임이사국은 기본적인 신뢰가 허용하는 범위까지, 비축하고 있는 천연 우라늄과 핵분열 물질을 지금부터 국제원자력기구에 공동으로 제공하기 시작합시다. 그리고 앞으로도 이를 계속해 나갑시다. 우리는 그러한 기구가 UN의 산하에 설립되는 것을 기대합니다.

제공할 양과 그 절차 및 기타 세부 사항은 이미 언급한 ‘개별 회담’ 의 범위 내에서 다루는 것을 원칙으로 합시다.

미국은 이러한 연구를 정직하게 맡을 준비가 되어 있습니다. 상대가 어느 나라이든 미국과 똑같이 정직하게 행동한다면 미국이 비합리적이거나 아량이 좁은 동맹국이 아니라는 사실을 알게 될 것입니다.

틀림없이, 초기에 이 계획에 제공되는 양은 적을 것입니다. 어떤 시도에든 과민 반응이나 상호 의심은 흔히 있기 마련입니다. 그러나 이 제안은 그런 우려 없이 전 세계적인 감시와 통제를 받는, 누구나가 인정할 수 있는 기구의 설립을 시도할 수 있다는 커다란 장점을 가지고 있습니다.

The Atomic Energy Agency could be made responsible for the impounding, storage, and protection of the contributed fissionable and other materials. The ingenuity of our scientists will provide special, safe conditions under which such a bank of fissionable material can be made essentially immune to surprise seizure.

The more important responsibility of this Atomic Energy Agency would be to devise methods whereby this fissionable material would be allocated to serve the peaceful pursuits of mankind. Experts would be mobilized to apply atomic energy to the needs of agriculture, medicine, and other peaceful activities. A special purpose would be to provide abundant electrical energy in the power-starved areas of the world. Thus the contributing Powers would be dedicating some of their strength to serve the needs rather than the fears of mankind.

The United States would be more than willing — it would be proud to take up with others "principally involved" the development of plans whereby such peaceful use of atomic energy would be expedited.

Check the Vocabulary

impounding = containment 가둠, 격납   **ingenuity** (발명의) 재주, 우수성   **surprise seizure** 갑작스런 이상현상, 돌발상황

제공 받은 핵분열 물질과 다른 물질들의 격납과 저장 및 보호에 대해서는 원자력 기구가 책임을 지도록 할 수 있습니다. 핵분열 물질의 저장소가 돌발 상황에도 근본적으로 영향을 받지 않도록 할 수 있는 특별한 안전 규정은 우리의 우수한 과학자들이 마련할 것입니다.

이 원자력기구의 보다 중요한 책임은 이러한 핵분열 물질을 인류의 평화 추구에 도움이 되도록 할당하는 방법을 고안해 내는 것입니다. 원자력을 농업과 의료 및 평화적인 활동과 같은 필요한 용도에 맞게끔 사용하기 위해서는 전문가들을 동원할 것입니다. 전력이 부족한 세계 지역들에 풍부한 전력을 공급하는 것을 특별 목적으로 할 것입니다. 이렇게 하면 공여 국가들은 인류의 공포보다는 오히려 인류의 욕구를 충족시키는 데 그 힘을 다소 보태는 셈이 될 것입니다.

미국은 보다 기꺼이, 그리고 당당히 다른 상임 이사국들과 함께 그러한 원자력의 평화적 이용을 촉진할 계획의 개발을 맡고 싶습니다.

Of those "principally involved" the Soviet Union must, of course, be one. I would be prepared to submit to the Congress of the United States, and with every expectation of approval, any such plan that would, first, encourage world-wide investigation into the most effective peacetime uses of fissionable material, and with the certainty that they [the investigators] had all the material needed for the conduct of all experiments that were appropriate; second, begin to diminish the potential destructive power of the world's atomic stockpiles; third, allow all peoples of all nations to see that, in this enlightened age, the great Powers of the earth, both of the East and of the West, are interested in human aspirations first rather than in building up the armaments of war; fourth, open up a new channel for peaceful discussion and initiate at least a new approach to the many difficult problems that must be solved in both private and public conversations, if the world is to shake off the inertia imposed by fear and is to make positive progress toward peace.

Against the dark background of the atomic bomb, the United States does not wish merely to present strength, but also the desire and the hope for peace.

The coming months will be fraught with fateful decisions. In this Assembly, in the capitals and military headquarters of the world, in the hearts of men everywhere, be they governed or governors, may they be the decisions which will lead this world out of fear and into peace.

enlightened 개화된, 문명화된   inertia 무력증

그 '주요 관련' 국가들 중에는 물론 소련도 포함되어야 합니다. 저는 이 계획을 미국 의회에 제출하려고 합니다. 모든 면에서 볼 때 의회도 이것을 승인하리라고 믿고 있습니다. 첫째, 그러한 계획은 핵분열 물질의 가장 효과적이고 평화적인 이용에 대한 세계적인 연구를 촉진하기 때문입니다. 그들(연구원들)이 적절한 모든 실험을 실시하는 데 필요한 모든 물질을 갖추고 있다고 확신하고 있습니다. 둘째, 세계가 핵 원료를 비축하는 데서 오는 잠재적인 파괴력을 감소시키기 시작하기 때문입니다. 셋째, 이 개화된 시대에 동서 양 진영의, 지구상의 강대국들이 군비의 증강보다는 오히려 인간의 열망에 관심을 기울이고 있다는 것을 모든 국가의 모든 국민이 알게 되기 때문입니다. 넷째, 세계가 공포에 의해 강요된 무력증을 털어 버리고 평화를 향해 긍정적인 발전을 이루려 한다면, 개별 회담과 공개 회담을 거쳐서 풀어야 하는 많은 난제들에 대해 평화적인 토론을 벌일 수 있는 새로운 채널이 열리기 때문이며 적어도 그에 대한 새로운 접근이 이루어지기 때문입니다.

원자탄의 어두운 이면 대신에, 미국은 현재의 장점뿐만 아니라 평화에 대한 바람과 희망을 보여 주려는 것입니다.

앞으로 몇 달 동안 운명적인 결정이 가득 찰 것입니다. UN 총회에서, 세계의 중심부이자 군 사령부인 곳에서, 모든 곳의 사람들, 피통치자이든 통치자이든 그들의 마음속에서 앞으로 몇 달은 이 세계를 공포로부터 평화로 이끌 결정의 시간이 될 것입니다.

Check the Vocabulary

be fraught with = be full of 가득 차다
be they governed or governors 명령형 + A or B의 구문 = whether they are governed or governors

American University Commencement Address

아메리칸 유니버시티 졸업 연설

delivered 10 June 1963

1963년 6월 10일

31
Speech

John F. Kennedy 존 F. 케네디

미국의 제35대 대통령(1961~1963)으로 재임 중 쿠바 사태, 베를린봉쇄 등 여러 가지 어려운 위기를 맞았으며 핵실험금지조약의 체결과 '진보동맹' 결성 등의 업적을 남겼다. 댈러스에서 자동차로 가두 행진을 벌이던 중 암살당했다.

1962년 쿠바 미사일 위기 때 핵전쟁 위험을 무릅쓴 과감한 해상봉쇄 작전으로, 그는 흐루시초프로부터 미사일과 폭격기를 철수시키겠다는 약속을 받아내었다. 이 경험을 바탕으로 그는 아메리칸 유니버시티 졸업식에서 '평화전략'을 제창하였는데, 이것이 나중에 미·영·소 3국의 부분적인 핵실험금지조약의 바탕이 되었다.

Professor Woodrow Wilson once said that every man sent out from a university should be a man of his nation as well as a man of his time, and I am confident that the men and women who carry the honor of graduating from this institution will continue to give from their lives, from their talents, a high measure of public service and public support. "There are few earthly things more beautiful than a university," wrote John Masefield in his tribute to English universities — and his words are equally true today. He did not refer to towers or to campuses. He admired the splendid beauty of a university, because it was, he said, "a place where those who hate ignorance may strive to know, where those who perceive truth may strive to make others see."

I have, therefore, chosen this time and place to discuss a topic on which ignorance too often abounds and the truth too rarely perceived. And that is the most important topic on earth: peace. What kind of peace do I mean and what kind of a peace do we seek? Not a Pax Americana enforced on the world by American weapons of war. Not the peace of the grave or the security of the slave. I am talking about genuine peace, the kind of peace that makes life on earth worth living, and the kind that enables men and nations to grow, and to hope, and build a better life for their children — not merely peace for Americans but peace for all men and women, not merely peace in our time but peace in all time.

우드로 윌슨 대통령은 교수 시절 대학을 나온 사람은 모두 시대의 인물이자 국가의 인물이 되어야 한다고 말씀하셨습니다. 저는 이 대학을 졸업하는 영예를 가진 사람들은 남녀를 불문하고 그 생활로 보나 능력으로 보나 국민에게 높은 수준의 봉사와 지원을 계속하리라고 확신합니다. 존 메이스필드는 영국 대학들에 대하여, "이 세상에서 대학보다 더 아름다운 것이 없다"는 찬사를 보냈습니다. 그의 말은 오늘에도 그대로 들어맞습니다. 그는 상아탑이니 캠퍼스니 하는 말은 언급하지 않았습니다. 그는 대학의 눈부신 아름다움을 칭찬했습니다. "무지를 미워하는 사람들이 배우려 애쓰는 곳, 진리를 깨달은 사람들이 다른 사람들에게 이를 깨우쳐 주려고 애쓰는 곳이 바로 대학"이라고 말했기 때문이었습니다.

그러므로 저는 이 기회와 이 자리를 빌려, 우리가 아주 무지가 만연하여 진리를 알 수 없는 어떤 한 주제, 곧 평화란 주제에 대해 말씀 드리고자 합니다. 그것은 지상에서 가장 중요한 주제입니다. 제가 뜻하는 평화란 어떤 종류의 평화일까요? 제가 찾으려는 평화는 어떤 종류의 평화일까요? 이는 미국의 전쟁 무기에 의해 세계에 강제되는 팍스 아메리카나가 아닙니다. 죽음의 평화 혹은 노예의 안전이 아닙니다. 제가 말하는 진짜 평화는, 지상의 생명이 살 만한 가치가 있도록 만드는 평화, 사람과 국가가 성장할 수 있도록 하고 자손을 위해 보다 나은 삶을 희망하고 설계할 수 있는 평화, 다시 말해서 미국 사람들을 위한 평화뿐만 아니라 모든 남녀들을 위한 평화, 우리 시대의 평화뿐만 아니라 모든 시대의 평화, 그런 종류의 평화입니다.

I speak of peace because of the new face of war. Total war makes no sense in an age where great powers can maintain large and relatively invulnerable nuclear forces and refuse to surrender without resort to those forces. It makes no sense in an age where a single nuclear weapon contains almost ten times the explosive force delivered by all the allied air forces in the Second World War. It makes no sense in an age when the deadly poisons produced by a nuclear exchange would be carried by wind and water and soil and seed to the far corners of the globe and to generations yet unborn.

No government or social system is so evil that its people must be considered as lacking in virtue. As Americans, we find communism profoundly repugnant as a negation of personal freedom and dignity. But we can still hail the Russian people for their many achievements in science and space, in economic and industrial growth, in culture, in acts of courage.

저는 전쟁의 새로운 모습 때문에 평화에 대해 말하는 것입니다. 거대하고 막강한 핵무기를 보유하고 있는 까닭에 이 무기를 사용해 보지 않고서는 항복을 할 수 없다고 하는 강대국들이 존재하는 시대에, 전면전이란 것은 이치에 닿지 않습니다. 핵폭탄 한 개가 제2차 세계대전 중에 모든 연합국의 공군이 투하한 폭탄의 거의 10배에 이르는 위력을 갖는 시대에, 그것은 이치에 닿지 않습니다. 핵무기 교전으로 생성되는 치명적인 폐해가 바람이나 물, 토양, 씨앗에 의해 지구의 아주 먼 구석까지 그리고 아직 태어나지 않은 세대에게까지 전달될지도 모르는 시대에 그것은 이치에 닿지 않습니다.

어떤 정부나 사회 체제가 나쁘다고 해서 그 국민들이 장점이 없다고 생각해서는 안 됩니다. 우리 미국인들은 공산주의가 개인의 자유와 존엄을 부정하는, 심히 모순된 체제라는 것을 알고 있습니다. 그러나 그렇다고 해도, 과학과 우주, 경제와 산업의 발달, 문화, 용기 있는 행동들에 있어서 러시아 사람들이 이루어 놓은 많은 업적에 대해서는 칭찬할 수밖에 없습니다.

Among the many traits the peoples of our two countries have in common, none is stronger than our mutual abhorrence of war. Almost unique among the major world powers, we have never been at war with each other. And no nation in the history of battle ever suffered more than the Soviet Union in the Second World War. At least 20 million lost their lives. Countless millions of homes and families were burned or sacked. A third of the nation's territory, including two thirds of its industrial base, was turned into a wasteland — a loss equivalent to the destruction of this country east of Chicago.

The United States, as the world knows, will never start a war. We do not want a war. We do not now expect a war. This generation of Americans has already had enough — more than enough — of war and hate and oppression.

We shall be prepared if others wish it. We shall be alert to try to stop it. But we shall also do our part to build a world of peace where the weak are safe and the strong are just. We are not helpless before that task or hopeless of its success. Confident and unafraid, we must labor on — not towards a strategy of annihilation but towards a strategy of peace.

Check the Vocabulary

trait 특성, 국민성 in common 공통으로 mutual abhorrence 공통의 혐오감 sack 약탈하다 wasteland 황무지, 불모의 땅 equivalent to 버금가는, 상응하는

두 나라 국민이 갖고 있는 많은 공통의 특성들 중에서 전쟁에 대한 혐오감보다 더 강한 것은 없습니다. 세계 주요 강국들 중에서 거의 유일하게 우리 두 나라는 서로 전쟁을 해본 적이 없습니다. 제2차 세계대전에서 소련이 겪었던 것보다 더 심한 고통을 겪은 나라는 전쟁 역사에 없습니다. 소련 국민 중 적어도 2천만 명이 목숨을 잃었습니다. 수백만 채의 가옥과 가정이 불타거나 약탈당했습니다. 국토의 ⅓이 산업 기반의 ⅔와 함께 황폐화되었습니다. 이는 우리나라 동부 시카고의 파괴에 버금가는 손실이었습니다.

세계가 주지하다시피, 미국은 전쟁을 시작할 의사가 결코 없습니다. 우리는 전쟁을 원하지 않습니다. 우리는 지금 전쟁을 예상하지 않습니다. 이 세대의 모든 미국 사람들은 이미 충분히, 그 이상으로, 전쟁과 미움과 억압을 겪어 보았습니다.

다른 나라들이 전쟁을 원한다면 우리는 준비할 것입니다. 그것을 막기 위해 경계할 것입니다. 그러나 약자는 안전하고 강자는 공명정대한 평화의 세계를 건설하기 위해, 우리는 우리의 본분도 다할 것입니다. 우리는 그 과업 앞에서 어쩔 줄 몰라 한다거나 그 성공에 대해서 희망을 버리지도 않을 것입니다. 자신감을 가지고 두려움 없이 계속 노력할 것입니다. 말살 전략을 향해서가 아니라, 평화 전략을 향해서 말입니다.

1988 Democratic National Convention Keynote Address

1988 민주당 전당대회 기조연설

delivered 19 July 1988, Atlanta GA

1988년 7월 19일, 조지아 주, 애틀랜타

32
Speech

Dorothy A. Richards 도로시 A. 리차드스

도로시 A. 리차드스(1933~2006)는 텍사스 출신 두 번째의 민주당 여성 주지사(1991~1995)로 그녀가 전국적으로 주목을 받기 시작한 것은 바로 이 기조연설에서 당시의 레이건 대통령과 조지 부시 부통령을 신랄하게 비판하면서부터였다. 그러나 그의 아들 조지 W. 부시가 1994년의 주지사 선거에서 승리하는 바람에 재선에 대한 꿈은 수포로 돌아가고 말았다.

이 연설의 백미(白眉)는, He was born with a silver foot in his mouth.이다. 이 문장은 be born with a silver spoon in one's mouth(은수저를 입에 물고 태어나다, 부유한 집안에 태어나다)와 put one's foot in(into) one's mouth(자기의 입에 자기의 발을 넣다, 부주의로 말실수하다)를 섞어 만든 것으로 직역하자면 '날 때부터 입에 은으로 된 발을 물고 있었으니까요' 라는 뜻이다. 그러나 이는 '부잣집에서 태어난 조지 부시가 말실수를 너무 자주 한다' 는 사실을 재미있게 비꼬는 보기 드문 풍자이다.

I'm delighted to be here with you this evening, because after listening to George Bush all these years, I figured you needed to know what a real Texas accent sounds like.

Twelve years ago Barbara Jordan, another Texas woman, Barbara made the keynote address to this convention, and two women in a hundred and sixty years is about par for the course.[1]

But if you give us a chance, we can perform. After all, Ginger Rogers did everything that Fred Astaire did. She just did it backwards and in high heels.

This Republican Administration treats us as if we were pieces of a puzzle that can't fit together. They've tried to put us into compartments and separate us from each other. Their political theory is "divide and conquer." They've suggested time and time again that what is of interest to one group of Americans is not of interest to any one else. We've been isolated. We've been lumped into that sad phraseology called "special interests." They've told farmers that they were selfish, that they would drive up food prices if they asked the government to intervene on behalf of the family farm, and we watched farms go on the auction block while we bought food from foreign countries. Well, that's wrong!

274

오늘 저녁 여러분과 함께 이 자리에 함께 하게 된 것을 기쁘게 생각합니다. 최근 몇 년 동안 조지 부시 부통령의 말을 들어 보셨을 테니, 이제 저는 여러분이 진짜 텍사스 어투가 어떤 것인지 아실 필요가 있다고 생각합니다.

12년 전 텍사스 출신의 또 다른 여성 바버라 조든이 이 전당대회장에서 기조연설을 하였습니다. 160년 만에 처음으로 두 여성의 골프 파가 거의 같아졌습니다.

여러분이 기회를 주신다면 우리 여성들도 잘할 수 있습니다. 결국, 진저 로저스는 프레드 아스테어가 보여 준 춤 동작을 모두 그대로 따라 했습니다. 그것도 뒤쪽으로 하이힐을 신고 해냈습니다.

공화당 정부는 우리가 마치 짝 맞출 수 없는 퍼즐 조각이라도 되는 양 우리를 취급하고 있습니다. 그들은 우리를 여러 객실에 나눠 넣고 서로 분열시키고 있습니다. 그들의 정치 이론은 '분할 정복' 입니다. 그들은 미국인들 중 한 집단에게 이익이 되는 것은 어느 누구에게도 이익이 되지 않는다는 말을 여러 번 되풀이하였습니다. 우리는 격리되어 있습니다. '특수 이익(집단)' 이라고 불리는 그 괘씸한 어구에 일괄적으로 휩쓸리고 있습니다. 농부들은 이기적이라서 공화당이 정부에 농가를 위해 개입해 달라고 요구한다면 그들이 식료품 가격을 올릴 것이라고 말하고 있습니다. 그런데 우리는 농가들이 경매시장에 넘어가는 것을 보면서도 외국에서 식품을 사 오고 있습니다. 그렇습니다. 이것은 잘못된 일입니다!

1) '두 여성 즉 자신과 바버라 조든의 수준이 거의 같아졌다' 는 뜻이다.

Now we Democrats believe that America is still the county of fair play, that we can come out of a small town or a poor neighborhood and have the same chance as anyone else; and it doesn't matter whether we are black or Hispanic or disabled or a women [sic]. We believe that America is a country where small business owners must succeed, because they are the bedrock, backbone of our economy.

Now, in contrast, the greatest nation of the free world has had a leader for eight straight years that has pretended that he can not hear our questions over the noise of the helicopters. And we know he doesn't wanna answer. But we have a lot of questions. And when we get our questions asked, or there is a leak, or an investigation the only answer we get is, "I don't know," or "I forgot."

But you wouldn't accept that answer from your children. I wouldn't. "Don't tell me you 'don't know' or you 'forgot.'" We're not going to have the America that we want until we elect leaders who are gonna tell the truth; not most days but every day; leaders who don't forget what they don't want to remember. And for eight straight years George Bush hasn't displayed the slightest interest in anything we care about. And now that he's after a job that he can't get appointed to, he's like Columbus discovering America. He's found child care. He's found education. Poor George. He can't help it. He was born with a silver foot in his mouth.

matter 중요하다 disabled 장애인 bedrock 기반, 기초 backbone 등뼈, 중추

지금 우리 민주당은 미국이 아직까지 페어플레이의 나라라고 믿고 있습니다. 민주당은 우리가 작은 도시나 가난한 이웃에서 벗어나 다른 사람들처럼 똑같은 기회를 가질 수 있다고 믿고 있습니다. 흑인이냐 히스패닉이냐 장애인이냐 여성이냐 이런 것은 중요하지 않습니다. 우리는 소규모 사업 소유자들이 성공해야 하는 나라가 미국이라고 믿고 있습니다. 왜냐하면, 그들이 우리 경제의 기반이자 중추이기 때문입니다.

그런데, 이와는 반대로, 자유세계 중에서도 가장 커다란 이 나라는 8년 연속 단 한 명의 지도자만을 갖고 있습니다. 그리고 그는 헬리콥터의 소음 때문에 우리의 문제를 듣지 못하는 척하고 있습니다. 그가 대답하고 싶어하지 않는다는 사실을 우리는 알고 있습니다. 그러나 하고 싶은 질문이 많습니다. 우리가 그들에게 우리 질문에 대한 답을 요구한다거나, 비밀이 누설된 경우가 있다거나, 조사를 벌일 때면, 우리가 듣는 대답은 오로지 "저는 모릅니다."이거나 "저는 기억이 나지 않습니다."일 뿐입니다.

그러나 자식들이 그런 대답을 한다면 여러분은 수긍하지 않을 것입니다. 저도 수긍하지 않을 것입니다. '모릅니다.' 혹은 '기억나지 않습니다.' 라는 말은 쓰지 말라고 얘기할 것입니다. 우리는 진실을 말할 마음이 있는 지도자를 뽑는 날까지는 우리가 원하는 미국을 갖지 못할 것입니다. 대부분의 날이 아니라 매일 말입니다. 기억하고 싶지 않은 것을 잊지 않는 지도자를 말입니다. 연속 8년 동안 조지 부시는 우리가 걱정하는 일에 아무런 관심도 보이지 않았습니다. 맡을 수 없는 직책을 쫓아 왔으니 그는 미국을 발견한 콜럼버스 같은 사람입니다. 그는 아동 복지 문제를 찾아냈습니다. 그는 교육 문제를 찾아냈습니다. 한심한 조지 부시. 어쩔 수 없습니다. 그는 부잣집에서 태어나 말실수를 너무 자주 합니다.

pretend 속이다, ~인 체하다　leak 비밀 누설　He was born with a silver foot in his mouth. 부잣집에서 태어난 조지 부시가 말실수를 너무 자주 한다.

Now my friends, we really are at a crucial point in American history. Under this Administration we have devoted our resources into making this country a military colossus. But we've let our economic lines of defense fall into disrepair. The debt of this nation is greater than it has ever been in our history. We fought a world war on less debt than the Republicans have built up in the last eight years. You know, it's kind of like that brother-in-law who drives a flashy new car, but he's always borrowing money from you to make the payments.

Well, but let's take what they are most proudest of — that is their stand of defense. We Democrats are committed to a strong America, and, quite frankly, when our leaders say to us, "We need a new weapons system," our inclination is to say, "Well, they must be right." But when we pay billions for planes that won't fly, billions for tanks that won't fire, and billions for systems that won't work, "that old dog won't hunt." And you don't have to be from Waco to know that when the Pentagon makes crooks rich and doesn't make America strong, that it's a bum deal.

colossus(= giant) 거상(巨像), 거인 disrepair 파손, 황폐 kind of 다소, 그저

여러분, 이제 우리는 미국 역사에서 정말로 중요한 순간에 서 있습니다. 이 행정부 아래에서 우리는 이 나라를 군사 대국으로 만들기 위해 모든 자원을 쏟아 부었습니다. 그러나 국방의 경제적인 측면은 수리 불능의 상태에 빠지고 말았습니다. 이 나라의 빚은 우리 역사상 그 어느 때보다 더 큽니다. 공화당이 지난 8년 동안 키워 놓은 빚보다도 훨씬 적은 돈으로 우리는 세계 대전을 치렀습니다. 여러분이 알다시피, 그것은 번듯한 새 차를 운전하는 처남이 그 할부금을 갚기 위해 언제나 돈을 빌리는 것과 거의 같습니다.

좋습니다. 하지만 그들이 가장 자랑스러워하는 것, 국방 태세를 살펴봅시다. 우리 민주당은 강한 미국을 위해 헌신하고 있습니다. 그런데, 정말 솔직히 우리 지도자들이 "우리에게 새로운 무기 시스템이 필요하다."고 할 때, 우리가 머리를 끄떡이는 것은 "그 무기들이 제대로 된 것이어야 한다."는 뜻입니다. 그러나 날리지도 않을 비행기에 수십억, 쏘지도 않을 탱크에 수십억, 제대로 활용하지도 못할 시스템에 수십억을 쓴다면, 그것은 설득력이 없습니다. 펜타곤의 국방부가 사기꾼만 배 불리고 미국은 강하게 만들지 못한다면 그것이 더러운 거래라는 것을 알기 위해 여러분이 꼭 웨이코 출신일 필요는 없습니다.

Resignation Address to the Nation
사임 연설

delivered 8 August 1974

1974년 8월 8일

33
Speech

Richard M. Nixon 리처드 M. 닉슨

리처드 M. 닉슨(1913~1994)은 미국의 제37대 대통령으로 '닉슨독트린'을 제창하였으며, '핑퐁외교'로 중국과의 관계를 개선하고 소련과의 데탕트를 추진했다. 외교 분야에서 이룩한 많은 업적에도 불구하고 워터게이트 사건으로 1974년에 대통령직을 사임하였다.

워터게이트 사건

1972년의 대통령 선거전에서 닉슨 대통령의 공화당 행정부의 불법 활동이 폭로되어 발생한 정치 스캔들(1972~1975). 1971년 6월 17일 워싱턴 경찰은 워터게이트 빌딩의 민주당 전국위원회 본부에 침입했던 5명을 체포했다. 그러나 3등급의 단순 강도 사건으로 끝날 것 같던 이 침입 사건에 대한 의문은 좀처럼 가라앉지 않았다. 특히 「워싱턴 포스트」의 추적은 집요했다. 그 실상이 서서히 밝혀지기 시작하자 미 의회는 대통령 탄핵을 위한 준비를 하기 시작했다. 의회 청문회를 통해 닉슨 대통령이 이 사건에 연루된 것이 드러나자 결국 그는 이 성명을 끝으로 1974년 8월 9일 대통령직을 사임하지 않을 수 없었다.

Good evening: This is the 37th time I have spoken to you from this office, where so many decisions have been made that shape the history of this nation. Each time I have done so to discuss with you some matter that I believe affected the national interest. In all the decisions I have made in my public life I have always tried to do what was best for the nation.

Throughout the long and difficult period of Watergate, I have felt it was my duty to persevere … to make every possible effort to complete the term of office to which you elected me. In the past few days, however, it has become evident to me that I no longer have a strong enough political base in the Congress to justify continuing that effort. As long as there was such a base, I felt strongly that it was necessary to see the constitutional process through to its conclusion; that to do otherwise would be unfaithful to the spirit of that deliberately difficult process, and a dangerously destabilizing precedent for the future. But with the disappearance of that base, I now believe that the constitutional purpose has been served. And there is no longer a need for the process to be prolonged.

constitutional process 헌법 절차 destabilizing 불안정한 constitutional purpose 헌법의 취지 serve = meet, satisfy 충족시키다, 만족시키다

국민 여러분, 이 연설은 제가 이 나라의 역사를 구성하는 수많은 결정을 내렸던 이 집무실에서 행하는 37번째 연설입니다. 매번 저는 국익에 영향을 미친다고 믿고 있는 문제에 대해서 여러분과 논의하기 위해 연설을 했었습니다. 공직 생활 중 결정을 내릴 때에는 언제나 국가에 가장 최선인 것을 하려고 노력했습니다.

워터게이트라는 길고 어려운 시간 내내, 저는 참는 것, 여러분이 제게 부여해 준 대통령직의 임기를 완수하기 위해 가능한 모든 노력을 다하는 것이 의무라고 생각해 왔습니다. 그러나 지난 며칠 동안, 제가 그런 노력의 지속을 정당화할 만한 정치적 기반을 더 이상 의회에 갖고 있지 못하다는 것을 명백히 알게 되었습니다. 그런 기반이 있는 한, 저는 그 헌법절차에 따라 주어진 결론에 도달해야 한다고 강력히 믿고 있었습니다. 그렇게 하지 않는다면 그것은 일부러 어렵게 만들어 놓은 헌법 절차의 정신에 불충하는 것이며, 미래를 위해서도 위험스러울 정도로 불안정한 전례가 될 것이라고 확신하고 있었습니다. 그러나 그런 기반이 사라짐에 따라 이제 헌법의 취지가 충족되었다고 믿고 있습니다. 따라서 그 절차를 지연시킬 필요성이 더 이상은 없습니다.

I would have preferred to carry through to the finish whatever the personal agony it would have involved, and my family unanimously urged me to do so. But the interests of the nation must always come before any personal considerations. From the discussions I have had with Congressional and other leaders I have concluded that because of the Watergate matter I might not have the support of the Congress that I would consider necessary to back the very difficult decisions and carry out the duties of this office in the way the interests of the nation will require.

I have never been a quitter.

To leave office before my term is completed is abhorrent to every instinct in my body. But as President, I must put the interests of America first.

America needs a full-time President and a full-time Congress, particularly at this time with problems we face at home and abroad. To continue to fight through the months ahead for my personal vindication would almost totally absorb the time and attention of both the President and the Congress in a period when our entire focus should be on the great issues of peace abroad and prosperity without inflation at home.

Therefore, I shall resign the Presidency effective at noon tomorrow.

Vice President Ford will be sworn in as President at that hour in this office.

따라올 개인적인 고통이 어떤 것이든 저는 끝까지 임무를 완수했으면 하는 바람이었습니다. 그리고 제 가족들도 이구동성으로 그렇게 하라고 권했습니다. 그러나 어떤 개인적인 고려보다도 항상 국가 이익이 우선이어야 합니다. 저는 의회 지도자들과 다른 지도자들과 상의한 끝에, 제가 워터게이트 사건 때문에 아주 어려운 결정을 뒷받침하고 이 나라의 이익에 필요한 방향으로 이 직무를 수행하는 데 필요한 의회의 지지를 얻지 못하리라는 결정을 내렸습니다.

저는 결코 중도에 포기를 하는 사람이 아니었습니다. 임기를 마치기 전에 사무실을 떠나는 것은 모든 신체적 본능에서 볼 때 몹시 싫은 일입니다. 그러나 대통령으로서 저는 미국의 이익을 우선으로 해야 합니다.

특히 국내와 국외에서 여러 문제에 부닥쳐 있는 이 시기에는 미국에 풀타임 대통령과 풀타임 의회가 필요합니다. 대외적으로는 평화의 문제, 대내적으로는 인플레이션이 없는 번영에 전적으로 집중해야 하는 시기에, 제 개인적인 변명을 위해 앞으로 몇 달 동안 내내 계속 싸움을 한다면 대통령과 의회 모두 시간과 주의력을 거의 전부 빼앗기게 될 것입니다.

그러므로 저는 내일 정오를 기하여 대통령직을 사임하겠습니다.

포드 부통령이 그 시각에 이 사무실에서 대통령 선서를 할 것입니다.

The Four Freedoms
네 가지 자유

delivered 6 January, 1941

1941년 1월 6일

34
Speech

Franklin D. Roosevelt 프랭클린 D. 루스벨트

미국의 제32대 대통령으로 뉴딜정책을 추진하여 대공황을 극복했으며 제2차 세계대전 때에는 연합국 회의에서 주도권을 갖고 전쟁을 승리로 이끌었다. 대서양헌장을 선언하여 국제연합 조직의 기초를 확립한 그는 미국 최초로 4번이나 대통령에 선출되었다. 1930년대의 대공황 타개를 위해 과감하게 뉴딜정책을 추진하여 자신의 리더십을 여지없이 보여 주기도 했다.

대공황과 그 후의 여러 전쟁에 따른 미국 국민의 고통을 몸소 피부로 느끼고 있던 그는, 정당한 권력이라면 정치적 자유와 복지를 결합시켜야 한다고 믿었다. 공공 부문의 지출을 늘리고 빈곤 문제를 해결하되, 사회주의 혁명과 이를 대안으로 여기는 세계의 비판 여론도 의식해야 했다. 이러한 고민을 압축하여 표현한 것이 바로 그의 '네 가지 자유' 즉 의사 표현의 자유, 신앙의 자유, 결핍으로부터의 자유, 공포로부터의 자유이다.

It is true that prior to 1914 the United States often has been disturbed by events in other continents. We have even engaged in two wars with European nations and in a number of undeclared wars in the West Indies, in the Mediterranean and in the Pacific, for the maintenance of American rights and for the principles of peaceful commerce. But in no case had a serious threat been raised against our national safety or our continued independence.

What I seek to convey is the historic truth that the United States as a nation has at all times maintained opposition … clear, definite opposition … to any attempt to lock us in behind an ancient Chinese wall while the procession of civilization went past. Today, thinking of our children and of their children, we oppose enforced isolation for ourselves or for any other part of the Americas.

1914년 이전에도 미국이 다른 대륙에서 일어난 사건들에 대해 종종 걱정을 한 것은 사실입니다. 우리는 미국의 권익 보전과 평화적인 통상의 원칙을 위해, 유럽의 여러 나라와의 두 번에 걸친 전쟁에도 참가하였으며 서인도 제도와 지중해, 태평양에서 선전포고하지 않은 수많은 전쟁에도 참여하였습니다. 그러나 그러한 때에도 우리의 국가 안전이나 우리의 지속적인 독립에 심각한 위협을 받은 적은 전혀 없었습니다.

지금 제가 전하려고 하는 것은 역사적인 사실입니다. 미국은 하나의 국가로서, 우리를 만리장성의 뒤에 가두고 문명의 전진이 퇴보하도록 하려는 시도에는, 그것이 어떤 것이든지, 언제나 분명하고 단호한 반대를 유지해 왔습니다. 우리의 자녀와 남북 아메리카의 자녀를 생각하여, 오늘 우리는 우리나라를 위해서도 두 대륙의 어떤 다른 지역을 위해서도 고립정책을 강행하는 것을 반대합니다.

the United States as a nation 미국이 하나의 국가로서 → 미국이란 나라 **ancient Chinese wall** 고대 중국의 성벽 → 만리장성 **go past** 과거로 돌아가다, 퇴보하다

In the future days, which we seek to make secure, we look forward to a world founded upon four essential human freedoms.

The first is freedom of speech and expression … everywhere in the world.

The second is freedom of every person to worship God in his own way … everywhere in the world.

The third is freedom from want, which, translated into world terms, means economic understandings which will secure to every nation a healthy peacetime life for its inhabitants … everywhere in the world.

The fourth is freedom from fear, which, translated into world terms, means a world-wide reduction of armaments to such a point and in such a thorough fashion that no nation will be in a position to commit an act of physical aggression against any neighbor … anywhere in the world.

우리가 담보하려고 하는 미래는, 우리가 기대하는 세상은 다음과 같은 네 가지 필수적인 인간의 자유에 기초를 둔 것입니다.

첫째는, 전 세계 모든 곳에서의, 언론 및 표현의 자유입니다.

둘째는, 전 세계 모든 곳에서, 모든 사람이 자신의 방식대로 신을 섬길 수 있는 자유입니다.

셋째는, 결핍으로부터의 자유입니다. 세계의 관점에서 해석해 본다면, 전 세계 모든 곳에서, 모든 나라가 국민에게 건강하고 평화로운 생활을 보장해 주겠다고 경제적인 약속을 하는 것을 의미합니다.

넷째는, 공포로부터의 자유입니다. 세계의 관점에서 해석해 본다면, 전 세계 어느 곳의 어느 나라든, 어느 이웃에게도 물리적인 침략 행위를 저지를 위치에 있지 못할 만큼의 수준과 완벽한 형식의 범세계적인 군비 축소를 실행하는 것을 의미합니다.

That is no vision of a distant millennium. It is a definite basis for a kind of world attainable in our own time and generation. That kind of world is the very antithesis of the so-called "new order" of tyranny which the dictators seek to create with the crash of a bomb. To that new order we oppose the greater conception … the moral order. A good society is able to face schemes of world domination and foreign revolutions alike without fear.

Since the beginning of our American history we have been engaged in change, in a perpetual, peaceful revolution, a revolution which goes on steadily, quietly, adjusting itself to changing conditions without the concentration camp or the quicklime in the ditch. The world order which we seek is the cooperation of free countries, working together in a friendly, civilized society.

This nation has placed its destiny in the hands and heads and hearts of its millions of free men and women, and its faith in freedom under the guidance of God. Freedom means the supremacy of human rights everywhere. Our support goes to those who struggle to gain those rights and keep them. Our strength is our unity of purpose. To that high concept there can be no end save victory.

그것은 결코 먼 천년왕국의 환상이 아닙니다. 우리의 시대와 세대에서 달성할 수 있는 하나의 세계를 위한 뚜렷한 기초입니다. 이러한 종류의 세계는 독재자들이 폭탄을 터뜨려 만들려고 하는 이른바 '새로운 질서'라고 하는 전제 정치에 정반대되는 것입니다. 그러한 신질서에 대하여, 우리는 새로운 질서를 보다 큰 개념 즉 도덕적 질서라는 개념과 대립시키는 것입니다. 선량한 사회는 세계 지배의 음모에도 대외 혁명에도 모두 똑같이 두려움 없이 대처할 수 있습니다.

미국 역사의 초창기부터 우리는 변화를 겪어 왔습니다. 항구적이고 평화적인 혁명, 곧 상황 변화에 스스로 적응하면서 꾸준히 그리고 조용히 진행되는 혁명을 겪어 왔습니다. 거기에는 강제수용소도 없었고 웅덩이에 집어넣을 생석회도 없었습니다. 우리가 추구하는 세계 질서는 자유국가들이 우호적이고 문명화된 사회 속에서 서로 함께 하는 협력 체계입니다.

이 나라는 그 운명을 수백만 명의 자유인의 손과 머리와 가슴에, 자유에 대한 믿음을 신의 안내에 맡겨 왔습니다. 자유란 어느 곳에서나 인권의 최고선입니다. 그러한 권리를 획득하고 유지하기 위해 싸우는 사람들에게 우리의 지지를 보내는 바입니다. 우리의 힘은 곧 우리의 목적의 통일입니다. 이 고매한 개념에 대해서는 승리 이외의 다른 목적이 있을 수 없습니다.

Beyond Vietnam — A Time to Break Silence
베트남을 넘어서 – 침묵을 깨야 할 시간

Delivered 4 April 1967, at a meeting of Clergy and Laity Concerned

at Riverside Church in New York City

1967년 4월 4일, 뉴욕시, 리버사이드 교회, 목회자와 평신도들과의 모임

35
Speech

Martin Luther King, Jr. 마틴 루터 킹 주니어

마틴 루터 킹 주니어(Martin Luther King, Jr. 1929~1968)는 미국 내 흑인의 인권 운동을 이끈 대표적인 침례교 목사로 1964년 노벨 평화상을 수상했다. 원래 인권 운동가이던 그는 베트남전쟁이 한창이던 1967년, 뉴욕 리버사이드 교회에서 연설한 〈베트남을 넘어서 - 침묵을 깨야 할 시간〉을 기점으로 베트남전쟁 반대 투쟁에 적극 나서게 되었다.

이 연설은 그의 또 다른 연설 〈나에게는 꿈이 있습니다〉와 함께 명연설 중의 하나로 손꼽히는 것으로, 여기에도 그의 '인권'에 대한 신념이 변함없이 담겨 있다. 그는 평화 즉 반전(反戰)의 개념을 '인권'이란 개념 속에 집어넣어 미국의 적이 되어 고통 받고 죽어 가는 베트남 사람들에게까지 그 범위를 넓혔다.

I come to this magnificent house of worship tonight because my conscience leaves me no other choice. I join you in this meeting because I am in deepest agreement with the aims and work of the organization which has brought us together: Clergy and Laymen Concerned about Vietnam. The recent statements of your executive committee are the sentiments of my own heart, and I found myself in full accord when I read its opening lines: "A time comes when silence is betrayal." And that time has come for us in relation to Vietnam.

The truth of these words is beyond doubt, but the mission to which they call us is a most difficult one. Even when pressed by the demands of inner truth, men do not easily assume the task of opposing their government's policy, especially in time of war. Nor does the human spirit move without great difficulty against all the apathy of conformist thought within one's own bosom and in the surrounding world. Moreover, when the issues at hand seem as perplexed as they often do in the case of this dreadful conflict, we are always on the verge of being mesmerized by uncertainty; but we must move on.

양심상 다른 선택의 여지가 없어서 저는 오늘밤 이 거룩한 교회에 왔습니다. 베트남에 대해 걱정하는 목회자와 평신도들, 우리 모두를 똘똘 뭉치게 한 이 기구의 목적과 활동에 전적으로 동의하기 때문에 이 모임에 참석하였습니다. 여러분 집행위원회의 최근 성명이 제 마음에 꼭 맞는 견해입니다. 그리고 "침묵이 배반일 때가 오리라."라는, 모두(冒頭)의 글을 읽었을 때 저는 전적으로 동감했습니다. 이제 우리가 베트남에 대해 얘기할 때가 왔습니다.

이 말의 진리는 의심할 여지가 없습니다. 그러나 이 말이 우리에게 요구하는 사명은 아주 어려운 것입니다. 내적 진리의 요구에 의해 압박을 받아도 사람들은 정부의 정책에 대해 반대하는 일을 쉽게 떠맡지 않습니다. 특히 전시에 그렇습니다. 또한, 인간의 정신은 자신의 마음과 주변 세계의 무감각 즉 체제 순응적인 사고에 그리 쉽사리 대항하지도 않습니다. 더군다나 이처럼 무시무시한 충돌의 경우에 종종 그렇듯이 당면 문제들이 당혹스럽게 보일 때에는 우리는 언제나 불확실성 때문에 꼼짝 못하게 될 지경에 놓입니다. 그러나 우리는 계속 나아가야 합니다.

beyond doubt(= out of doubt) 의심할 여지가 없는 **assume** 떠맡다, 추정하다 **apathy** 냉담, 무관심 **conformist** 체제 순응적인 (사람) **at hand** 가까운, 절박한 **on the verge of** ~에 직면하여, 바야흐로 ~ **mesmerize** 최면술을 걸다, 매혹하다, 꼼짝 못하게 하다

35.mp3

Tonight, however, I wish not to speak with Hanoi and the National Liberation Front, but rather to my fellow Americans.

Since I am a preacher by calling, I suppose it is not surprising that I have seven major reasons for bringing Vietnam into the field of my moral vision. There is at the outset a very obvious and almost facile connection between the war in Vietnam and the struggle I, and others, have been waging in America. A few years ago there was a shining moment in that struggle. It seemed as if there was a real promise of hope for the poor — both black and white — through the poverty program. There were experiments, hopes, new beginnings. Then came the buildup in Vietnam, and I watched this program broken and eviscerated, as if it were some idle political plaything of a society gone mad on war, and I knew that America would never invest the necessary funds or energies in rehabilitation of its poor so long as adventures like Vietnam continued to draw men and skills and money like some demonic destructive suction tube. So, I was increasingly compelled to see the war as an enemy of the poor and to attack it as such.

그러나 오늘밤 저는 하노이와 베트남 민족해방전선과 얘기하려는 것이 아니라 저희 국민들께 말씀 드리려는 것입니다.

제가 베트남 문제를 저의 도덕적 비전의 영역으로 끌어들일 만한 이유는 일곱 가지입니다. 그러나 제 직업이 목사이므로 그러한 이유를 댄다고 해도 놀랄 일은 아니라고 생각합니다. 베트남 전쟁과 그러한 투쟁 사이에는 처음부터 아주 분명한, 알기 쉬운 관련성이 있습니다. 저뿐만 아니라 다른 사람들도 미국에서 투쟁을 벌여 왔습니다. 몇 년 전 그러한 투쟁 중에 반짝하는 순간이 있었습니다. 그것은 가난 구제 프로그램을 통한, 가난한 흑인과 가난한 백인 모두를 위한 희망의 참된 약속인 것처럼 보였습니다. 실험과 희망과 새로운 시작이 있었습니다. 그런데 베트남에서의 군사 증강이 이루어졌습니다. 그때 저는 이 프로그램이 마치 전쟁에 미친 사회의 한가한 정치적 놀음인 것처럼 깨지고 상처 입는 것을 지켜보았습니다. 또한 베트남에서와 같은 모험이 마치 악마의 파괴적인 흡입관처럼 사람과 기술과 돈을 계속 빨아들이는 한, 미국은 가난한 사람들의 자활에 필요한 자금이나 에너지를 투자하지 않을 것이라는 점을 알았습니다. 따라서 저는 점점 더 그 전쟁을 가난한 자의 적으로 간주하고 그렇게 공격하지 않을 수 없었습니다.

I would like to suggest five concrete things that our government should do to begin the long and difficult process of extricating ourselves from this nightmarish conflict:

Number one: End all bombing in North and South Vietnam.

Number two: Declare a unilateral cease-fire in the hope that such action will create the atmosphere for negotiation.

Three: Take immediate steps to prevent other battlegrounds in Southeast Asia by curtailing our military buildup in Thailand and our interference in Laos.

Four: Realistically accept the fact that the National Liberation Front has substantial support in South Vietnam and must thereby play a role in any meaningful negotiations and any future Vietnam government.

Five: Set a date that we will remove all foreign troops from Vietnam in accordance with the 1954 Geneva Agreement.

이러한 악몽 같은 충돌로부터 우리 자신을 구출해내는 길고 어려운 과정을 시작하기 위해 우리 정부가 해야 하는 다음과 같은 다섯 가지 확고한 점을 제안하자고 하는 바입니다.

첫째, 월남과 월맹에서의 모든 폭격을 중지합시다.

둘째, 일방적인 휴전 명령이 내려지면 협상을 위한 분위기가 조성되리란 희망 속에서 그러한 조치를 선언합시다.

셋째, 태국에서의 우리의 군비 증강과 라오스에서의 개입을 축소하여 동남아시아에서 다른 논쟁의 원인들을 막을 수 있는 즉각적인 조치를 취합시다.

넷째, 베트남 민족해방전선이 월남에 실질적인 기반을 가지고 있으며 따라서 중요한 협상과 미래의 베트남 정부에서 일익을 담당해야 한다는 사실을 현실적으로 인정합시다.

다섯째, 1954년의 제네바협정에 따라 베트남에서 모든 외국 군대를 철수할 날짜를 정합시다.

1990 Wellesley College Commencement Address

1990년 웰즐리 대학 졸업식장 연설

delivered 1 June 1990

1990년 6월 1일

36
Speech

Barbara P. Bush 바바라 P. 부시

바바라 P. 부시(1925~)는 미국의 제41대 대통령인 조지 H. W. 부시의 부인이자, 제43대 대통령인 조지 W. 부시의 모친이다. 뉴욕의 유복한 실업가의 가정에서 태어난 그녀는 1945년 조지 H. W. 부시와 결혼하여 장남 조지 W. 부시를 낳았으며 그 후 남편과 함께 텍사스 주 미들랜드로 이주하여 주부로서 남편의 사업과 정치 활동을 도왔다. 1992년 남편이 재선에 실패하자 고향으로 돌아갔으나 남편과 아들 모두를 미국의 대통령으로 만든 여성으로서 많은 사람들의 부러움과 선망의 대상이기도 하다.

웰즐리 대학은 미국 매사추세츠 주 보스턴에서 약 24킬로미터 떨어져 있는 곳에 위치한 4년제 여자대학이다. 힐러리 클린턴 국무장관을 비롯해 매들린 올브라이트 전 국무장관 등 쟁쟁한 여걸들을 배출한 대학으로도 유명하다.

이 연설 말미의, '그리고 누가 압니까? 이 자리에 계신 청중들 중에서 저의 예를 본받아 대통령의 배우자로서 백악관의 주인 역할을 할 사람이 있을지 말입니다. 저는 그 남성에게 행운을 빕니다.'라는 문장에는 미국에서 여대통령이 나오기를 바라는 그녀의 소망이 유머러스하게 드러나 있다.

Wellesley, you see, is not just a place but an idea — an experiment in excellence in which diversity is not just tolerated, but is embraced. The essence of this spirit was captured in a moving speech about tolerance given last year by a student body president of one of your sister colleges. She related the story by Robert Fulghum about a young pastor, finding himself in charge of some very energetic children, hits upon the game called "Giants, Wizards, and Dwarfs." "You have to decide now," the pastor instructed the children, "which you are — a giant, a wizard, or a dwarf?" At that, a small girl tugging at his pants leg, asked, "But where do the mermaids stand?" And the pastor tells her there are no mermaids. And she says, "Oh yes there are — they are. I am a mermaid."

Now this little girl knew what she was, and she was not about to give up on either her identity, or the game. She intended to take her place wherever mermaids fit into the scheme of things. "Where do the mermaids stand? All of those who are different, those who do not fit the boxes and the pigeonholes?" "Answer that question," wrote Fulghum, "And you can build a school, a nation, or a whole world." As that very wise young woman said, "Diversity, like anything worth having, requires effort — effort to learn about and respect difference, to be compassionate with one another, to cherish our own identity, and to accept unconditionally the same in others.

웰즐리는 단순한 장소가 아니라 이상향입니다. 다양성을 포용할 뿐만 아니라 기꺼이 받아들이는 우수한 실험장입니다. 이러한 정신의 근본은 여러분 자매 대학의 학생회장이 작년에 했던 포용에 관한 감동적인 연설에 그대로 들어 있습니다. 그녀는 아주 활동적인 아이들을 맡고 있던 어떤 젊은 목사님에 대한, 로버트 풀검이 쓴 이야기를 예로 들었습니다. 이 목사님은 "거인과 마법사와 난쟁이"라고 불리는 게임이 갑자기 생각나자, 아이들에게 거인과 마법사와 난쟁이 중에서 어떤 것을 고를지 결정하라고 지시했습니다. 이 말에 조그만 여자아이가 그의 바짓가랑이를 잡아당기며 물었습니다. "하지만, 인어는 어디에 서야 해요?" 그러자 목사님은 인어는 없다고 말했습니다. 그녀가 다시 말했습니다. "아니에요, 있어요. 인어는 분명 있어요. 제가 인어예요."

이제 이 어린 소녀는 자신이 어떤 사람인지를 알았습니다. 그런데 그녀는 자신의 신분을 인정하거나 게임을 포기할 마음이 전혀 없었습니다. 그녀는 인어가 그러한 것들의 짜임새 어디에 들어가든 꼭 자신의 자리를 차지할 작정이었습니다. 풀검이 이렇게 썼습니다. "인어는 어디에 서야 할까요? 남다른 사람들 모두, 박스와 칸에 맞지 않는 사람들은 어디에 서야 할까요? 이 물음에 답해 보세요. 여러분은 학교나 국가 혹은 전 세계를 만들어도 좋습니다." 바로 그 현명한 젊은 여성이 이렇게 말했습니다. "다양성은, 가질 만한 가치가 있는 것은 어떤 것이나 다 마찬가지이겠지만, 남다름을 배우고 존중하며 서로 공감하고 우리 자신의 신분을 소중히 하되 다른 사람들의 똑같은 신분도 아무 조건 없이 인정하려는 노력을 필요로 합니다."

In the world that awaits you, beyond the shores of Waban — Lake Waban, no one can say what your true colors will be. But this I do know: You have a first class education from a first class school. And so you need not, probably cannot, live a "paint-by-numbers" life. Decisions are not irrevocable. Choices do come back. And as you set off from Wellesley, I hope that many of you will consider making three very special choices.

The first is to believe in something larger than yourself, to get involved in some of the big ideas of our time. I chose literacy because I honestly believe that if more people could read, write, and comprehend, we would be that much closer to solving so many of the problems that plague our nation and our society.

And early on I made another choice, which I hope you'll make as well. Whether you are talking about education, career, or service, you're talking about life … and life really must have joy. It's supposed to be fun.

One of the reasons I made the most important decision of my life, to marry George Bush, is because he made me laugh. It's true, sometimes we've laughed through our tears, but that shared laughter has been one of our strongest bonds. Find the joy in life, because as Ferris Bueller said on his day off, "Life moves pretty fast; and ya don't stop and look around once in a while, ya gonna miss it."(I'm not going to tell George ya clapped more for Ferris than ya clapped for George.)

paint-by-numbers 빈칸에 적힌 숫자에 맞춰 정해진 색을 칠하는 그림, 구태의연한 irrevocable 취소할 수 없는, 번복할 수 있는 come back 돌아오다, 회복하다 set off 출발하다, 시작하다 believe in ~의 존재를 믿다 big idea 대의, 큰 목적 literacy 읽고 쓰는 능력, 교양, 문맹 퇴치 plague 괴롭히다, 성가시게 하다

306

저 번 호숫가 너머, 여러분을 기다리고 있는 세상에는 여러분의 참된 색깔이 무엇인지 알 수 있는 사람이 없습니다. 그러나 저는 여러분이 최고의 대학에서 최고의 교육을 받고 있다는 점을 잘 알고 있습니다. 따라서 여러분은 '구태의연한' 인생을 살 필요도 없을 것이며 아마 그럴 리도 없을 것입니다. 결정은 번복할 수 없는 것이 아닙니다. 선택은 되돌릴 수 있습니다. 따라서 저는 웰즐리를 떠나는 여러분이 세 가지 특별한 선택을 고려해 주시기를 바랍니다.

첫째는, 여러분 자신보다 큰 것이 존재한다는 사실을 믿어야 한다는 점입니다. 이는 이 시대의 대의에 가담해야 한다는 뜻입니다. 만약 보다 많은 사람들이 읽고 쓰고 이해할 수 있다면 우리가 나라와 사회의 골칫거리인 많은 문제들을 해결하는 데 그만큼 더 근접하리라고 진정 믿었기 때문에 저는 문맹 퇴치를 선택했습니다.

그리고 저는 일찍이 또 다른 결정도 해 두었습니다. 여러분도 그런 결정을 해두기를 바랍니다. 여러분이 교육이나 직업, 봉사 활동에 대해 말하려 한다면 이는 곧 인생에 대해 말하려는 것입니다. … 그런데 인생에는 정말로 즐거움이 있어야만 합니다. 인생은 재미가 있어야 하니까요.

제가 인생에서 가장 중요한 결정, 조지 부시 대통령과 결혼하겠다는 결정을 내린 여러 이유 중의 하나는 그분이 저를 웃게 만들었기 때문입니다. 사실, 우리는 가끔 눈물 속에서도 웃어야 했지만 그렇게 같이 한 웃음이 우리의 가장 단단한 유대감의 일부가 되었습니다. 인생에서 즐거움을 찾으십시오. 페리스 뷰얼러가 수업을 빼먹은 날 이렇게 말했습니다. "인생은 너무 빨리 지나가. 멈추지 말고 가끔 주위를 둘러봐야 해. 그리워할 날이 있을 거야." (저는 여러분이 조지 부시 대통령에 대해서보다는 페리스에 대해서 더 많이 박수를 쳤다는 사실을 대통령께 전하지 않겠습니다.)

Check the Vocabulary

be supposed to ~하기로 되어 있다, ~해야 한다   through ~ 속에서도, ~에도 불구하고   Ferris Bueller 영화 페리스의 해방(Ferris Bueller's Day Off)에 나오는 주인공   day off 비번, 휴일, 결석

The third choice that must not be missed is to cherish your human connections: your relationships with family and friends. For several years, you've had impressed upon you the importance to your career of dedication and hard work. And, of course, that's true. But as important as your obligations as a doctor, a lawyer, a business leader will be, you are a human being first. And those human connections — with spouses, with children, with friends — are the most important investments you will ever make.

For over fifty years, it was said that the winner of Wellesley's annual hoop race would be the first to get married. Now they say, the winner will be the first to become a CEO. Both … Both of those stereotypes show too little tolerance for those who want to know where the mermaids stand. So … So I want to offer a new legend: the winner of the hoop race will be the first to realize her dream … not society's dreams … her own personal dream.

And who … Who knows? Somewhere out in this audience may even be someone who will one day follow in my footsteps, and preside over the White House as the President's spouse … and I wish him well.

여러분이 잊지 말아야 할 세 번째 선택은, 인간관계를 소중히 하라는 것입니다. 가족과 친구와의 관계 말입니다. 수년 동안, 여러분은 헌신적인 자세와 근면성이 여러분의 직업에 얼마나 중요한 지 스스로 인식했을 것입니다. 물론, 그것은 사실입니다. 그러나 의사, 변호사, 회사의 리더로서 여러분의 책무가 아무리 중요하다 해도, 먼저 여러분은 인간입니다. 배우자와 자녀, 친구와의 이러한 인간적인 관계는 여러분이 앞으로 실행할 수 있는 있는 최상의 투자입니다.

50년 이상 동안이나, 웰즐리 대학의 연례 후프 레이스에서 이긴 사람이 가장 먼저 결혼한다는 얘기가 있었습니다. 지금은 그 우승자가 최초의 CEO가 된다는 얘기가 있습니다. 이러한 고정관념 둘 다, 인어가 어디 서야 할지 알고 싶어하는 사람들에게는 아무런 포용력을 보여주지 못합니다. 따라서 저는 새로운 전설을 하나 제안하려고 합니다. 후프 레이스의 승자는 자신의 꿈 … 사회의 꿈이 아니라 … 자기 자신의 개인적인 꿈을 실현하는 최초의 사람이 되리라고 말입니다.

그리고 누가 압니까? 이 자리에 계신 청중들 중에서 저의 예를 본받아 대통령의 배우자로서 백악관의 주인 역할을 할 사람이 있을지 말입니다. 저는 그 남성에게 행운을 빕니다.

follow in one's footsteps ~의 예를 본받다. 그대로 따르다 preside over 관장하다, 주인 역할을 하다

Civil Rights Address
시민권에 대한 연설

delivered 11 June 1963

1963년 6월 11일

37
Speech

John F. Kennedy 존 F. 케네디

미국의 35대 대통령(1961~1963)으로 재임 중 쿠바 사태, 베를린봉쇄 등 여러 가지 어려운 위기를 맞았으며 핵실험금지조약의 체결과 '진보동맹' 결성 등의 업적을 남겼다. 댈러스에서 자동차로 가두 행진을 벌이던 중 암살당했다.

시민권

'미국 헌법이 색맹'이라고 할 정도로 심한 흑백 차별에 대해 흑인들이 길로 뛰쳐나와 시위를 벌이기 시작했다. 이러한 시위가 날로 격화되자 케네디 대통령은 흑인들에게도 백인들과 똑같이 시민권과 참정권을 부여하며 또한 인종차별을 금지하자고 역설하였다. 그러나 이러한 노력은 그의 갑작스런 죽음으로 결국 그의 후임인 존슨 대통령 시절에야 결실을 보게 되었다.

One hundred years of delay have passed since President Lincoln freed the slaves, yet their heirs, their grandsons, are not fully free. They are not yet freed from the bonds of injustice. They are not yet freed from social and economic oppression. And this Nation, for all its hopes and all its boasts, will not be fully free until all its citizens are free.

We preach freedom around the world, and we mean it, and we cherish our freedom here at home, but are we to say to the world, and much more importantly, to each other that this is the land of the free except for the Negroes; that we have no second-class citizens except Negroes; that we have no class or caste system, no ghettoes, no master race except with respect to Negroes?

Now the time has come for this Nation to fulfill its promise. The events in Birmingham and elsewhere have so increased the cries for equality that no city or State or legislative body can prudently choose to ignore them. The fires of frustration and discord are burning in every city, North and South, where legal remedies are not at hand. Redress is sought in the streets, in demonstrations, parades, and protests which create tensions and threaten violence and threaten lives.

링컨 대통령이 노예들을 해방시킨 지 100년이 지났지만, 그들의 후예들, 그들의 손자들은 완전히 해방되지 않았습니다. 그들은 아직도 불공평의 사슬로부터 자유롭지 못합니다. 그들은 아직도 사회적 경제적 억압으로부터 자유롭지 못합니다. 이 나라는 많은 희망과 자랑거리에도 불구하고 모든 시민이 자유로워질 때까지는 완전히 자유로운 나라가 아닐 것입니다.

우리는 전 세계에 자유를 전도하고 있습니다. 우리는 진심으로 자유를 말하고 있습니다. 여기 우리나라에는 자유가 있습니다. 그러나 우리는 이 나라가 흑인을 제외한 자유의 땅이라는 사실을 전 세계에 더군다나 서로에게 말하려고 하는 겁니까? 흑인들을 빼놓고는 2류의 시민이 없다고 말하려고 하는 겁니까? 흑인들을 빼놓고는, 계급이나 카스트 제도, 소수 민족 집단 거주지, 지배 민족이 없다고 말하려고 하는 겁니까?

이제 우리나라는 약속을 실천에 옮길 때가 되었습니다. 앨라배마의 버밍햄과 다른 곳의 여러 사건들로 인해, 어느 도시, 어느 주, 어느 입법부도 그들을 무시하기로 신중하게 결심할 수 없을 만큼 평등을 향한 외침이 증가하고 있습니다. 좌절과 알력의 불길이 남부든 북부든 모든 도시에서 타오르고 있습니다. 그런데 그 어느 곳에도 법적인 대책은 마련되어 있지 않습니다. 거리마다 시위대마다 행진마다 항의 집회마다 시정 조치가 요구되고 있습니다. 이로 말미암아 긴장이 형성되고 폭력의 징후가 보이며 생명을 위협하는 일이 벌어지고 있습니다.

We face, therefore, a moral crisis as a country and a people. It cannot be met by repressive police action. It cannot be left to increased demonstrations in the streets. It cannot be quieted by token moves or talk. It is a time to act in the Congress, in your State and local legislative body and, above all, in all of our daily lives. It is not enough to pin the blame on others, to say this a problem of one section of the country or another, or deplore the facts that we face. A great change is at hand, and our task, our obligation, is to make that revolution, that change, peaceful and constructive for all. Those who do nothing are inviting shame, as well as violence. Those who act boldly are recognizing right, as well as reality.

I am, therefore, asking the Congress to enact legislation giving all Americans the right to be served in facilities which are open to the public — hotels, restaurants, theaters, retail stores, and similar establishments. This seems to me to be an elementary right. Its denial is an arbitrary indignity that no American in 1963 should have to endure, but many do.

그러므로 우리는 같은 국가, 같은 국민으로서 도덕적 위기에 직면해 있습니다. 이 위기는 경찰의 진압 행동에 의해 해결될 수 없습니다. 길거리에서 시위가 증가하도록 내버려둘 수도 없습니다. 형식적인 조치나 대화로 진정시킬 수도 없습니다. 의회에서, 여러분의 주(州)에서, 지방 입법부에서, 특히나 우리의 모든 일상생활 속에서 행동으로 보여 주어야 할 때입니다. 다른 사람들에게 비난의 책임을 지운다거나, 국내 일부 지역의 문제라고 말한다거나, 우리가 마주치고 있는 사실들을 개탄해 마지않는 것만으로는 충분하지 않습니다. 커다란 변화가 박두합니다. 우리의 임무, 우리의 의무는 그러한 변혁, 그러한 변화가 평화롭고 또 모두에게 건설적인 것이 될 수 있도록 만드는 것입니다. 아무것도 하지 않는 사람들은 폭력과 부끄러운 일을 초래할 것입니다. 과감하게 행동하는 사람들은 현실과 권리를 인식할 것입니다.

그러므로 저는, 호텔과 레스토랑, 극장, 소매상점 및 그와 유사한 시설, 곧 대중에게 공개된 시설에서 서비스를 받을 수 있는 권리를 모든 미국인에게 부여하는 법률의 제정을 의회에 요청하는 바입니다. 저에게는 이것이 기본적인 권리인 것으로 여겨집니다. 이러한 권리의 거부는 1963년의 미국인이라면 결코 해서는 안 될 임의적인 모욕 행위입니다. 하지만 많은 사람들이 그렇게 하고 있습니다.

Check the Vocabulary

enact 법령을 제정하다 establishment 설립, 시설 arbitrary 독단적인, 임의적인 indignity 모욕, 수모 endure 참다, 인내하다, (주로 부정문에서) 허용하다, 인정하다

My fellow Americans, this is a problem which faces us all, in every city of the North as well as the South. Today, there are Negroes unemployed, two or three times as many compared to whites, inadequate education, moving into the large cities, unable to find work, young people particularly out of work without hope, denied equal rights, denied the opportunity to eat at a restaurant or a lunch counter or go to a movie theater, denied the right to a decent education, denied almost today the right to attend a State university even though qualified. It seems to me that these are matters which concern us all, not merely Presidents or Congressmen or Governors, but every citizen of the United States.

This is one country. It has become one country because all of us and all the people who came here had an equal chance to develop their talents. We cannot say to ten percent of the population that you can't have that right; that your children cannot have the chance to develop whatever talents they have; that the only way that they are going to get their rights is to go in the street and demonstrate. I think we owe them and we owe ourselves a better country than that.

국민 여러분, 이것은 남부뿐만 아니라 북부의 모든 도시에, 우리 모두에게 닥친 문제입니다. 현재, 백인들에 비해 일자리가 없는 흑인들이 두세 배나 많습니다. 제대로 교육을 받지 못한 그들은 대도시로 나왔지만 일자리를 찾지 못하고 있습니다. 특히 일자리를 갖지 못하고 있는 젊은이들은 희망을 잃고 있습니다. 그들은 평등권을 인정받지 못하고 있으며, 레스토랑이나 간이식당에서 식사하거나 영화관에 갈 수 있는 기회를 박탈당하고 있습니다. 버젓한 교육을 받을 수 있는 권리, 자격이 있어도 주립대학에 들어갈 수 있는 권리를 오늘날 거의 얻지 못하고 있습니다. 나에게는 이것이 단지 대통령이나 국회의원, 주지사뿐만 아니라 미국 시민 모두와 관련된 문제라고 여겨집니다.

이 나라는 하나입니다. 우리 모두, 이곳에 온 국민 모두가 자신의 재능을 발전시킬 수 있는 동등한 권리를 갖고 있었기 때문에 이 나라는 지금까지 하나였던 것입니다. 우리는 10%의 국민에게라도 그들이 그런 권리를 가질 수 있는 자격이 없다고 말할 수 없습니다. 자녀가 어떤 자질을 가졌든지 그 자질을 발전시킬 수 있는 기회를 가질 자격이 없다고 말할 수 없습니다. 자신의 권리를 찾으려 하는 사람들에게 유일한 방법은 길거리에 나가 시위하는 것뿐이라고 말할 수는 없습니다. 우리는 그보다 더 나은 나라를 그들에게도 그리고 우리 자신에게도 마련해 주어야 할 의무가 있다고 생각합니다.

🎧 37.mp3

Therefore, I'm asking for your help in making it easier for us to move ahead and to provide the kind of equality of treatment which we would want ourselves; to give a chance for every child to be educated to the limit of his talents.

As I've said before, not every child has an equal talent or an equal ability or equal motivation, but they should have the equal right to develop their talent and their ability and their motivation, to make something of themselves.

We have a right to expect that the Negro community will be responsible, will uphold the law, but they have a right to expect that the law will be fair, that the Constitution will be color blind, as Justice Harlan said at the turn of the century.

그러므로 우리가 앞에 나서서 우리가 우리 자신에게 바라는 것과 같은 종류의 대우를 그들에게 공평하게 제공하고 모든 아이들에게 그 자질에 따라 교육을 받을 수 있는 기회를 주는 일을 보다 쉽게 할 수 있도록 하는 데 있어서 여러분의 도움을 요청하는 바입니다.

이미 말씀 드렸듯이, 모든 자녀가 동등한 자질이나 동등한 능력, 동등한 성취동기를 갖고 있는 것은 아닙니다. 그러나 그들이 자신의 자질과 능력과 성취동기를 발전시켜 스스로 성공할 수 있는 권리는 동등하게 가져야 합니다.

우리는 흑인 사회가 책임을 지기를, 법을 지키기를 기대할 수 있는 권리를 갖고 있습니다. 그러나 20세기의 전환점에서 할란 대법관께서 말씀하셨듯이, '미국의 헌법은 색맹' 입니다. 그들은 법이 공평하기를 기대할 수 있는 권리를 갖고 있습니다.

Check the Vocabulary

The Constitution will be color blind. 미국 헌법은 색맹이다. 플레시 (Plessy v. Ferguson 1896) 사건에서 할란 (John Marshall Harlan) 판사가 낸 소수 의견. 피부색에 의해 모든 것을 평가하려는 자세에 대한 일침이다.

Cuban Missile Crisis Address to the Nation

쿠바 미사일 위기에 대한 대국민 연설

delivered 22 October 1962

1962년 10월 22일

38
Speech

John F. Kennedy 존 F. 케네디

미국의 제35대 대통령(1961~1963)으로 재임 중 쿠바 사태, 베를린 봉쇄 등 여러 가지 어려운 위기를 맞았으며 핵실험금지조약의 체결과 '진보동맹' 결성 등의 업적을 남겼다. 댈러스에서 자동차로 가두 행진을 벌이던 중 암살당했다.

쿠바 미사일 위기

소련이 쿠바에 핵미사일을 배치하려는 시도에 의해 미국과 소련 사이에 벌어졌던 신경전. 1962년 8월 미국은 U-2 정찰기를 통해 쿠바에 새로운 군사 기지가 건설되고 있으며 소련 기술자들이 주둔하고 있다는 사실을 알게 되었다. 고심하던 미국 정부는 10월 22일 결국 쿠바에 대한 '해상 격리(quarantine)' 조치를 발표하였으며 바로 그 다음 날 미주기구(OAS)도 이를 승인했다. 소련 선박의 쿠바 입항이 불가능하게 되자 카스트로가 강력히 반발했지만, 케네디의 이러한 단호한 조치로 미·소 냉전의 결정판이라고 할 수 있는 이 사건은 하나의 해프닝으로 끝나고 말았다. 그러나 이는 흐루시초프의 실각을 불러왔으며 동시에 미국과 대등한 핵능력을 보유하려는 소련의 야심에 중대한 기폭제가 되었다.

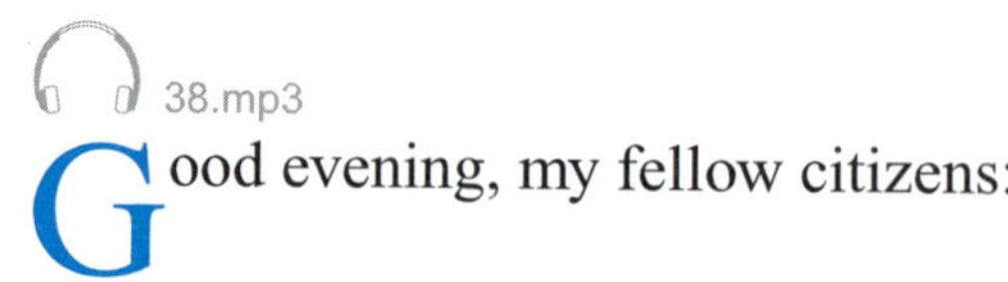

Good evening, my fellow citizens:

This Government, as promised, has maintained the closest surveillance of the Soviet military buildup on the island of Cuba. Within the past week, unmistakable evidence has established the fact that a series of offensive missile sites is now in preparation on that imprisoned island. The purpose of these bases can be none other than to provide a nuclear strike capability against the Western Hemisphere.

Upon receiving the first preliminary hard information of this nature last Tuesday morning at 9 A.M., I directed that our surveillance be stepped up. And having now confirmed and completed our evaluation of the evidence and our decision on a course of action, this Government feels obliged to report this new crisis to you in fullest detail.

The characteristics of these new missile sites indicate two distinct types of installations. Several of them include medium range ballistic missiles, capable of carrying a nuclear warhead for a distance of more than 1,000 nautical miles. Each of these missiles, in short, is capable of striking Washington, D. C., the Panama Canal, Cape Canaveral, Mexico City, or any other city in the southeastern part of the United States, in Central America, or in the Caribbean area.

안녕하십니까, 국민 여러분.

이 정부는 약속대로 쿠바 섬에 소련의 군비 증강을 계속 밀착 감시해 오고 있습니다. 지난주 틀림없는 증거로 그 고립된 섬에 일련의 공격용 미사일 기지들이 현재 건설되고 있다는 사실이 입증되었습니다. 이 기지들의 목적은 다름 아닌 서반구에 대한 핵 공격 능력을 제공하는 것이 될 수 있습니다.

지난 화요일 아침 9시에 이 사건의 본질에 대한 최초의 확실한 사전 정보를 받자마자 저는 우리의 경계 태세를 격상하라는 지시를 내렸습니다. 이제 그 증거에 대한 평가와 대응 조치에 대한 결정을 확인·완료하였으므로 이 정부는 이 새로운 위기에 대해 국민 여러분에게 상세히 보고하지 않을 수 없다고 느끼고 있습니다.

이 새로운 미사일 부지의 특성으로 볼 때 여기에는 두 가지 특정 유형의 군사 시설이 가능합니다. 그러한 군사 시설 중 몇몇에는 사정거리 1852㎞ 이상의 핵탄두를 탑재할 수 있는 중거리탄도미사일이 포함되어 있습니다. 간단히 말하자면, 이러한 미사일 하나하나가 워싱턴 D.C.나 파나마 운하, 케이프커내버럴 멕시코 시, 혹은 미국 남부와 중앙아메리카, 카리브 해 지역의 어떤 다른 도시에든 타격을 가할 수 있다는 것입니다.

Additional sites not yet completed appear to be designed for intermediate range ballistic missiles — capable of traveling more than twice as far — and thus capable of striking most of the major cities in the Western Hemisphere, ranging as far north as Hudson Bay, Canada, and as far south as Lima, Peru. In addition, jet bombers, capable of carrying nuclear weapons, are now being uncrated and assembled in Cuba, while the necessary air bases are being prepared.

Acting, therefore, in the defense of our own security and of the entire Western Hemisphere, and under the authority entrusted to me by the Constitution as endorsed by the Resolution of the Congress, I have directed that the following initial steps be taken immediately:

First: To halt this offensive buildup a strict quarantine[1] on all offensive military equipment under shipment to Cuba is being initiated. All ships of any kind bound for Cuba from whatever nation or port will, if found to contain cargoes of offensive weapons, be turned back. This quarantine will be extended, if needed, to other types of cargo and carriers. We are not at this time, however, denying the necessities of life as the Soviets attempted to do in their Berlin blockade of 1948.

아직 완성이 되지 않은 다른 부지들도 그 두 배까지 날아갈 수 있는 중거리 탄도 미사일 용으로 설계된 것으로 보입니다. 이는 곧 북쪽으로는 캐나다의 허드슨 만에 이르기까지, 그리고 남쪽으로는 페루의 수도인 리마에 이르기까지 서반구의 주요 도시 대부분을 강타할 수 있는 것입니다. 더군다나, 쿠바에서는 지금 핵무기를 탑재할 수 있는 제트 폭격기의 부품을 포장 상태에서 꺼내어 조립하고 있는 중이며 또한 필요한 공군 기지도 건설 중에 있습니다.

그러므로 우리 자신의 안전과 서반구 전체를 수호하는 일에 있어서, 그리고 의회의 결의로 확인된 바와 같이 헌법에 의해 저에게 위임된 권한에 따라, 저는 다음과 같은 초기 조치를 즉시 시행하도록 지시하였습니다.

첫째, 이러한 공격용 무기의 증강을 막기 위해 쿠바를 향하는 선적 화물의 모든 공격용 군사 장비에 대한 철저한 해상 봉쇄 조치가 우선적으로 시행되고 있습니다. (우리는) 출항국과 출항지가 어디이든 쿠바를 목적지로 하는 모든 선박은 만약 공격용 무기가 선적된 것으로 판명된다면 그 종류를 불문하고 즉시 회항시킬 것입니다. 이러한 봉쇄 조치는 필요한 경우 다른 종류의 화물과 운송 수단에까지 확대할 것입니다. 그러나 우리는 이번에 소련이 1948년에 베를린 봉쇄 조치에서 시도한 것처럼 생필품의 공급은 막지 않을 것입니다.

Check the Vocabulary

1) 원래 '검역, 검사'란 뜻이지만, 케네디 대통령이 쿠바 사태 당시 '봉쇄(blockade)'란 의미로 사용하기 시작하여 일종의 군사작전 용어로 자리잡았다. 따라서 지금은 '각종 무기의 밀거래를 막기 위한 해상 봉쇄작전 혹은 수색 작전'을 의미하기도 한다.

Second: I have directed the continued and increased close surveillance of Cuba and its military buildup. The foreign ministers of the OAS [Organization of American States], in their communiqué of October 6, rejected secrecy on such matters in this hemisphere. Should these offensive military preparations continue, thus increasing the threat to the hemisphere, further action will be justified. I have directed the Armed Forces to prepare for any eventualities; and I trust that in the interest of both the Cuban people and the Soviet technicians at the sites, the hazards to all concerned of continuing this threat will be recognized.

Third: It shall be the policy of this nation to regard any nuclear missile launched from Cuba against any nation in the Western Hemisphere as an attack by the Soviet Union on the United States, requiring a full retaliatory response upon the Soviet Union.

Fourth: As a necessary military precaution, I have reinforced our base at Guantanamo, evacuated today the dependents of our personnel there, and ordered additional military units to be on a standby alert basis.

둘째, 저는 쿠바와 쿠바의 군비 증강에 대해 철저한 경계 태세를 계속 유지하고 강화할 것을 지시했습니다. OAS의 외무장관들은 10월 6일의 코뮈니케에서 서반구에서는 그러한 문제들에 대해 비밀이 없어야 한다는 점을 밝혔습니다. 만약 이러한 군사적인 공격 준비가 계속되어 서반구에까지 그 위협이 증대된다면, 의당 추후 조치가 정당화될 것입니다. 저는 3군에 어떠한 돌발 사태에도 대처할 준비를 하라고 지시하였습니다. 저는 쿠바 국민과 그 기지들에서 근무하고 있는 소련의 기술진을 위해서라도 이러한 위협의 지속은 모든 당사자들에게 해가 된다는 점을 그들 스스로 인식하리라고 믿고 있습니다.

셋째, 쿠바에서 서반구의 어느 한 나라에라도 핵미사일이 발사된다면 그것이 어떤 것이든, 그것을 미국에 대한 소련의 공격, 즉 소련에 대한 전면적이고 보복적인 대응을 요구하는 공격이라고 간주한다는 것이 미국의 확고부동한 정책입니다.

넷째, (이에) 필요한 군사적인 대비책으로 저는 관타나모에 있는 우리나라의 기지를 강화하였으며, 오늘 그곳에 근무하는 우리 장병들의 가족들을 철수시켰습니다. 또한 추가로 투입될 병력에 대해서는 긴급 대기 경계 명령을 내렸습니다.

Fifth: We are calling tonight for an immediate meeting of the Organ[ization] of Consultation under the Organization of American States[2], to consider this threat to hemispheric security and to invoke articles 6 and 8 of the Rio Treaty in support of all necessary action. The United Nations Charter allows for regional security arrangements, and the nations of this hemisphere decided long ago against the military presence of outside powers. Our other allies around the world have also been alerted.

Sixth: Under the Charter of the United Nations, we are asking tonight that an emergency meeting of the Security Council be convoked without delay to take action against this latest Soviet threat to world peace. Our resolution will call for the prompt dismantling and withdrawal of all offensive weapons in Cuba, under the supervision of U.N. observers, before the quarantine can be lifted.

Seventh and finally: I call upon Chairman Khrushchev to halt and eliminate this clandestine, reckless, and provocative threat to world peace and to stable relations between our two nations. I call upon him further to abandon this course of world domination, and to join in an historic effort to end the perilous arms race and to transform the history of man. He has an opportunity now to move the world back from the abyss of destruction by returning to his government's own words that it had no need to station missiles outside its own territory, and withdrawing these weapons from Cuba by refraining from any action which will widen or deepen the present crisis, and then by participating in a search for peaceful and permanent solutions.

섯째, 우리는 오늘 밤 미주기구 산하 자문회의의 즉각적인 소집을 요청합니다. 동 자문회의는 반구의 안보에 대한 이러한 위협을 고려하여 리오 조약 제6조와 8조를 발동, 그에 필요한 모든 조치를 취해줄 것을 요구합니다. UN 헌장에서도 지역 안보 협정은 승인이 된 상태입니다. 그리고 이 반구의 국가들은 이미 오래 전에 외부 세력의 군사적인 주둔에 반대하였습니다. 전 세계 우리의 다른 동맹 국가들 또한 경계를 늦추지 않아 왔습니다.

여섯째, UN 헌장에 따라 우리는 오늘밤 안전보장이사회 비상 회의를 지체 없이 소집하여 세계 평화에 대한 최근의 이러한 위협을 막을 수 있는 조치를 취해줄 것을 요청합니다. 우리는 우리가 봉쇄 조치를 해제하기 이전에 먼저 UN 옵서버의 관할 하에 쿠바에서 모든 공격용 무기가 제거되고 철수되어야 한다는 점을 강력히 밝히는 바입니다.

일곱째, 흐루시초프 서기장께 부탁 드립니다. 세계 평화와 우리 두 나라 사이의 안정적인 관계에 이처럼 비밀스럽고 무모하며 자극적인 위협이 되는 행위를 중지하고 제거하십시오. 하나 더, 세계 지배를 위한 이러한 길을 포기하고 위험천만한 군비 경쟁에 종지부를 찍어 인류의 역사를 전환시킬 수 있는 역사적인 노력에 동참하십시오. 자국 영토를 벗어난 곳에 미사일을 배치할 필요는 없다고 한 스스로의 약속으로 되돌아간다면, 이제 파괴의 구렁텅이로부터 세계를 되돌려 놓을 수 있는 기회가 있을 것입니다. 그리고 현재의 위기를 확대하거나 심화시킬 만한 행동을 그만두는 조치로서 쿠바에서 이러한 무기들을 철수시킨 뒤에 항구적인 평화 해결책을 모색하는 일에 참석한다면, 그 또한 좋은 기회가 될 것입니다.

Check the Vocabulary

invoke (법을) 실시(발동)하다   allow for 승인하다   arrangement 협정   ally 동맹국   convoke 소집하다   Our resolution ~ '우리의 결의는 …' → 우리는 ~을 강력히 밝힌다   dismantle 제거하다   lift 해제하다   Chairman Khrushchev 흐루시초프 서기장   clandestine 비밀의   abyss 구렁텅이   station 배치하다   refrain from 그만두다

2) **Organization of American States** = OAS 미주기구(美洲機構). 1948년 8월 30일 보고타에서 열린 제9회 범아메리카 회의의 결과로 결성된 기구이다. 그 목적은 서반구의 평화와 안전 보장, 회원국 간의 평화적인 분쟁 해결, 집단 안보 체제의 구축, 경제·사회·문화 부문의 상호 협력 활성화 등이다. 이 기구의 전반적인 기조는 반공산주의였다.

1988 Democratic National Convention Address

1988년 민주당 전당대회 연설

delivered 19 July 1988, Omni Coliseum, Atlanta GA

1988년 7월 19일, 조지아 주 애틀랜타 옴니 콜리시엄

39
Speech

Jesse Jackson 제시 잭슨

제시 잭슨(1941~)은 미국의 정치가이자 민권운동가. 대학 시절 인권과 흑인 경제문제, 특히 노동 분야에 관심을 가지고 민권운동에 참여하였다.

1988년 7월 19일의 민주당 전당대회에서, 제시 잭슨은 자신을 지지하는 사람이나, 지지하지 않는 사람 모두의 가슴을 뜨겁고 뭉클하게 만드는 명연설을 하였다. 그는 미국의 발전을 위해서는 진보와 보수가 함께 힘을 합쳐야 한다는 것을, '새가 날기 위해서는 날개가 두 개 필요합니다. 여러분이 매파이든 비둘기파이든 여러분은 그저 같은 세계, 같은 환경에서 살고 있는 새일 뿐입니다.'라고 절규했으나, 결국 마이클 듀카키스에게 패배하고 말았다.

When I look out at this convention, I see the face of America: Red, Yellow, Brown, Black and White. We are all precious in God's sight — the real rainbow coalition. All of us — all of us who are here think that we are seated. But we're really standing on someone's shoulders.

Common ground.

That's the challenge of our party tonight — left wing, right wing.

Progress will not come through boundless liberalism nor static conservatism, but at the critical mass of mutual survival — not at boundless liberalism nor static conservatism, but at the critical mass of mutual survival.

The Bible teaches that when lions and lambs lie down together, none will be afraid, and there will be peace in the valley. It sounds impossible. Lions eat lambs. Lambs sensibly flee from lions. Yet even lions and lambs find common ground. Why? Because neither lions nor lambs want the forest to catch on fire. Neither lions nor lambs want acid rain to fall. Neither lions nor lambs can survive nuclear war. If lions and lambs can find common ground, surely we can as well — as civilized people.

이 전당대회장을 바라보니, 미국의 모습이 적색과 황색, 갈색, 흑색, 백색으로 보입니다. 하나님의 시각에서 보면, 우리는 모두 귀중한 존재, 진짜 여러 색이 어우러진 무지개 같은 존재입니다. 여기에 있는 우리 모두는 지금 자리에 앉아 있다고 생각하고 있습니다. 그러나 실제로는 누군가의 어깨 위에 서 있는 것입니다.

공통의 입장.

이것이 바로 좌파든 우파든, 오늘밤 우리 당원들의 시험 과제입니다.

발전은 무한의 진보주의나 고정의 보수주의를 통해 이루어지는 것이 아니라, 일정 수준의 상호 생존에서 이루어지는 것입니다.

성경에는, 사자와 양이 같이 누워있을 때에는 서로 두려워하지 않는다는 말이 있습니다. 불가능한 것처럼 들리는 얘기입니다. 사자는 양을 잡아먹기 마련입니다. 양은 감각적으로 사자로부터 도망치기 마련입니다. 그러나 사자와 양도 공통의 입장을 발견하기 마련입니다. 왜냐고요? 사자든 양이든 숲에 불이 나는 것을 원하지 않기 때문입니다. 사자든 양이든 산성비가 떨어지는 것을 원하지 않습니다. 사자든 양이든 핵전쟁에서는 살아남을 수 없습니다. 사자와 양이 공통의 입장을 발견할 수 있다면, 분명 문명화된 인간인 우리도 그럴 수 있습니다.

Mike Dukakis' parents were a doctor and a teacher; my parents a maid, a beautician, and a janitor. There's a great gap between Brookline, Massachusetts and Haney Street in the Fieldcrest Village housing projects in Greenville, South Carolina. He studied law; I studied theology. There are differences of religion, region, and race; differences in experiences and perspectives. But the genius of America is that out of the many we become one.

Providence has enabled our paths to intersect. His foreparents came to America on immigrant ships; my foreparents came to America on slave ships. But whatever the original ships, we're in the same boat tonight.

Our ships could pass in the night — if we have a false sense of independence — or they could collide and crash. We would lose our passengers. We can seek a high reality and a greater good. Apart, we can drift on the broken pieces of Reagonomics, satisfy our baser instincts, and exploit the fears of our people. At our highest, we can call upon noble instincts and navigate this vessel to safety. The greater good is the common good.

janitor (아파트 · 사무소 · 학교 등의) 청소부, 수위   housing project (주로 저소득층을 위한) 공영주택 단지   perspective 시각, 관점   genius 재능, 천재성, 진수(眞髓)   out of the many = out of the many differences 그 많은 차이에도 불구하고

마이클 듀카키스의 양친 중 한 분은 의사였고 한 분은 교사였습니다. 그러나 저의 부모님은 하녀와 미용사 그리고 청소부였습니다. 매사추세츠 주의 브룩클린과 사우스캐롤라이나 주 그린빌의 공영주택 단지인 필드크레스트 빌리지의 핸니 스트리트 사이에는 커다란 차이가 있습니다. 그는 법학을 공부했지만 저는 신학을 공부했습니다. 종교의 차이와, 지역의 차이, 인종의 차이가 있습니다. 경험도 다르고 관점도 다릅니다. 그러나 미국의 진수는 그 많은 차이점에도 불구하고 우리가 하나가 된다는 것입니다.

하나님의 섭리로 우리 두 사람의 길이 교차할 수 있게 되었습니다. 그의 조상은 이민선을 타고 미국에 왔습니다. 그러나 저의 조상은 노예선을 타고 미국에 왔습니다. 하지만, 원래의 배가 무엇이든 우리는 오늘밤 같은 배에 타고 있는 것입니다.

우리가 미국의 독립정신에 대해 잘못 알고 있다면 우리의 배는 한밤중에 (교차하지 않고) 그냥 지나치거나, 충돌하여 망가질 수도 입습니다. 그러면 우리는 승객들을 잃을 것입니다. 우리는 고매한 현실과 보다 큰 선(善)을 추구할 수도 있습니다. 이외에도, 우리는 레이거노믹스의 파편 위에서 표류하거나 우리의 보다 속된 본능을 만족시키거나 우리 국민의 두려움을 이용할 수도 있습니다. 하나님께 고귀한 본능을 기도하여 이 배를 안전하게 운항할 수도 있습니다. 보다 큰 선(善)은 공통의 선입니다.

As Jesus said, "Not My will, but Thine be done." It was his way of saying there's a higher good beyond personal comfort or position.

Easier said than done. Where do you find common ground? At the point of challenge. This campaign has shown that politics need not be marketed by politicians, packaged by pollsters and pundits. Politics can be a moral arena where people come together to find common ground.

Common ground. What is leadership if not present help in a time of crisis? And so I met you at the point of challenge. In Jay, Maine, where paper workers were striking for fair wages; in Greenville, Iowa, where family farmers struggle for a fair price; in Cleveland, Ohio, where working women seek comparable worth; in McFarland, California, where the children of Hispanic farm workers may be dying from poisoned land, dying in clusters with cancer; in an AIDS hospice in Houston, Texas, where the sick support one another, too often rejected by their own parents and friends.

예수님께서 말씀하시기를, "제 뜻대로 하지 마시고 당신 뜻대로 하소서."라고 하셨습니다. 그것은 개인적인 안락함이나 지위를 초월하는 보다 높은 선이 있다는 것을 가르치는 하나님의 말씀 방법입니다.

말하는 것이 행하는 것보다 쉽습니다. 여러분은 공통의 입장을 어디에서 찾으시겠습니까? 바로 이 시험 과제에서입니다. 이번 유세에서는 정치가 정치가에 의한 마케팅이나 여론조사와 비평에 의한 패키지일 필요가 없다는 것을 보여주었습니다. 정치는 공통의 입장을 발견하기 위해 사람들이 함께 하는 도덕의 장(場)일 수 있습니다.

공통의 입장. 위기의 순간에 즉각적인 도움이 없다면 리더십이 무슨 소용이 있습니까? 따라서 저는 시험의 순간이면 여러분을 만났습니다. 메인 주의 제이에 있는 제지공장에서 노동자들이 정당한 임금의 지불을 원하는 파업을 하고 있었습니다. 아이오와 주의 그린빌에 있는 농장에서는 가족 농부들이 정당한 대가를 위해 싸우고 있습니다. 오하이오 주의 클리블랜드에서는 여성 근로자가 남녀동등 임금을 요구하고 있습니다. 캘리포니아 주의 맥파랜드에서는 히스패닉계 농장 노동자들의 자녀들이 토양 오염 때문에 암에 걸려 집단으로 죽을지도 모릅니다. 텍사스 주의 휴스턴에 있는 에이즈 호스피스 센터에서는 환자들이 서로를 돕고 있습니다. 그들은 보통 자신의 부모와 형제로부터 버림받기 때문입니다.

Check the Vocabulary

present 현재의, 응급의 **comparable worth** 남녀동등 임금 **in clusters** 집단으로

Common ground.

America is not a blanket woven from one thread, one color, one cloth. When I was a child growing up in Greenville, South Carolina and grandmamma could not afford a blanket, she didn't complain and we did not freeze. Instead she took pieces of old cloth — patches, wool, silk, gabardine, crocker sack — only patches, barely good enough to wipe off your shoes with. But they didn't stay that way very long. With sturdy hands and a strong cord, she sewed them together into a quilt, a thing of beauty and power and culture. Now, Democrats, we must build such a quilt.

I was born in the slum, but the slum was not born in me. And it wasn't born in you, and you can make it. Wherever you are tonight, you can make it. Hold your head high; stick your chest out. You can make it. It gets dark sometimes, but the morning comes. Don't you surrender!

Suffering breeds character, character breeds faith. In the end faith will not disappoint. You must not surrender! You may or may not get there but just know that you're qualified! And you hold on, and hold out! We must never surrender! America will get better and better. Keep hope alive! Keep hope alive! Keep hope alive! On tomorrow night and beyond, keep hope alive!

 통의 입장.

미국은 하나의 실, 하나의 색깔, 하나의 천으로 짜인 담요가 아닙니다. 제가 사우스캐롤라이나의 그린빌에서 자라던 어린 시절, 제 할머니는 담요 한 장조차 살 능력이 없었지만 불평하지 않으셨습니다. 그래도 우리는 얼어 죽지 않았습니다. 할머니는 불평 대신에, 구두나 닦을 수 있을 정도의 낡은 천 조각, 곧 울 조각과, 실크 조각, 개버딘 조각, 삼베 가방 조각 등을 모았습니다. 그러나 그 조각들은 그 상태로 아주 오래가지는 않았습니다. 할머니는 착실한 수작업으로 그 천들을 튼튼한 굵은 실로 꿰매어 이불을 만드셨습니다. 그것은 아름다움과 힘과 문화가 함께 어우러진 것이었습니다. 이제, 민주당원 여러분 우리는 그러한 이불을 만들어야 합니다.

저는 슬럼가에서 태어났습니다. 그렇다고 슬럼가가 저에게 천성적인 것은 아니었습니다. 그리고 슬럼가가 여러분에게 천성적인 것도 아니었습니다. 그러므로 여러분은 성공할 수 있습니다. 오늘밤 여러분이 어디에 있든, 여러분은 성공할 수 있습니다. 머리를 높이 드십시오. 가슴을 쭉 펴십시오. 여러분은 성공할 수 있습니다. 언젠가 날이 어두워집니다. 그러나 아침이 찾아옵니다. 포기하지 마십시오!

고통이 인격을 키우고, 인격이 신념을 키웁니다. 결국, 신념은 우리의 기대에 어긋나지 않을 것입니다. 여러분은 포기하지 말아야 합니다! 여러분은 그것(목표)에 도달할 수도 있고 그렇지 못할 수도 있습니다. 그러나 여러분이 이미 자격이 있다는 것만은 알아두십시오! 계속 끝까지 가십시오! 미국은 더욱 더 좋아질 것입니다. 희망이 살아있도록 하십시오! 희망이 살아있도록 하십시오! 희망이 살아있도록 하십시오! 내일 밤 그리고 그 후에도 희망이 살아있도록 하십시오!

The Great Society
위대한 사회

delivered 22 May 1964, Ann Arbor, MI

1964년 5월 22일, 미시간 주 앤아버

40
Speech

Lyndon B. Johnson 린든 B. 존슨

린든 B. 존슨(1908~1973)은 미국의 제36대 대통령으로 텍사스에서 출생했다. 루스벨트의 천거로 정계에 입문한 전형적인 민주당 의원으로서 미국 남부의 권익을 대변하던 그는 케네디 대통령이 갑작스레 서거하자 대통령직을 이어받았다. 취임과 동시에 '위대한 사회'의 건설을 기치로 내걸고 과감한 복지·교육 정책을 펴나갔다.

'재산의 양보다는 목표의 질에 더 관심을 갖는 사회가 위대한 사회'라고 역설한 이 연설문에는, 그의 이상이 압축적으로 표현되어 있다.

For a century we labored to settle and to subdue a continent. For half a century we called upon unbounded invention and untiring industry to create an order of plenty for all of our people. The challenge of the next half century is whether we have the wisdom to use that wealth to enrich and elevate our national life, and to advance the quality of our American civilization.

Your imagination and your initiative and your indignation will determine whether we build a society where progress is the servant of our needs, or a society where old values and new visions are buried under unbridled growth. For in your time we have the opportunity to move not only toward the rich society and the powerful society, but upward to the Great Society.

The Great Society rests on abundance and liberty for all. It demands an end to poverty and racial injustice, to which we are totally committed in our time. But that is just the beginning.

1세기 동안 우리는 한 대륙에 정착하여 이를 개간하려고 노력했습니다. 반세기 동안 우리는 우리 국민 모두를 위해 풍요의 질서를 창조하기 위해 무한한 발명과 지치지 않는 근면함을 요구했습니다. 다음 반세기의 도전은, 우리의 국민 생활을 풍요롭게 하고 향상시킬 수 있는 그러한 부와 미국 문명의 질을 높이는 데 사용할 수 있는 지혜를 우리가 갖고 있느냐 없느냐 하는 것입니다.

여러분의 상상력과 독창력과 공분은, 우리가 발전이 필요에 부응하는 사회를 건설하느냐 아니면 오래된 가치와 새로운 비전이 억제할 수 없는 발전 아래에 묻히는 사회를 건설하느냐 하는 것을 결정할 것입니다. 왜냐하면, 여러분의 시대에는 부유하고 강력한 사회로 나아갈 수 있는 기회도 있지만 그보다 더 높이 위대한 사회로 나아갈 수 있는 기회도 있기 때문입니다.

위대한 사회는 모든 이의 풍요와 자유에 기초를 둔 사회입니다. 이 위대한 사회는 우리의 시대에서는 흔히 묻어 넘길 수 있는 가난과 인종적 불평등에 종지부를 찍을 것을 요구합니다. 그러나 그것은 시작에 불과합니다.

The Great Society is a place where every child can find knowledge to enrich his mind and to enlarge his talents. It is a place where leisure is a welcome chance to build and reflect, not a feared cause of boredom and restlessness. It is a place where the city of man serves not only the needs of the body and the demands of commerce but the desire for beauty and the hunger for community. It is a place where man can renew contact with nature. It is a place which honors creation for its own sake and for what is adds to the understanding of the race. It is a place where men are more concerned with the quality of their goals than the quantity of their goods.

Aristotle said: "Men come together in cities in order to live, but they remain together in order to live the good life." It is harder and harder to live the good life in American cities today. The catalog of ills is long: there is the decay of the centers and the despoiling of the suburbs. There is not enough housing for our people or transportation for our traffic. Open land is vanishing and old landmarks are violated. Worst of all expansion is eroding these precious and time-honored values of community with neighbors and communion with nature. The loss of these values breeds loneliness and boredom and indifference.

And our society will never be great until our cities are great. Today the frontier of imagination and innovation is inside those cities and not beyond their borders. New experiments are already going on. It will be the task of your generation to make the American city a place where future generations will come, not only to live, but to live the good life. And I understand that if I stayed here tonight I would see that Michigan students are really doing their best to live the good life.

위대한 사회는 모든 어린이가 마음을 풍요롭게 하고 재능을 넓힐 수 있는 지식을 쌓을 수 있는 사회입니다. 그것은 한가로움이 권태나 불안과 같은 무서움의 동기가 아니라 자신을 단련하고 되돌아볼 수 있는 좋은 기회가 되는 사회입니다. 그것은 인간의 도시가 신체의 욕구와 상업거래의 요구뿐만 아니라 아름다움에 대한 소망과 공동체에 대한 갈증에 도움이 되는 사회입니다. 그것은 인간이 자연과의 관계를 새로이 할 수 있는 사회입니다. 그것은 우리 자신과 현 상태를 위한 창조를 존중하면서도 인종에 대한 이해를 증가시키는 사회입니다. 그것은 사람들이 재산의 양보다는 목표의 질에 더 관심을 갖는 사회입니다.

아리스토텔레스는, "사람들이 도시로 몰려드는 이유는 살기 위해서이다. 하지만 도시에 그대로 남아있는 이유는 풍족한 생활을 즐기기 위해서이다."라고 말했습니다. 오늘날 미국 도시에서 풍족한 생활을 즐긴다는 것은 더욱 더 어려워졌습니다. 질병의 목록은 길이가 깁니다. 도심지역은 노후화되었으며 교외지역은 약탈 행위가 빈번합니다. 국민을 위한 주택이나 통행을 위한 교통수단도 부족합니다. 넓은 빈 땅이 없어지고 있으며 오래된 경계표는 어지럽혀진 상태입니다. 무엇보다 나쁜 것은, (도시의) 팽창으로 이웃들과의 공동체와 자연과의 교감에 대한 이러한 귀중하고 유서 깊은 가치가 점점 떨어지고 있다는 점입니다. 이러한 가치의 상실은 고독과 권태와 무관심을 키웁니다.

그리고 우리의 도시가 위대한 도시가 되기 전까지는 우리의 사회가 결코 위대한 사회가 될 수 없습니다. 오늘날 상상과 혁신의 경계는 그러한 도시 내부에 있지 그 경계 너머에 있는 것이 아닙니다. 이미 새로운 실험이 진행되고 있습니다. 미국 도시를 미래의 세대가 단지 살기 위해 오는 도시가 아니라 풍요로운 생활을 즐길 수 있는 도시로 만드는 것은 여러분 세대의 임무입니다. 제가 오늘밤 이곳에서 묵는다면 미시건 대학생들이 풍요로운 삶을 살기 위해 정말로 최선을 다하고 있다는 것을 알게 되리라고 생각합니다.

leisure 여가, 한가로움 boredom and restlessness 권태와 불안 for one's own sake 자기 자신을 위해 the understanding of 여기에서 understanding은 동명사가 아니라 (전성)명사이다. 동명사 앞에는 관사가 오지 못하기 때문이다. 또한 understanding이 동명사인 경우에는 목적어를 곧바로 가질 수 있으므로 of와 같은 전치사가 필요 없다. decay 부패, 쇠퇴 despoil 탈취하다, 약탈하다 vanish 사라지다, 자취를 감추다 erode 좀먹다, 부식하다 time-honored 유서 깊은 communion 교섭, 교감

This is the place where the Peace Corps was started. It is inspiring to see how all of you, while you are in this country, are trying so hard to live at the level of the people.

A second place where we begin to build the Great Society is in our countryside. We have always prided ourselves on being not only America the strong and America the free, but America the beautiful. Today that beauty is in danger. The water we drink, the food we eat, the very air that we breathe, are threatened with pollution. Our parks are overcrowded, our seashores overburdened. Green fields and dense forests are disappearing.

A few years ago we were greatly concerned about the "Ugly American." Today we must act to prevent an ugly America.

A third place to build the Great Society is in the classrooms of America. There your children's lives will be shaped. Our society will not be great until every young mind is set free to scan the farthest reaches of thought and imagination. We are still far from that goal. Today, 8 million adult Americans, more than the entire population of Michigan, have not finished 5 years of school. Nearly 20 million have not finished 8 years of school. Nearly 54 million — more than one quarter of all America — have not even finished high school.

Check the Vocabulary

pride oneself on = take pride in = be proud of 자랑으로 여기다　**pollution** 오염　**dense** 밀집한, 조밀한, 빽빽한

이 곳은 평화봉사단이 출발한 곳입니다. 여러분 모두가 이 나라에 있는 동안 국민의 수준에 맞춰 살기 위해 얼마나 노력하고 있는지 확인한다는 것은 감격스러운 일입니다.

우리가 위대한 사회의 건설을 시작할 두 번째 장소는 시골입니다. 우리는 언제나 강한 미국, 자유로운 미국, 아름다운 미국을 자랑스럽게 생각했습니다. 오늘날 그러한 아름다움이 위험에 처했습니다. 우리가 마시는 물과 우리가 먹는 물과 우리가 들이쉬는 공기는 오염으로 위협받고 있습니다. 공원은 사람들로 넘쳐나고 해안은 과로로 시달리고 있습니다. 푸른 들판과 빽빽한 숲이 사라지고 있습니다.

몇 년 전에는 '추한 미국인' 에 대해 몹시 걱정했습니다. 지금은 '추한 미국' 을 막기 위해 행동해야 합니다.

위대한 사회를 건설할 세 번째 장소는 미국의 교실입니다. 여러분 자녀의 생활은 그곳에서 형성됩니다. 모든 어린 마음이 자유롭게 생각과 상상의 나래를 한껏 펼칠 수 있게 되기 전까지는 우리 사회는 위대한 사회가 될 수 없습니다. 우리는 아직 그 목표에서 멀리 떨어져 있습니다. 오늘날, 미시간 주 총인구보다 조금 더 되는, 8백만 명의 미국 성인이 5년의 학교 과정을 마치지 못했습니다. 거의 2천만 명이 8년의 학교 과정을 마치지 못했습니다. 미국 전 인구의 4분의 1 이상인 약 5천 4백만 명이 고등학교를 마치지 못했습니다.

The Marshall Plan
마셜 플랜

delivered 5 June 1947 at Harvard University

1947년 6월 5일, 하버드 대학교

41
Speech

George C. Marshall 조지 C. 마셜

조지 C. 마셜(1880~1959)은 군인이자 정치가이다. 펜실베이니아 주(州) 유니온타운 출생인 그는 버지니아 육군사관학교를 졸업한 후 제2차 세계대전 중에 참모총장과 국무장관을 역임하였다. 국무장관 시절인 1947년 6월 5일 하버드대학교 졸업식에서 유명한 〈마셜 플랜〉 연설로 유럽의 재건과 부흥을 이끌었으며 그 공적으로 1953년 노벨평화상을 수상하였다.

1948년부터 1952년까지 계속된 약 130억 달러 상당의 지원으로 서유럽은 전후의 상흔을 딛고 경제 부흥을 일굴 수 있었다. 이런 면에서 본다면 '마셜 플랜'은 성공적인 정책이었다고 할 수 있으나, 이로 인해 서유럽이 미국의 원조에 계속 의존하게 되었다는 면에서 본다면 이는 곧 서유럽의 자율을 제한한 정책이었다. 또한 미국이 경제적 원조로부터 군사적 원조에 더 많은 비중을 두게 됨에 따라 미·소 양 진영 사이의 냉전이 더욱 심화되었다는 점에서 본다면 냉전 산물의 원천이라고도 할 수 있다.

In considering the requirements for the rehabilitation of Europe, the physical loss of life, the visible destruction of cities, factories, mines, and railroads was correctly estimated, but it has become obvious during recent months that this visible destruction was probably less serious than the dislocation of the entire fabric of European economy. For the past ten years conditions have been highly abnormal. The feverish preparation for war and the more feverish maintenance of the war effort engulfed all aspects of national economies. Machinery has fallen into disrepair or is entirely obsolete. Under the arbitrary and destructive Nazi rule, virtually every possible enterprise was geared into the German war machine. Longstanding commercial ties, private institutions, banks, insurance companies, and shipping companies disappeared through loss of capital, absorption through nationalization, or by simple destruction. In many countries, confidence in the local currency has been severely shaken. The breakdown of the business structure of Europe during the war was complete. Recovery has been seriously retarded by the fact that two years after the close of hostilities a peace settlement with Germany and Austria has not been agreed upon. But even given a more prompt solution of these difficult problems, the rehabilitation of the economic structure of Europe quite evidently will require a much longer time and greater effort than had been foreseen.

유럽 재건에 필요한 여러 가지 조건의 검토에 있어서는, 물리적인 인명 손실과 도시, 공장, 광산, 철도의 현저한 파괴 상황이 정확히 파악되었습니다. 그러나 이러한 현저한 파괴가 유럽 경제의 전체적인 구조의 혼란보다는 덜 심각하다는 사실이 최근 몇 달 동안 명백히 밝혀졌습니다. 지난 10년 동안의 상황은 상당히 비정상적이었습니다. 과도한 전쟁준비와 그보다 과도한 전쟁 동원 노력의 유지는 국가 경제의 모든 부문에 심각한 영향을 끼쳤습니다. 기계류가 파손되었거나 거의 고물이 되었습니다. 파괴적인 전제주의 나치 통치 아래에서 사실상 거의 모든 기업이 독일의 전쟁 도구로 바뀌었습니다. 오랫동안 지속된 상업 기반과 민간단체, 은행, 보험회사, 선박회사 등이 자본 손실이나 국유화를 통한 합병조치, 혹은 무지(無知)한 해체를 통해 사라져버렸습니다. 많은 나라에 있어서 자국 화폐에 대한 신뢰도가 심각하게 떨어졌습니다. 이 전쟁 기간 동안 유럽의 기업 구조는 완전히 붕괴되었습니다. 적대관계의 종식이 2년이나 지났지만, 독일과 오스트리아와의 평화협정이 아직 체결되지 않았다는 사실 때문에 유럽 재건이 상당히 늦춰지고 있었습니다. 그러나 이 어려운 문제들을 보다 신속히 해결한다고 해도 유럽의 경제구조 재건에는 분명 예상했던 것보다 훨씬 많은 시간과 커다란 노력이 필요할 것입니다.

There is a phase of this matter which is both interesting and serious. The farmer has always produced the foodstuffs to exchange with the city dweller for the other necessities of life. This division of labor is the basis of modern civilization. At the present time it is threatened with breakdown. The town and city industries are not producing adequate goods to exchange with the food-producing farmer. Raw materials and fuel are in short supply. Machinery, as I have said, is lacking or worn out. The farmer or the peasant cannot find the goods for sale which he desires to purchase. So the sale of his farm produce for money which he cannot use seems to him an unprofitable transaction. He, therefore, has withdrawn many fields from crop cultivation and he's using them for grazing. He feeds more grain to stock and finds for himself and his family an ample supply of food, however short he may be on clothing and the other ordinary gadgets of civilization.

Meanwhile, people in the cities are short of food and fuel, and in some places approaching the starvation levels. So, the governments are forced to use their foreign money and credits to procure these necessities abroad. This process exhausts funds which are urgently needed for reconstruction. Thus, a very serious situation is rapidly developing which bodes no good for the world. The modern system of the division of labor upon which the exchange of products is based is in danger of breaking down. The truth of the matter is that Europe's requirements for the next three or four years of foreign food and other essential products — principally from America — are so much greater than her present ability to pay that she must have substantial additional help or face economic, social, and political deterioration of a very grave character.

이 문제에는 흥미로우면서도 심각한 측면이 있습니다. 농부는 도시 주민들과 다른 생필품으로 교환하기 위해 항상 식량을 생산해 왔습니다. 이러한 분업 행위는 근대 문명의 기초입니다. 그런데 그것은 지금 (경제 구조의) 붕괴로 위협을 받고 있습니다. 마을과 도시의 공장들은 식량을 생산하는 농부와 교환하기에 적합한 상품을 생산하지 못하고 있습니다. 원료와 연료의 공급이 부족합니다. 이미 언급한 것처럼, 기계가 부족하거나 기계가 있다고 해도 낡았습니다. 자작농이든 소작농이든 자신이 사고 싶은 물품을 발견할 수가 없습니다. 따라서 사용할 수 없는 돈을 받고 농산물을 파는 일은 자신에게 득이 되지 않는 거래로 보입니다. 농부는 그러므로 많은 농토를 농작물 재배에서 딴데로 돌려 목축에 사용하고 있습니다. 옷이나 다른 일상적인 문명 도구는 부족해도, 가축에게는 보다 많은 곡물을 먹이고 있으며 자신과 가족에게 공급할 식량도 넉넉한 편입니다.

한편, 도시 사람들은 식량과 연료가 부족합니다. 일부 지역에서는 아사 수준에까지 도달했습니다. 따라서 정부는 이와 같은 생필품을 해외에서 조달하기 위해 외화와 차관을 이용하지 않을 수밖에 없습니다. 이러한 과정이 경제 재건을 위해 급히 필요한 자금을 고갈시키고 있습니다. 이렇게, 전 세계에 전혀 득이 되지 않는 아주 심각한 상황이 급속도로 전개되고 있습니다. 생산품 교환의 기초가 되는, 분업이라는 근대적인 체제는 붕괴될 위험에 놓여 있습니다. 이 문제의 진상은, 앞으로 3년이나 4년 동안 외국 식량과 다른 필수품, 주로 미국 생산품이겠지만, 그에 대한 유럽의 수요가 현재의 국가 지불 능력을 훨씬 초과하므로 유럽이 상당한 추가 원조를 받아야 한다는 것입니다. 그렇지 않으면 유럽은 대단히 심각한 성격의 경제적·사회적·정치적 후퇴에 직면할 것입니다.

dweller 거주자, 주민　division of labor 분업　raw material 원료　worn out 낡은, 오래된　peasant 농부, 소작농　produce (집합적) 농산물　withdraw 철수하다, 딴 데로 돌리다　stock = livestock 가축　ample 충분한, 넉넉한　gadget 장치, 도구　starvation 기아, 아사　procure 획득하다, 조달하다　exhaust 고갈시키다, 소모하다　bode 전조가 되다, 징조이다　substantial 상당한, 대폭적인　deterioration 악화, 저하

Aside from the demoralizing effect on the world at large and the possibilities of disturbances arising as a result of the desperation of the people concerned, the consequences to the economy of the United States should be apparent to all. It is logical that the United States should do whatever it is able to do to assist in the return of normal economic health in the world, without which there can be no political stability and no assured peace. Our policy is directed not against any country or doctrine but against hunger, poverty, desperation, and chaos. Its purpose should be the revival of a working economy in the world so as to permit the emergence of political and social conditions in which free institutions can exist.

Such assistance, I am convinced, must not be on a piecemeal basis, as various crises develop. Any assistance that this Government may render in the future should provide a cure rather than a mere palliative. Any government that is willing to assist in the task of recovery will find full cooperation, I am sure, on the part of the United States Government. Any government which maneuvers to block the recovery of other countries cannot expect help from us. Furthermore, governments, political parties, or groups which seek to perpetuate human misery in order to profit there from politically or otherwise will encounter the opposition of the United States.

세계 전반에 걸친 시장 혼란의 여파와 해당 국민의 절망감에서 나오는 동요사태의 가능성은 접어두고서라도, 미국 경제에 대한 영향만은 모두에게 분명합니다. 세계 경제의 건전성 회복에 있어서 미국이 지원할 수 있는 것이 있다면 그것이 무엇이든 지원을 해야 하는 것이 필연입니다. 그렇게 하지 않고서는 정치적 안정과 확실한 평화가 있을 수 없습니다. 우리 미국의 정책은 어느 국가 혹은 어느 외교 정책에 반대하기 위한 것이 아니라 배고픔과 가난, 절망, 그리고 무질서에 반대하는 것입니다. 미국 정책의 목적은 자유 체제가 존재할 수 있는 정치적·사회적 상황의 출현을 가능케 할 만큼 세계에서 경제 운용 체계를 부활시키는 데 놓여야 합니다.

그러한 지원은 다양한 위기가 발생할 때마다 하나씩 지원하는 방식이면 안 된다고 저는 확신합니다. 앞으로 미국 정부가 제공하는 원조는 어느 경우에든 단순한 일시적 방편보다는 근원적 치료책이 되어야 합니다. 분명하게 말씀드리건대, 재건 과업에 도움을 줄 의사가 있는 정부는 어느 정부든 미국 측의 전폭적인 지원을 받게 될 것입니다. 다른 국가들의 경제 회복을 방해하려고 책동하는 정부는 어느 정부든 우리에게 도움을 기대해서는 안 됩니다. 더군다나, 정치적으로든 혹은 다른 면으로든 이익을 보기 위해 인간의 불행을 오랫동안 지속시키려는 정부나 정당, 혹은 단체는 미국의 반대에 부딪힐 것입니다.

Faith, Truth and Tolerance in America
신앙과 진리와 관용의 자유

delivered 3 October 1983, Liberty Baptist College (Liberty University),

Lynchburg, VA

1983년 10월 3일, 버지니아 주 린치버그, 리버티 침례 대학

42
Speech

Edward M. Kennedy 에드워드 M. 케네디

에드워드 M. 케네디(1932~2009)는 미국의 정치인으로 제35대 대통령 존 F. 케네디의 막내 동생이다. 1962년부터 2009년 세상을 떠날 때까지 연방 상원의원을 지냈다. 1980년 대통령 선거전에서 지미 카터 대통령을 대신할 민주당의 유력한 후보로 떠올랐으나, 지미 카터에게 밀리고 말았다. 2008년 대통령 선거에서 버락 오바마 후보 지지를 선언하여, 오바마가 민주당 예비선거에서 일찌감치 승기를 잡을 수 있는 기회를 제공하였다.

2008년 5월, 갑자기 건강이 악화된 그는 악성 뇌종양으로 투병 생활을 시작했다. 그러나 투병 생활 중에도 자주 상원에 등원하여 역량을 과시하였지만 2009년 오바마의 의료보험 개혁 입법을 보지 못한 채 사망하였다.

I have come here to discuss my beliefs about faith and country, tolerance and truth in America. I know we begin with certain disagreements; and I strongly suspect that at the end of the evening some of our disagreements will remain. But I also hope that tonight and in the months and years ahead, we will always respect the right of others to differ, that we will never lose sight of our own fallibility, and that we will view ourselves with a sense of perspective and a sense of humor. After all, in the New Testament, even the Disciples had to be taught to look first to the beam in their own eyes, and only then to the mote in their neighbor's eyes.

I am mindful of that counsel. I am an American and a Catholic; I love my country and treasure my faith. But I do not assume that my conception of patriotism or policy is invariably correct, or that my convictions about religion should command any greater respect than any other faith in this pluralistic society. I believe there surely is such a thing as truth, but who among us can claim a monopoly on it?

Indeed the framers themselves professed very different faiths: Washington was an Episcopalian, Jefferson a deist, and Adams a Calvinist. And although he had earlier opposed toleration, John Adams later contributed to the building of Catholic churches, and so did George Washington. Thomas Jefferson said his proudest achievement was not the presidency, or the writing the Declaration of Independence, but drafting the Virginia Statute of Religious Freedom. He stated the vision of the first Americans and the First Amendment very clearly: "The God who gave us life gave us liberty at the same time."

저는 미국의 신앙과 국가, 관용과 진리에 대한 제 믿음에 대해 얘기를 나누기 위해 이곳에 왔습니다. 저는 우선 우리의 의견이 분명 다르다는 것을 알고 있습니다. 그리고 저녁이 다 끝날 때까지도 일부 의견의 차이는 그대로일 것이라는 생각을 강하게 하고 있습니다. 그러나 오늘밤과 앞으로 몇 달, 몇 년 뒤에도 우리가 항상 다른 사람들이 달리 생각할 수 있는 권리를 존중하고 자신의 실수 가능성을 결코 잊지 말며 균형감각과 유머감각으로 자신을 바라보기를 저는 바랍니다. 아무튼 신약에 보면, 하나님의 사도들도 먼저 자기 자신의 눈 속에 있는 들보를 보고난 뒤에야 이웃사람의 눈 속에 있는 티끌을 보라는 가르침을 받았다고 합니다.

저는 그 충고를 잊지 않고 있습니다. 저는 미국인이자 가톨릭 신자입니다. 저는 조국을 사랑하고 제 믿음을 소중히 여깁니다. 그러나 애국에 대한 저의 개념 혹은 정책이 반드시 옳다고 생각하거나 종교에 대한 저의 신념이 이 다원론적인 사회에서 다른 어떤 믿음보다 더 존경을 받아야 한다고 생각하지는 않습니다. 일면으로는 분명 맞는다고 생각합니다. 그러나 우리들 중 누가 그것만이 꼭 옳다고 주장할 수 있겠습니까?

사실, (미국의) 틀을 세운 사람들 스스로의 신앙은 아주 다양합니다. 워싱턴 대통령은 감독제주의자였으며, 제퍼슨 대통령은 이신론자였습니다. 그리고 애덤스 대통령은 칼뱅교 교인이었습니다. 애덤스 대통령은 초기에는 신앙의 자유에 반대하였지만 나중에는 여러 가톨릭교회의 건축에 기여를 하셨습니다. 워싱턴 대통령도 마찬가지였습니다. 제퍼슨 대통령은 자신의 가장 자랑스러운 공적이 대통령직이나 독립선언서의 서명이 아니라, 종교 자유에 관한 버지니아 법령의 초안을 만든 것이라고 말씀하셨습니다. 그는 초기 미국인과 1차 수정헌법의 비전에 대해 이렇게 아주 명확하게 밝히셨습니다. "우리에게 생명을 주신 하나님께서 그와 동시에 자유를 주셨습니다."

begin with 우선 ~ 하다　**lose sight of** 잊다　**fallibility** 실수 가능성　**sense of perspective** 균형 감각　**the New Testament** 신약　**disciple** 제자, 사도　**the beam in one's own eyes** 제 눈 속에 있는 들보(스스로 깨닫지 못하는 큰 결점)　**mote** 티끌, 흠　**be mindful of** 마음에 두는, 잊지 않는　**counsel** 충고　**treasure** 소중히 여기다　**patriotism** 애국　**invariably** 반드시　**conviction** 신념　**command respect** = command esteem 존경받다　**pluralistic** 다원론의　**monopoly** 독점(권)　**framer** 틀을 짜는 사람　**profess** 신앙을 고백하다　**Episcopalian** 감독제주의자　**deist** 이신론자　**toleration** 관용, 신앙의 자유　**Virginia Statute of Religious Freedom** 종교 자유에 관한 버지니아 법령

President Kennedy, who said that "no religious body should seek to impose its will," also urged religious leaders to state their views and give their commitment when the public debate involved ethical issues. In drawing the line between imposed will and essential witness, we keep church and state separate, and at the same time we recognize that the City of God should speak to the civic duties of men and women.

There are four tests which draw that line and define the difference.

First, we must respect the integrity of religion itself.

Second, we must respect the independent judgments of conscience.

Third, in applying religious values, we must respect the integrity of public debate.

Fourth, and finally, we must respect the motives of those who exercise their right to disagree.

In short, I hope for an America where neither "fundamentalist" nor "humanist" will be a dirty word, but a fair description of the different ways in which people of goodwill look at life and into their own souls.

Check the Vocabulary

will 의지, 뜻: God's will 하나님의 뜻 commitment 공약, 확약 public debate 공개토론 ethical 도덕적인, 윤리적인
drawing the line 구별하다 essential witness 순수한 신앙고백 civic 시민의

케네디 대통령은 공개토론에서 윤리적인 문제가 나오자, "어느 종교 단체도 그 뜻을 강요하려고 해서는 안 된다"고 하면서, 종교지도자들에게 자신들의 견해를 밝히고 확약할 것을 촉구하셨습니다. 강요된 뜻과 순수한 신앙고백을 구별하는 데 있어서 우리는 정교분리를 원칙으로 하고 있습니다. 또한 그와 동시에 하나님의 도시는 남녀의 모든 시민의 의무에 대해 언급해야 한다는 것을 우리는 알고 있습니다.

그것을 구별하고 그 차이를 규정하는 판단 기준이 4개가 있습니다.

첫째, 우리는 종교 그 자체의 진실성을 존경해야 한다.

둘째, 우리는 양심의 독립적인 판단을 존중해야 한다.

셋째, 종교 가치를 적용하는 데 있어서 우리는 공개토론의 진실성을 존중해야 한다.

넷째, 마지막으로, 우리는 견해를 달리할 수 있는 권리를 누리는 사람들의 동기를 존중해야 한다.

간단히 말해, 저는 '근본주의자' 라는 말이나 '인도주의자' 라는 말 모두가 미국에서는 욕된 말이 아니라, 선의의 사람들이 삶을 보는 방법과 자신의 영혼을 들여다보는 방법이 다르다는 것을 그대로 표현한 것이라고 생각합니다.

I hope for an America where no president, no public official, no individual will ever be deemed a greater or lesser American because of religious doubt — or religious belief.

I hope for an America where the power of faith will always burn brightly, but where no modern Inquisition of any kind will ever light the fires of fear, coercion, or angry division.

I hope for an America where we can all contend freely and vigorously, but where we will treasure and guard those standards of civility which alone make this nation safe for both democracy and diversity.

That ideal shines across all the generations of our history and all the ages of our faith, carrying with it the most ancient dream. For as the Apostle Paul wrote long ago in Romans: "If it be possible, as much as it lieth in you, live peaceably with all men."

I believe it is possible; the choice lies within us; as fellow citizens, let us live peaceably with each other; as fellow human beings, let us strive to live peaceably with men and women everywhere. Let that be our purpose and our prayer, yours and mine — for ourselves, for our country, and for all the world.

Thank you.

Check the Vocabulary

public official 공직자　deem 간주하다, 판단하다

저는 미국에서는 대통령이든 공직자든 개인이든 어느 누구도 종교적인 의심 즉 종교적인 믿음 때문에 더 나은 사람이니 더 못한 사람이니 하지 않기를 바랍니다.

저는 미국에서 신앙의 힘이 항상 밝게 타오르기를 바랍니다. 그러나 어떤 형태든지 현대의 종교재판이 두려움이나 위압감 혹은 모진 분열의 불꽃을 태우지 않기를 희망합니다.

저는 미국에서 우리가 완전히 자유롭고 힘차게 논쟁을 벌이되, 이 나라의 민주주의와 다양성 모두를 안전하도록 만들 수 있을 정도의 예의를 존중하고 보호하기를 바랍니다.

그러한 이상은 우리 역사의 모든 세대와 우리 신앙의 모든 시대를 아울러 빛납니다. 그리고 그 안에는 가장 오래된 꿈이 담겨 있습니다. 로마서를 보면, 사도 바울께서는 오래전에 이런 말을 하셨다고 합니다. "할 수 있거든 너희로서는 모든 사람과 더불어 평화(平和)하라."

저는 그것이 가능하다고 믿습니다. 선택은 우리 안에 있습니다. 같은 시민으로 우리 모두 서로 평화롭게 삽시다. 같은 인간으로 우리 모두 남자와 여자 함께 어디에서나 평화롭게 살도록 노력합시다. 그것을 우리의 목표, 우리의 염원, 여러분과 저의 것으로 삼읍시다. 우리 자신을 위해, 우리나라를 위해, 전 세계를 위해.

감사합니다.

Check the Vocabulary

Inquisition 심문, 종교재판 coercion 위압, 강제 angry division 모진 분열 Romans 로마서 lieth = lies

Cambodian Incursion Address
캄보디아 침공 연설

delivered 30 April 1970 from Washington, D.C.

1970년 4월 30일, 워싱턴 D.C.

43
Speech

Richard M. Nixon 리처드 M. 닉슨

리처드 M. 닉슨(1913~1994)은 미국의 제37대 대통령으로 '닉슨독트린'을 제창하였으며, '핑퐁외교'로 중국과의 관계를 개선하고 소련과의 데탕트(긴장 완화)를 추진했다. 외교 분야에서 이룩한 많은 업적에도 불구하고 워터게이트 사건으로 1974년에 대통령직을 사임하였다.

Tonight, I shall describe the actions of the enemy, the actions I have ordered to deal with that situation, and the reasons for my decision.

Cambodia — a small country of seven million people — has been a neutral nation since the Geneva Agreement of 1954, an agreement, incidentally, which was signed by the government of North Vietnam. American policy since then has been to scrupulously respect the neutrality of the Cambodian people. We have maintained a skeleton diplomatic mission of fewer than 15 in Cambodia's capital, and that only since last August. For the previous four years, from 1965 to 1969, we did not have any diplomatic mission whatever in Cambodia, and for the past five years we have provided no military assistance whatever and no economic assistance to Cambodia.

North Vietnam, however, has not respected that neutrality. For the past five years, as indicated on this map, that you see here, North Vietnam has occupied military sanctuaries all along the Cambodian frontier with South Vietnam. Some of these extend up to 20 miles into Cambodia. The sanctuaries are in red, and as you note, they are on both sides of the border. They are used for hit-and-run attacks on American and South Vietnamese forces in South Vietnam. These Communist-occupied territories contain major base camps, training sites, logistics facilities, weapons and ammunition factories, airstrips, and prisoner of war compounds.

incidentally 덧붙여 말하면, 우연히 scrupulously 빈틈없이, 엄격히 neutrality 중립성, 중립적 태도 skeleton 해골, 뼈대뿐인, 최소한도의 assistance 원조, 도움

늘밤, 적의 동향과 그 상황에 대처하도록 지시한 조치 그리고 제가 내린 결정의 이유에 대해 설명하고자 합니다.

700만 명에 불과한 작은 나라 캄보디아는 1954년의 제네바 협정 이후 중립을 유지하고 있었습니다. 게다가 이 협정은 월맹 정부가 조인한 것이었습니다. 이후 미국은 캄보디아 국민의 중립성을 엄격히 존중하는 정책을 지켜왔습니다. 우리는 캄보디아 수도에 최소 인원인 15명 미만의 외교 직원을 유지하여 왔습니다. 그런데 그것도 지난 8월 이후부터였습니다. 그 이전의 4년, 1965년부터 1969년까지는 캄보디아에 외교 직원을 두지 않았습니다. 또한 지난 5년 동안 우리는 캄보디아에 어떤 형태의 군사적인 원조나 경제적인 원조도 제공하지 않았습니다.

그러나 월맹은 그러한 중립적 태도를 존중하지 않았습니다. 지난 5년 동안, 여러분이 여기에서 보는 이 지도에 나와 있는 것처럼, 월맹은 월남과 인접한 캄보디아 국경을 끼고 있는 군사 보호지역을 점령했습니다. 이들 중에는 캄보디아 내륙 32㎞에 이르는 곳도 있습니다. 그러한 군사 보호지역은 지금 적화되어 있는 상태입니다. 그리고 여러분이 보시는 것처럼 그 군사 보호지역은 국경 양쪽에 걸쳐 있습니다. 그들은 월남에 주둔하고 있는 미국과 월남 군대에 대한 히트앤드런 공격을 위해 사용되고 있습니다. 공산주의자가 점령한 이 지역에는 베이스캠프와 훈련소, 병참시설, 무기와 탄약을 생산하는 공장, 활주로, 전쟁포로 수용소가 있습니다.

Now confronted with this situation we had three options:

First, we can do nothing. Well the ultimate result of that course of action is clear. Unless we indulge in wishful thinking, the lives of Americans remaining in Vietnam after our next withdrawal of 150,000 would be gravely threatened.

Let us go to the map again.

Here is South Vietnam. Here is North Vietnam. North Vietnam already occupies this part of Laos. If North Vietnam also occupied this whole band in Cambodia, or the entire country, it would mean that South Vietnam was completely outflanked and the forces of Americans in this area as well as the South Vietnamese would be in an untenable military position.

Our second choice is to provide massive military assistance to Cambodia itself. Now unfortunately, while we deeply sympathize with the plight of seven million Cambodians whose country has been invaded, massive amounts of military assistance could not be rapidly and effectively utilized by this small Cambodian Army against the immediate trap. With other nations we shall do our best to provide the small arms and other equipment which the Cambodian Army of 40,000 needs and can use for its defense. But the aid we will provide will be limited for the purpose of enabling Cambodia to defend its neutrality and not for the purpose of making it an active belligerent on one side or the other.

이제 이런 상황을 맞이하여 우리에게는 3개의 선택권이 있습니다.

첫째, 아무것도 하지 않는 것입니다. 그런 행동방침의 궁극적인 결과는 자명합니다. 우리가 낙관적인 생각을 즐기지 않는다면, 다음번에 15만 명이 철수한 뒤에 베트남에 남게 될 미국인의 생명은 심각한 위협을 받을 것입니다.

다시 지도를 보시죠.

여기가 월남입니다. 여기는 월맹입니다. 월맹은 이미 라오스의 이 지역을 점령하고 있습니다. 만약 월맹이 캄보디아의 이 지역 전체 혹은 이 나라 전체를 점령한다면, 월남은 완전히 허리가 잘리게 되고, 월남과 이 지역에 주둔하고 있는 미군의 군사거점은 유지불능의 상태에 빠질 것입니다.

두 번째 선택은 캄보디아에 대량의 군사원조를 제공하는 것입니다. 국토를 침공 받은 캄보디아의 7백만 명의 처지가 몹시 딱하기는 하지만, 불행히도 현재로서는 캄보디아의 이 작은 군대는 대량의 군사원조를 바로 이웃한 함정(陷穽)과 맞서 조속히 효과적으로 활용할 수 없습니다. 우리는 4만 명의 캄보디아 군이 국토방위에 필요로 하는, 그들이 사용할 수 있는 소형 무기와 다른 장비를 다른 나라들과 함께 제공하기 위해 최선을 다할 것입니다. 그러나 우리가 제공하는 원조는 캄보디아가 그 중립성을 방어할 능력을 갖추도록 하는 목적으로 제한할 것입니다. 캄보디아가 어느 편에게도 실제적인 교전국이 되지 않도록 할 것입니다.

Our third choice is to go to the heart of the trouble. And that means cleaning out major North Vietnamese and Vietcong occupied territories, these sanctuaries which serve as bases for attacks on both Cambodia and American and South Vietnamese forces in South Vietnam. Some of these, incidentally, are as close to Saigon as Baltimore is to Washington. This one, for example, is called the Parrot's Beak. It's only 33 miles from Saigon.

Now faced with these three options, this is the decision I have made. In co-operation with the armed forces of South Vietnam, attacks are being launched this week to clean out major enemy sanctuaries on the Cambodian-Vietnam border. A major responsibility for the ground operations is being assumed by South Vietnamese forces.

세 번째 선택은 문제의 핵심을 찌르는 것입니다. 이는 곧, 월맹과 베트콩이 점령하고 있는 주요 영역, 즉 캄보디아의 군대와 월남에 있는 미·월남 군대에 대한 공격 기지로 사용되고 있는 구역을 소탕하는 것을 의미합니다. 볼티모어가 워싱턴 가까이에 있는 것처럼, 우연히도 이들 지역의 일부도 사이공 아주 가까이에 있습니다. 예를 들어, 이곳은 '앵무새 부리'라고 불리는 곳입니다. 이곳은 사이공에서 단지 약 52km밖에 떨어지지 않은 곳입니다.

이 세 가지 선택 문제를 놓고 제가 내린 결정은, 이번 주에 베트남 군대와 합동으로 캄보디아와 베트남 국경에 있는 적의 주요 지점을 소탕하기 위한 공격을 감행할 것이며 지상 작전의 주요 책임은 베트남 군대가 맡도록 한다는 것입니다.

On Vietnam and Not Seeking Re-Election

베트남 전쟁과 재선 출마 포기 선언

delivered 31 March 1968

1968년 3월 31일

44
Speech

Lyndon B. Johnson 린든 B. 존슨

린든 B. 존슨(1908~1973)은 미국의 제36대 대통령으로 텍사스에서 출생했다. 루스벨트의 천거로 정계에 입문한 전형적인 민주당 의원으로서 미국 남부의 권익을 대변하던 그는 케네디 대통령이 갑작스레 서거하자 대통령직을 이어받았다. 취임과 동시에 '위대한 사회'의 건설을 기치로 내걸고 과감한 복지·교육 정책을 펴나갔다.

그러나 베트남 전쟁 상황이 점점 악화되고 장기전 양상을 보이면서 미국 내에서 반전 운동이 거세게 일자 그의 인기는 급격히 떨어졌다. 결국 그는 이 연설에서 베트남 전쟁의 휴전을 제안하고 다시는 대통령 선거에 출마하지 않겠다는 약속을 하게 되었다.

Tonight I want to speak to you of peace in Vietnam and Southeast Asia. No other question so preoccupies our people. No other dream so absorbs the 250 million human beings who live in that part of the world. No other goal motivates American policy in Southeast Asia.

For years, representatives of our Governments and others have traveled the world seeking to find a basis for peace talks. Since last September they have carried the offer that I made public at San Antonio. And that offer was this: That the United States would stop its bombardment of North Vietnam when that would lead promptly to productive discussions — and that we would assume that North Vietnam would not take military advantage of our restraint.

Hanoi denounced this offer, both privately and publicly. Even while the search for peace was going on, North Vietnam rushed their preparations for a savage assault on the people, the government, and the allies of South Vietnam. Their attack — during the Tet holidays — failed to achieve its principal objectives. It did not collapse the elected Government of South Vietnam or shatter its army — as the Communists had hoped. It did not produce a "general uprising" among the people of the cities, as they had predicted. The Communists were unable to maintain control of any of the more than 30 cities that they attacked. And they took very heavy casualties. But they did compel the South Vietnamese and their allies to move certain forces from the countryside into the cities. They caused widespread disruption and suffering. Their attacks, and the battles that followed, made refugees of half a million human beings.

늘밤 저는 베트남과 동남아시아에서의 평화에 관해 여러분에게 말씀드리고자 합니다. 이 문제만큼 우리 국민의 마음을 빼앗고 있는 것은 없습니다. 이 꿈만큼 세계의 바로 그 지역에서 살고 있는 2천 5백만 명 사람들의 마음을 사로잡고 있는 것은 없습니다. 이 목표만큼 동남아시아에서의 미국 정책에 자극을 주는 것은 없습니다.

수년 동안 우리 정부와 다른 나라의 대표들은 평화회담을 위한 발판을 마련하기 위해 세계를 여행했습니다. 지난 9월 이후 그들은 제가 샌안토니오에서 만든 제안을 전달하였습니다. 그 제안의 내용은 이렇습니다. 그것이 즉시 생산적인 논의로 귀결된다면 미국은 월맹에 대한 폭격을 중지한다. 그리고 우리는 당연히 월맹이 우리의 자제조치를 군사적으로 이용하지 않으리라 여긴다.

하노이에서는 공식, 비공식으로 이 제안을 비난했습니다. 심지어는 평화 방안이 추진되는 중에도 월맹은 월남 국민과 정부 그리고 동맹국들에 대한 야만적인 공세 준비에 몰두했습니다. 베트남의 구정(舊正)에 이루어진 그들의 공세는 소기의 목적을 달성하는 데 실패했습니다. 선출된 월남 정부를 무너트리지도 못했으며, 공산주의자들이 원하던 정도로 군을 파괴하지도 못했습니다. 여러 도시에서도 그들이 원하던 정도의 '총궐기'를 일으키지는 못했습니다. 공산주의자들은 자신들이 공격한 30개 이상의 도시 어느 곳도 장악할 수 없었습니다. 그들은 아주 많은 사상자를 냈습니다. 그러나 그들은 지방에서 도시로 일정 군사력을 이동시키기 위해 월남 사람들과 그 동맹국 사람들을 몰아내는 데에는 성공했습니다. 그들은 광범위한 혼란과 고통을 야기했습니다. 그들의 공격과 연이은 전투로 50만 명의 난민이 발생했습니다.

preoccupy 먼저 점유하다. 마음을 빼앗다　**motivate** 자극하다, 동기를 주다　**assume** 당연하게 여기다, 추측하다　**take advantage of** 이용하다　**restraint** 자제, 억제　**denounce** 비난하다, 매도하다　**savage assault** 야만적인 공세, 사나운 공격　**ally** 동맹국　**Tet** 베트남의 구정(舊正), 신년제　**principal objective** 주요 목적, 소기의 목적　**shatter** 산산이 부수다, 박살내다　**general uprising** 총궐기　**heavy casualty** 많은 사상자　**compel** 끌어내다, 몰아내다　**disruption** 분열, 붕괴, 혼란　**refugee** 난민, 망명자

🎧 44.mp3

Tonight, I renew the offer I made last August: to stop the bombardment of North Vietnam. We ask that talks begin promptly, that they be serious talks on the substance of peace. We assume that during those talks Hanoi will not take advantage of our restraint. We are prepared to move immediately toward peace through negotiations. So tonight, in the hope that this action will lead to early talks, I am taking the first step to de-escalate the conflict. We are reducing — substantially reducing — the present level of hostilities, and we are doing so unilaterally and at once.

Fifty-two months and ten days ago, in a moment of tragedy and trauma, the duties of this office fell upon me. I asked then for your help and God's, that we might continue America on its course, binding up our wounds, healing our history, moving forward in new unity to clear the American agenda and to keep the American commitment for all of our people.

Our reward will come in the life of freedom and peace and hope that our children will enjoy through ages ahead. What we won when all of our people united just must not now be lost in suspicion and distrust and selfishness and politics among any of our people. And believing this, as I do, I have concluded that I should not permit the Presidency to become involved in the partisan divisions that are developing in this political year.

오늘밤 저는 지난 8월에 한 제안을 다음과 같이 수정합니다. 우리는 월맹에 대한 폭격을 중지한다. (휴전) 회담은 즉시 열려야 하며 이는 평화를 바탕으로 하는 진지한 회담이 되어야 한다. 이 회담 중에는 당연히 하노이가 우리의 자제조치를 이용하지 않으리라 여긴다. 우리는 협상을 통한 평화에 즉시 임할 준비가 되어 있다. 따라서 이 조치가 회담의 조기개최를 이끌어 내리란 희망으로 저는 오늘밤 이 싸움을 단계적으로 축소하기 위한 조치를 취하고자 합니다. 우리는 적대관계의 현재 수준을 실질적으로 완화할 것이며 단독적으로 또 즉각적으로 이를 시행할 것입니다.

52개월 10일 전, 비극적이고 상처 깊은 순간에 저는 이 직책을 맡았습니다. 그때 저는 미국이 제 갈 길을 계속 나아가 우리의 상처를 감싸 주고 우리의 역사를 치유하며 새로운 통합을 향해 전진하여 미국의 의제를 밝히고 우리 국민 모두를 위한 미국의 의무를 지속할 수 있도록 해달라고 여러분과 하나님께 도움을 빌었습니다.

우리의 보답은 우리의 자녀들이 앞으로도 계속 누릴 자유와 평화와 희망의 생활 속에 나타날 것입니다. 이제 우리 국민 모두가 합심하여 얻은 것을 우리 국민 사이의 의심과 불신, 이기심과 정략 속에서 잃어버리면 안 됩니다. 제가 한 것처럼, 저는 이에 대한 믿음으로 대통령직이 정치의 해인 올해에 나타날 당파적인 분열 속에 빠지지 않도록 해야 한다는 결론을 내렸습니다.

Accordingly, I shall not seek, and I will not accept, the nomination of my party for another term as your President. But let men everywhere know, however, that a strong and a confident and a vigilant America stands ready tonight to seek an honorable peace; and stands ready tonight to defend an honored cause, whatever the price, whatever the burden, whatever the sacrifice that duty may require.

따라서, 저는 재임을 위한 저희 당의 대통령 지명은 요구할 생각도 없고 받아들이지도 않으려 합니다. 그러나 강력하고 자신감 넘치는 불침번의 미국은, 어떤 대가를 치르더라도, 어떤 부담을 갖더라도, 그 의무에 필요한 희생이 무엇이라도, 오늘 밤 영광스런 평화를 찾을 준비가 되어 있으며 영광스런 대의를 수호할 준비가 되어 있다는 것을 알아주십시오.

Address After Taking the Oath
of the Presidency

대통령 취임 선서 후의 연설

Delivered 9 August 1974 East Room of the White House, Washington, D.C.

1974년 8월 9일, 워싱턴 D.C. 백악관 이스트 룸

45

Speech

Gerald R. Ford 제럴드 R. 포드

제럴드 R. 포드(1913~2006)는 미국의 제38대 대통령(재임 1974~1977). 미시간 주에서 하원의원으로 당선되어 정치활동을 시작했다. 부통령 재직 중에 닉슨 대통령이 워터게이트 사건으로 실각하자 그 뒤를 이어 대통령이 되었다.

미국 역사상, 선거를 치르지 않고 대통령 자리에 오른 사람은 그가 처음이었다. 닉슨 행정부 시절의 밀실정치에 대한 의혹을 불식하기 위해 그는 '솔직함과 무사(無私)'를 정치 슬로건으로 내세웠다. 그러나 닉슨 사면령에 대한 국민의 불만과 인플레이션 억제 실패로 1976년 11월의 대통령 선거에서 민주당 후보인 지미 카터에게 패해 연임에 실패했다.

Mr. Chief Justice, my dear friends, my fellow Americans:

The oath that I have taken is the same oath that was taken by George Washington and by every President under the Constitution. But I assume the Presidency under extraordinary circumstances never before experienced by Americans. This is an hour of history that troubles our minds and hurts our hearts.

Therefore, I feel it is my first duty to make an unprecedented compact with my countrymen. Not an inaugural address, not a fireside chat, not a campaign speech just a little straight talk among friends. And I intend it to be the first of many.

To the peoples and the governments of all friendly nations, and I hope that could encompass the whole world, I pledge an uninterrupted and sincere search for peace. America will remain strong and united, but its strength will remain dedicated to the safety and sanity of the entire family of man, as well as to our own precious freedom.

I believe that truth is the glue that holds government together, not only our Government but civilization itself. That bond, though strained, is unbroken at home and abroad.

대법원장님, 친애하는 동료 여러분 그리고 국민 여러분.

제가 한 선서는 조지 워싱턴 대통령과 다른 모든 대통령이 헌법에 따라 한 선서와 똑같은 선서입니다. 그러나 저는 예전에 미국인들이 경험하지 못했던 특별한 상황 하에 대통령직을 맡게 되었습니다. 이것은 우리의 마음에 고통을 주고 우리의 가슴을 아프게 하는 역사의 한 순간입니다.

그러므로 저는 국민 여러분과 전례 없는 맹약을 맺는 것이 저의 첫 번째 임무라고 생각하고 있습니다. 제 이야기는 취임사도 아니요, 그렇다고 노변정담도 아니며, 선거유세 연설도 아닙니다. 그저 친구들 사이의 솔직한 대화일 뿐입니다. 그리고 저는 앞으로도 그런 대화를 많이 나누고자 합니다.

모든 우방국 국민과 정부에게, 전 세계 국가를 포함시키고 싶습니다만, 부단하고 성실한 평화 추구를 약속하는 바입니다. 미국은 강력하고 통합된 나라로 남을 것입니다. 그러나 그 힘은 우리 자신의 귀중한 자유뿐만 아니라 전 인류 가족의 안전과 건강을 위해 바칠 것입니다.

저는 진실이 곧 정부, 우리 정부뿐만 아니라 문명 그 자체를 함께 이어주는 접착제와 같다고 믿고 있습니다. 그러한 결속력은 비록 부자연스럽기는 하지만 아직 국내외에서 끊어지지 않은 상태입니다.

In all my public and private acts as your President, I expect to follow my instincts of openness and candor with full confidence that honesty is always the best policy in the end.

My fellow Americans, our long national nightmare is over.

Our Constitution works; our great Republic is a government of laws and not of men. Here the people rule. But there is a higher Power, by whatever name we honor Him, who ordains not only righteousness but love, not only justice but mercy.

As we bind up the internal wounds of Watergate, more painful and more poisonous than those of foreign wars, let us restore the golden rule to our political process, and let brotherly love purge our hearts of suspicion and of hate.

In the beginning, I asked you to pray for me. Before closing, I ask again your prayers, for Richard Nixon and for his family. May our former President, who brought peace to millions, find it for himself. May God bless and comfort his wonderful wife and daughters, whose love and loyalty will forever be a shining legacy to all who bear the lonely burdens of the White House.

저는 대통령으로서의 모든 공적, 사적 행동에 있어서 결국 정직이 항상 최선의 정책이라고 굳게 믿고 솔직함과 무사(無私)라는 제 본래의 성격을 따르고자 합니다.

친애하는 국민 여러분, 우리의 긴 국가적인 악몽은 끝났습니다.

우리의 헌법은 작동하고 있습니다. 우리의 위대한 공화국은 법의 정부이지 사람의 정부가 아닙니다. 이곳에서는 국민이 통치합니다. 그러나 더 높은 권세가 있습니다. 공정함뿐만 아니라 사랑을 명하고 정의뿐만 아니라 자비를 명하는 그분을 우리가 어떤 이름으로 공경하건, 보다 높은 권세의 그분이 계십니다.

해외 전쟁의 상처보다 더 고통스럽고 지독한 워터게이트라는 내적인 상처를 동여매고, 우리 정치 발전에 황금률을 회복하여 형제애로 하여금 의심과 미움이 가득한 우리의 마음을 씻어내도록 합시다.

서두에서 저는 여러분이 저를 위해 기도해달라고 부탁드렸습니다. 취임사를 마치기 전에, 저는 여러분에게 다시 한 번 부탁드립니다. 닉슨 대통령과 그의 가족을 위해 기도해주십시오. 수백만 명의 사람들에게 평화를 가져다주었던 닉슨 대통령이 스스로의 평화를 찾기를 기원합니다. 하나님께서 그의 훌륭한 부인과 딸들에게 축복과 위로를 주시고, 그들의 사랑과 충성이 백악관의 외로운 짐을 감당할 모든 이들에게 영원히 빛나는 유산이 되기를 기원합니다.

golden rule 황금률 – 마태복음 7:12; 누가복음 6:31의 교훈; 흔히 'Do (to others) as you would be done by.' (무엇이든지 남에게 대접을 받고자 하는 대로 너희도 남을 대접하라)로 요약 **purge** 깨끗이 하다, 제거하다 **loyalty** 충성, 충실 **legacy** 유산, 유증

I can only guess at those burdens, although I have witnessed at close hand the tragedies that befell three Presidents and the lesser trials of others.

With all the strength and all the good sense I have gained from life, with all the confidence my family, my friends, and my dedicated staff impart to me, and with the good will of countless Americans I have encountered in recent visits to 40 States, I now solemnly reaffirm my promise I made to you last December 6: to uphold the Constitution, to do what is right as God gives me to see the right, and to do the very best I can for America.

God helping me, I will not let you down. Thank you.

Check the Vocabulary

at close hand 바로 가까운 곳에 befall 일어나다, 닥치다

386

세 분의 대통령에게 일어난 비극, 그리고 다른 분들의 그보다 작은 시련들을 아주 가까이에서 목격하였지만, 저는 그러한 괴로움에 대해서는 짐작만 할 수 있습니다.

제가 인생에서 얻은 모든 힘과 분별력으로, 제 가족과 친구와 헌신적인 참모진이 전해주는 모든 신뢰로, 최근 40개 주를 방문하는 동안 만났던 수많은 미국인의 선의로, 저는 이제 지난 12월 6일에 여러분에게 했던 약속을 엄숙하게 다시 확인하는 바입니다. 저는 헌법을 수호하고 하나님께서 제게 보여주시는 것과 같은 올바른 일을 행하며 미국을 위해 최선을 다할 것입니다.

하나님의 가호 아래, 저는 여러분을 실망시키지 않을 것입니다. 감사합니다.

A Crisis of Confidence
신뢰의 위기

Energy and the National Goals
에너지와 국가의 목표

Delivered July 15, 1979

1979년 7월 15일

46
Speech

Jimmy Carter 지미 카터

지미 카터(1924~)는 미국 민주당 상원의원과 조지아 주 주지사를 거쳐, 1976년 11월 민주당 후보로서 대통령선거에 출마, 현직 대통령 포드를 누르고 제39대 대통령이 되었다. 취임 후 특히 에너지파동과 경제문제의 타개를 위하여 노력하는 한편, 이집트와 이스라엘의 조정자 역할을 자임하여 중동평화를 정착시키고자 노력하였다.

또한 중국과의 국교정상화, 소련과의 제2차 전략무기제한협정(SALT) 등을 성공시켰다. 그러나 1979년 11월 이란의 테헤란 주재 미 대사관 점거 사태로 직원들이 인질로 붙잡히자 이들의 구출작전을 실시하였으나 실패하고 말았다. 미국인 인질 구출작전 실패 및 국내 경제정책의 파탄 등으로 1980년 말 대통령선거에서 공화당의 레이건에게 패하였다.

퇴임 후, 카터센터를 설립하여 세계의 여러 중대 사건 해결에 앞장서기도 하였으며 지미카터 특별건축사업 등의 활동도 벌였다. 퇴임 후 21년간 세계 평화와 인권을 위해 노력한 공로가 인정되어 노벨평화상을 수상하였다.

I promised you a president who is not isolated from the people, who feels your pain, and who shares your dreams and who draws his strength and his wisdom from you.

During the past three years I've spoken to you on many occasions about national concerns, the energy crisis, reorganizing the government, our nation's economy, and issues of war and especially peace. But over those years the subjects of the speeches, the talks, and the press conferences have become increasingly narrow, focused more and more on what the isolated world of Washington thinks is important. Gradually, you've heard more and more about what the government thinks or what the government should be doing and less and less about our nation's hopes, our dreams, and our vision of the future.

I know, of course, being president, that government actions and legislation can be very important. That's why I've worked hard to put my campaign promises into law and I have to admit, with just mixed success. But after listening to the American people I have been reminded again that all the legislation in the world can't fix what's wrong with America. So, I want to speak to you first tonight about a subject even more serious than energy or inflation. I want to talk to you right now about a fundamental threat to American democracy.

390

저는 여러분에게 국민으로부터 고립되지 않는 대통령, 여러분의 고통을 이해하는 대통령, 여러분의 꿈을 함께 하는 대통령, 힘과 지혜를 여러분으로부터 이끌어내는 대통령이 되겠다고 약속했습니다.

지난 3년 동안, 저는 국가적인 관심사와 에너지 위기, 정부의 조직 재편, 우리나라의 경제, 그리고 전쟁, 특히 평화 문제에 대해 누차 여러분에게 말씀드렸습니다. 그러나 지난 기간 동안, 연설과 대담 및 언론과의 협의에 대한 주제는 계속 그 범위가 좁혀져 워싱턴이라는 고립된 세계가 중요하다고 여기는 일에만 더욱 더 집중되었습니다. 점차 여러분은 정부에서 생각하는 것이나 정부가 해야 하는 일에 대해서 들으실 기회는 더욱 더 많아졌지만, 우리 국가의 희망과 우리의 꿈과 미래에 대한 우리의 비전에 대해서 들으실 기회는 더욱 더 적어졌습니다.

물론, 정부의 조치와 법률제정이 매우 중요할 수 있다는 것을 대통령인 저는 잘 알고 있습니다. 제가 선거 공약을 법제화하려고 애쓴 이유가 바로 그것입니다. 그런데 그 성과는 착잡할 정도라는 것을 인정하지 않을 수 없습니다. 하지만 미국 국민의 말을 들은 뒤에는, 세상의 모든 법으로도 미국의 잘못된 점을 고칠 수 없다는 것을 다시 깨닫게 되었습니다. 따라서 오늘밤에는 에너지 문제나 인플레이션 문제보다 좀 더 심각한 문제에 대해 먼저 말씀드리고자 합니다. 바로 지금 저는 미국 민주주의에 대한 근본적인 위협에 대해 말씀드리고자 합니다.

46.mp3

I do not mean our political and civil liberties. They will endure. And I do not refer to the outward strength of America, a nation that is at peace tonight everywhere in the world, with unmatched economic power and military might.

The threat is nearly invisible in ordinary ways. It is a crisis of confidence. It is a crisis that strikes at the very heart and soul and spirit of our national will. We can see this crisis in the growing doubt about the meaning of our own lives and in the loss of a unity of purpose for our nation.

The erosion of our confidence in the future is threatening to destroy the social and the political fabric of America.

Our people are losing that faith, not only in government itself but in the ability as citizens to serve as the ultimate rulers and shapers of our democracy. As a people we know our past and we are proud of it. Our progress has been part of the living history of America, even the world. We always believed that we were part of a great movement of humanity itself called democracy, involved in the search for freedom, and that belief has always strengthened us in our purpose. But just as we are losing our confidence in the future, we are also beginning to close the door on our past.

우리의 정치적 자유와 시민의 자유를 말씀드리려고 하는 것이 아닙니다. 그런 자유는 지속될 것입니다. 또한 무적의 경제력과 군사력을 가진, 오늘밤 이 세상 모든 곳이 평화로운 나라 미국의 외적인 힘에 대해 말씀드리려고 하는 것도 아닙니다.

그 위협은 통상적인 방법으로는 거의 보이지 않습니다. 그것은 신뢰의 위기입니다. 그것은 바로 우리의 국가 의지에 대한 마음과 정신과 용기를 위태롭게 하는 위기입니다. 우리 자신의 삶의 의미에 대한 증가하는 의혹과 우리나라를 위한 목표의 일치감 상실에서 이러한 위기를 엿볼 수 있습니다.

미래에 대한 우리의 신뢰 상실은 미국의 사회적 구조와 정치적 구조를 파괴할 정도로 위협적입니다.

우리 국민은 정부뿐만이 아니라 우리 민주주의의 궁극적인 통치자와 설계자로 봉사한다는 시민으로서의 능력에 대해서도 그러한 믿음을 잃고 있습니다. 우리는 같은 국민으로서 우리의 과거를 알고 있으며 그것을 자랑스럽게 생각하고 있습니다. 우리의 발전은 미국, 나아가서 세계의 살아있는 역사의 일부분이었습니다. 우리는 우리가 민주주의라는 인류의 커다란 흐름의 일부로서 자유 추구에 열중하고 있다고 언제나 믿었습니다. 그리고 우리의 목표에 있어서 그러한 믿음은 커다란 힘이 되었습니다. 그러나 우리는 미래에 대한 신뢰를 상실하고 있듯이 과거에 대해서도 문호를 닫기 시작하고 있습니다.

Check the Vocabulary

erosion 부식, 침식, 상실 fabric 직물, 짜임새, 구조 humanity 인류, 인간성 involve 몰두하다, 열중하다 close the door on 문호를 닫다, 들이지 않다, 고려치 않다

We are at a turning point in our history. There are two paths to choose. One is a path I've warned about tonight, the path that leads to fragmentation and self-interest. Down that road lies a mistaken idea of freedom, the right to grasp for ourselves some advantage over others. That path would be one of constant conflict between narrow interests ending in chaos and immobility. It is a certain route to failure.

All the traditions of our past, all the lessons of our heritage, all the promises of our future point to another path, the path of common purpose and the restoration of American values. That path leads to true freedom for our nation and ourselves. We can take the first steps down that path as we begin to solve our energy problem.

Energy will be the immediate test of our ability to unite this nation, and it can also be the standard around which we rally. On the battlefield of energy we can win for our nation a new confidence, and we can seize control again of our common destiny.

우 리는 역사의 전환점에 서 있습니다. 선택할 수 있는 길은 두 가지입니다. 하나는 오늘밤 제가 경고한 길, 분열과 이기주의에 이르는 길입니다. 그 길 아래로는 자유에 대한 그릇된 생각, 다른 사람들을 능가할 수 있는 권리가 놓여 있습니다. 그 길은 결국 혼동의 상태에 이르는 옹색한 이윤과 정체성 사이에 놓인 채 끊임 없이 갈등하는 길일 것입니다. 그것은 확실한 실패의 길입니다.

우리 과거의 모든 전통과 우리 유산의 교훈과 우리 미래의 모든 가능성은 다른 길, 공통 목표의 길, 미국적 가치의 회복을 가리키고 있습니다. 그 길은 우리나라와 우리 자신들을 참된 자유로 안내합니다. 우리가 우리의 에너지 문제를 풀기 시작하기 위해서는 그 길로 첫걸음을 옮겨야 합니다.

에너지는 우리가 나라를 통합할 수 있는 능력이 있는지를 즉시 시험할 것입니다. 그것은 또한 우리가 다시 모이는 기준이 될 수도 있습니다. 에너지 전쟁에서 우리는 국가에 새로운 신뢰를 가져다 줄 수 있습니다. 그리고 우리의 공동 운명을 제어할 수 있습니다.

In little more than two decades we've gone from a position of energy independence to one in which almost half the oil we use comes from foreign countries, at prices that are going through the roof. Our excessive dependence on OPEC has already taken a tremendous toll on our economy and our people. This is the direct cause of the long lines which have made millions of you spend aggravating hours waiting for gasoline. It's a cause of the increased inflation and unemployment that we now face. This intolerable dependence on foreign oil threatens our economic independence and the very security of our nation. The energy crisis is real. It is worldwide. It is a clear and present danger to our nation. These are facts and we simply must face them.

2 0여 년 만에 우리는 에너지 독립국의 위치에서부터, 우리가 사용하는 석유의 절반 가량을 천정부지로 치솟는 가격에 수입하는 위치로 바뀌고 말았습니다. OPEC에 대한 과도한 의존은 이미 우리 경제와 국민에게 어마어마한 대가를 치르게 했습니다. 이것이 바로 여러분 수백만 명이 기름을 넣기 위해 몇 시간씩 괴롭게 기다리도록 만든 긴 대기행렬의 직접적인 원인입니다. 그것이 지금 우리가 직면하고 있는 인플레이션과 실업의 증가 원인입니다. 외국 기름에 대한 이렇게 참을 수 없을 정도의 의존은 우리 경제의 독립과 우리나라의 안전을 위협합니다. 에너지 위기는 현실입니다. 그것은 전세계적입니다. 우리나라에게도 분명하고 급박한 위험입니다. 이들은 모두 사실입니다. 따라서 우리는 솔직하게 상황을 직시해야 합니다.

Brandenburg Gate Address

브란덴부르크 연설

Tear down this wall!

이 장벽을 허물어버리십시오!

Delivered 12 June, 1987

1987년 6월 12일

47
Speech

Ronald Reagan 로널드 레이건

로널드 레이건(1911~2004)은 미국의 제40대 대통령(1981~1989)으로 미국 공화당의 전형적인 보수주의자이다. 라디오 스포츠 아나운서로 사회생활을 시작하여, 1937년 영화배우로 데뷔했다.

영화배우 겸 제너럴일렉트릭사의 순회 대변인으로 활약(1954~1962)했으며 이 시기에 민주당에서 공화당으로 당적을 변경했다. 캘리포니아 주지사를 거쳐, 1980년에 실시된 대통령 선거에서 지미 카터 대통령에게 압도적인 승리를 거두고 대통령 자리에 올랐다.

동서 냉전의 종식을 촉구한 이 연설은 구 서독 베를린의 브란덴부르크에서 행한 것으로, 내용 가운데 나오는 Tear down this wall!이 이 연설의 제목이 되었다.

Behind me stands a wall that encircles the free sectors of this city, part of a vast system of barriers that divides the entire continent of Europe. From the Baltic South, those barriers cut across Germany in a gash of barbed wire, concrete, dog runs, and guard towers. Farther south, there may be no visible, no obvious wall. But there remain armed guards and checkpoints — all the same still a restriction on the right to travel, still an instrument to impose upon ordinary men and women the will of a totalitarian state.[1]

Yet, it is here in Berlin where the wall emerges most clearly;[2] here, cutting across your city, where the news photo and the television screen have imprinted this brutal division of a continent upon the mind of the world. Standing before the Brandenburg Gate, every man is a German separated from his fellow men. Every man is a Berliner, forced to look upon a scar.

President Von Weizsäcker has said, "The German question is open as long as the Brandenburg Gate is closed." Well today I say: As long as this gate is closed, as long as this scar of a wall is permitted to stand, it is not the German question alone that remains open, but the question of freedom for all mankind. Yet, I do not come here to lament. For I find in Berlin a message of hope, even in the shadow of this wall, a message of triumph.

Behind me stands a wall that ~ 주어 a wall과 동사 stands가 도치된 구문.　encircle 에워[둘러]싸다 (= surround) barrier 울타리, 장벽　gash 갈라진 틈　barbed wire 철조망　dog run 도그런(개를 가둬두는 곳), 강아지 놀이터(공원) armed 무장한　checkpoint 검문소　restriction 제한, 제약　instrument 기구, 도구, 법률문서　impose ~ A on(upon) B A에 B를 강요하다, 부과하다　ordinary 보통의, 평범한 ↔ extraordinary　will 의지, 결의　a totalitarian state 전체주의 국가　imprint 날인하다, 강한 인상을 주다　brutal 잔인한, 짐승같은　a German separated from his fellow men 독일인 이산가족　open 열린, (문제가) 미해결의　permit 허락하다　lament 슬퍼하다

제 뒤에 장벽이 하나 서 있습니다. 이 도시의 자유 구역을 둘러싸고 있는 이 장벽은 유럽 전 대륙을 갈라놓는 거대한 체계의 장애물 일부입니다. 철조망과 콘크리트, 도그런 그리고 경계탑으로 이루어진 이 장애물은 발트 해 남쪽에서부터 독일을 가로질러 깊은 상처를 주고 있습니다. 좀 더 남쪽으로 내려가 보면 눈에 띄는 장벽, 두드러진 장벽은 없을 것입니다. 그러나 무장한 보초와 검문소는 여전히 그대로 남아 있습니다. 아직까지도 여행의 자유에 대한 제약과 평범한 남녀에게 전체주의 국가의 결의를 강요하는 법률문서도 여전히 존재합니다.

그러나 그 장벽이 가장 또렷이 보이는 곳은 바로 이곳 베를린입니다. 뉴스 사진이나 텔레비전 화면을 통해 한 대륙의 이러한 잔인한 분단이 세계인의 마음에 강하게 인상지어진 곳, 여러분의 도시를 가로지르는 바로 이곳입니다. 누구나 브란덴부르크 문 앞에 서기만 하면, 모두 독일인 이산가족이 됩니다. 누구나 상처를 그저 바라다볼 수밖에 없는 베를린 사람이 됩니다.

폰 바이츠재커 대통령께서 말씀하셨습니다. "브란덴부르크 문이 닫혀 있는 한, 독일 문제는 미해결이다." 오늘 저는 이렇게 말하겠습니다. "저 문이 닫혀 있는 한, 이러한 상처의 장벽이 그대로 내버려둔 채로 있는 한, 미해결로 남는 것은 독일의 문제일 뿐만 아니라 인류 전체를 위한 자유의 문제이기도 합니다." 그러나 제가 이곳에 온 것은 애석해하기 위해서가 아닙니다. 왜냐하면, 저는 이 장벽의 그늘에서도 희망의 메시지, 승리의 메시지를 베를린에서 발견하기 때문입니다.

Check the Vocabulary

1) **still an instrument to impose upon ordinary men and women the will of a totalitarian state.** 여기에서 instrument의 뜻에 특히 조심해야 한다. 'a musical instrument' 의 경우나 'medical instruments' 의 경우처럼 '기구, 도구' 의 뜻이 아니라, 'Instrument of Government(통치헌장)' 의 경우처럼 '법률문서' 의 뜻이다.

2) **It is here in Berlin where the wall emerges most clearly.** It is ~ that 강조구문이다. 이 구문의 that은 강조하는 대상에 따라 who, whom, which, when, where로 바꿀 수도 있다. It is Mary that likes Kim. → It is Mary **who** likes Kim. It is Kim that Mary likes. → It is Kim whom Mary likes.

General Secretary Gorbachev, if you seek peace, if you seek prosperity for the Soviet Union and Eastern Europe, if you seek liberalization: Come here to this gate. Mr. Gorbachev, open this gate. Mr. Gorbachev, Mr. Gorbachev, tear down this wall!

In these four decades, as I have said, you Berliners have built a great city. You've done so in spite of threats — the Soviet attempts to impose the East-mark, the blockade.[3] Today the city thrives in spite of the challenges implicit in the very presence of this wall. What keeps you here? Certainly there's a great deal to be said for your fortitude, for your defiant courage. But I believe there's something deeper, something that involves Berlin's whole look and feel and way of life not mere sentiment. No one could live long in Berlin without being completely disabused of illusions.[4]

Something, instead, that has seen the difficulties of life in Berlin but chose to accept them, that continues to build this good and proud city in contrast to a surrounding totalitarian presence, that refuses to release human energies or aspirations, something that speaks with a powerful voice of affirmation, that says "yes" to this city, yes to the future, yes to freedom. In a word, I would submit that what keeps you in Berlin is "love." — Love both profound and abiding.

고르바초프 서기장, 평화를 추구하신다면, 소련과 동유럽을 위해 번영을 추구하신다면, 민주화를 추구하신다면, 여기 이 문 앞으로 오십시오. 고르바초프 서기장, 이 문을 여십시오. 고르바초프 서기장, 이 벽을 허물어버리십시오!

이 40년 동안, 이미 제가 말씀드렸듯이, 베를린 시민 여러분은 위대한 도시를 건설했습니다. 동독 통화를 강제하려는 소련의 여러 시도, 곧 베를린 봉쇄 조치에도 불구하고, 여러분은 위대한 도시를 건설했습니다. 오늘 그 도시는 바로 이 장벽이란 존재 속에 잠재하고 있는 여러 난제에도 불구하고 번영을 누리고 있습니다. 무엇이 여러분을 이곳에 계속 머물게 합니까? 여러분의 불굴의 정신, 여러분의 대담한 용기에 대해서는 분명 언급할 것이 많습니다. 그러나 저는 베를린이라는 단순히 감상적인 것이 아닌, 보다 더 심오한 어떤 것, 베를린의 전반적인 외관과 느낌 그리고 생활양식과 관련된 어떤 것이 있다고 믿습니다. 여러 환상에서 완전히 깨어나지 않는다면, 어느 누구도 베를린에서 오래 살 수 없습니다.

베를린에서 생활의 어려움을 겪으면서도 그 어려움을 그대로 받아들이기로 결심하게 한 그 무엇, 주위를 에워싸고 있는 전체주의 존재와는 현저히 달리 이처럼 훌륭하고 자랑스러운 도시를 지속적으로 건설하게 하는 그 무엇, 인간의 열정이나 열망을 포기하기를 거부하게 하는 그 무엇, 긍정의 힘찬 목소리로 얘기하게 하는 그 무엇, 이 도시를 향해, 미래를 향해, 자유를 향해 '예스'라고 말하게 하는 그 무엇이 있다고 저는 믿습니다. 한마디로 말한다면, 여러분을 베를린에 계속 머물게 하는 것은 바로 '사랑', 그것도 깊은 사랑, 변치 않는 사랑이라고 말하고 싶습니다.

Check the Vocabulary

3) **the Soviet attempts to impose the East-mark, the blockade.** the blockade는 the Soviet attempts의 동격어로서, 소련이 제2차 세계대전 후 서방국가들이 서베를린에 대해 가진 모든 권리를 포기하도록 하기 위해 취한 '베를린 봉쇄 조치'를 의미한다.

4) **No one could live long in Berlin without being ~.** without ~이 if 절을 대신하는 가정법 과거의 문장이다. 영어의 가정법 과거는 우리말로 현재로 번역한다. 가정법 과거 : If S 가정법 과거 동사 ~ , S would(should, could, might) 동사의 원형 ~ 예문) If I were a bird, I could fly to you. 내가 새라면 너에게 날아갈 수 있을 텐데.

Perhaps this gets to the root of the matter, to the most fundamental distinction of all between East and West. The totalitarian world produces backwardness because it does such violence to the spirit, thwarting the human impulse to create, to enjoy, to worship. The totalitarian world finds even symbols of love and of worship an affront.

Years ago, before the East Germans began rebuilding their churches, they erected a secular structure: the television tower at Alexander Platz. Virtually ever since, the authorities have been working to correct what they view as the tower's one major flaw: treating the glass sphere at the top with paints and chemicals of every kind. Yet even today when the sun strikes that sphere — that sphere that towers over all Berlin [5] — the light makes the sign of the cross. There in Berlin, like the city itself, symbols of love, symbols of worship, cannot be suppressed.

As I looked out a moment ago from the Reichstag, that embodiment of German unity, I noticed words crudely spray-painted upon the wall, perhaps by a young Berliner, quote, "This wall will fall. Beliefs become reality." [6]

Yes, across Europe, this wall will fall, for it cannot withstand faith. it cannot withstand truth. The wall cannot withstand freedom.

아마 문제의 본질, 동독과 서독의 가장 근본적인 차이는 결국 이것일지도 모릅니다. 전체주의 세계는 그러한 정신에 폭력을 휘둘러, 창조하고 즐기며 신을 믿고자 하는 인간의 욕구를 꺾기 때문에 퇴보하기 마련입니다. 전체주의 세계는 사랑과 신에 대한 믿음의 상징조차도 욕된 것으로 간주합니다.

동독 사람들은 교회 재건 사업을 시작하기 몇 년 전, 비종교적인 구조물을 하나 세웠습니다. 알렉산더 광장의 텔레비전 탑이 그것입니다. 그런데 사실은, 바로 그 뒤부터 동독 당국에서는 탑의 가장 큰 결점이라고 생각되는 부분을 수정하는 작업에 착수하여 지금까지도 그 꼭대기의 유리로 된 둥근 부분을 모든 종류의 페인트와 화학약품으로 처리하고 있습니다. 그러나 오늘도 햇빛이 그 둥근 부분 베를린에서 가장 높이 솟아 있는 둥근 부분에 내리쬘 때에는 그 빛이 십자가 모습을 만들어냅니다. 베를린 시에서도 마찬가지이지만, 베를린의 바로 이곳에서는 사랑의 상징, 신에 대한 믿음의 상징이 억눌릴 수 없습니다.

조금 전 독일 통일의 화신인 리이히슈타크 의회에서 바라보니, 아마도 베를린 젊은이가 스프레이 페인트로 투박하게 쓴 것 같은 글이 눈에 띄었습니다. "이 장벽은 반드시 무너질 것이다. 믿음이 모이면 현실이 된다."

그렇습니다. 유럽 전역에서 이 벽은 무너질 것입니다. 이 벽이 신념을 당해낼 수 없기 때문입니다. 이 벽이 진실을 당해낼 수 없기 때문입니다. 이 벽이 자유를 당해낼 수 없기 때문입니다.

5) **that sphere that towers over all Berlin** 이 문장에서는 'tower' 가 동사로 쓰여 '우뚝 솟다' 는 의미를 갖는다.
6) **Beliefs become reality.** 직역하면, '여러 가지 믿음이 현실이 된다.' 정도가 되겠지만, '여러 가지 믿음' 이란 결국 '믿음이 모인다' 는 뜻이므로 이 문장은 '믿음이 모이면 현실이 된다' 가 좋다.

Let Us Continue!
전진합시다!

Delivered 27 November, 1963

1963년 11월 27일

48
Speech

Lyndon B. Johnson 린든 B. 존슨

미국의 제36대 대통령(1963~1969)으로 온건파 민주당원이며 강력한 상원 지도자였다. 1960년에 부통령으로 선출되었으며, 1963년 11월 22일 존 F. 케네디 대통령이 암살당하자 대통령직을 승계했다.

이 연설은 케네디 대통령의 죽음으로 실의에 빠진 미국 국민들에게 변함없는 전진을 촉구하는 메시지이다. 여기에서 그는 케네디 대통령이 추구했던 정책들을 그대로 이어받아 지속할 것을 약속하고 있다.

The greatest leader of our time has been struck down by the foulest deed of our time. Today, John Fitzgerald Kennedy lives on in the immortal words and works that he left behind. He lives on in the mind and memories of mankind. He lives on in the hearts of his countrymen. No words are sad enough to express our sense of loss. No words are strong enough to express our determination to continue the forward thrust of America that he began.

The dream of conquering the vastness of space, the dream of partnership across the Atlantic and across the Pacific as well the dream of a Peace Corps in less developed nations, the dream of education for all of our children, the dream of jobs for all who seek them and need them, the dream of care for our elderly, the dream of an all-out attack on mental illness, and above all, the dream of equal rights for all Americans, whatever their race or color. These and other American dreams have been vitalized by his drive and by his dedication. And now the ideas and the ideals which he so nobly represented must and will be translated into effective action.

strike down 때려눕히다, 죽이다, 급사하게 하다 foul 더러운, 비열한 immortal 죽지 않는, 불멸의 sense of loss 상실감 determination 결의, 결심 thrust 밀기, 돌격

우리 시대의 가장 훌륭한 지도자가 우리 시대의 가장 비열한 행동에 의해 갑자기 돌아가셨습니다. 오늘, 존 F. 케네디 대통령은 그가 남겨놓은 불멸의 말과 업적 속에 계속 살아 있습니다. 그는 인류의 마음과 기억 속에 영원히 살아 있습니다. 그는 국민의 마음 속에 계속 살아 있습니다. 어떤 말로도 우리의 상실감을 표현할 수 없을 만큼 슬픈 일입니다. 그가 시작한 미국의 진취적인 정신을 계속 이어나가겠다는 결의를 우리가 어떤 말로 표현한다고 해도, 그의 말처럼 강한 호소력은 없습니다.

거대한 우주를 정복하려는 꿈과, 대서양과 태평양을 가로지르는 파트너십에 대한 꿈, 저개발국가의 평화봉사단에 대한 꿈, 우리 자녀 모두를 위한 교육의 꿈, 일자리를 찾는 사람과 일자리가 필요한 사람 모두를 위한 꿈, 노인의 복지에 대한 꿈, 정신적 장애의 전면퇴치, 그리고 특히 인종과 피부색이 어떻든 모든 미국인에게 평등권을 부여하려던 꿈. 이런저런 미국의 꿈은 모두 그의 추진력과 헌신으로 생명을 얻었습니다. 이제, 그가 그렇게 귀중하게 주장했던 생각과 이상은 실제의 행동으로 옮겨져야 하며 또 그렇게 될 것입니다.

vastness 거대, 광대 **Peace Corps** 평화봉사단 **all-out attack** 전면공격, 전면퇴치 **drive** 추진력 **translate** 번역하다, 옮기다 **effective** 효율적인, 실제의

In this age when there can be no losers in peace and no victors in war, we must recognize the obligation to match national strength with national restraint. We must be prepared at one and the same time for both the confrontation of power and the limitation of power. We must be ready to defend the national interest and to negotiate the common interest. This is the path that we shall continue to pursue. Those who test our courage will find it strong, and those who seek our friendship will find it honorable. We will demonstrate anew that the strong can be just in the use of strength, and the just can be strong in the defense of justice.

Today in this moment of new resolve, I would say to all my fellow Americans, let us continue.

This is our challenge not to hesitate, not to pause, not to turn about and linger over this evil moment, but to continue on our course so that we may fulfill the destiny that history has set for us.

We meet in grief, but let us also meet in renewed dedication and renewed vigor. Let us meet in action, in tolerance, and in mutual understanding.

John Kennedy's death commands what his life conveyed — that America must move forward.

평화에는 패자가 없고 전쟁에는 승자가 없는 이 시대에, 우리는 국가의 역량을 국가의 자제력과 일치시켜야 할 의무가 있다는 것을 인식해야 합니다. 우리는 서로 협력하여 권력의 대립과 권력의 제한 모두를 이루어야 합니다. 우리는 국가의 이익을 수호하고 공동의 이익에 대해 협의할 준비를 해야 합니다. 이것이 우리가 계속 나아갈 길입니다. 우리의 용기를 시험하는 사람들은 그것이 강하다는 것을 알게 될 것이며 또 우리의 우정을 원하는 사람들은 그것이 명예롭다는 것을 알게 될 것입니다. 강자는 힘의 사용에 있어서 정당할 수 있으며 정당한 자는 정의의 수호에 강할 수 있다는 것을 우리가 새로이 보여줄 것입니다.

오늘, 새로운 각오를 다지는 이 순간, 저는 국민 여러분 모두에게 이 말을 전하고 싶습니다. 전진합시다!

이것이 우리의 도전 과제입니다. 망설이거나 멈추거나, 이 불행한 순간을 되돌아보며 질질 끌 것이 아니라 역사가 우리에게 정해준 운명을 수행할 수 있도록 계속 제 갈 길로 전진합시다.

우리는 슬픔 속에서 만났습니다. 그러나 새로운 헌신과 새로운 힘으로 만납시다. 행동과 인내와 상호이해로 만납시다.

케네디 대통령의 죽음은 자기 삶의 시사점, 곧 미국의 필연적인 전진을 요구하고 있습니다.

48.mp3

The time has come for Americans of all races and creeds and political beliefs to understand and to respect one another. So let us put an end to the teaching and the preaching of hate and evil and violence. Let us turn away from the fanatics of the far left and the far right, from the apostles of bitterness and bigotry, from those defiant of law, and those who pour venom into our nation's bloodstream.

I profoundly hope that the tragedy and the torment of these terrible days will bind us together in new fellowship, making us one people in our hour of sorrow.

모든 인종과 모든 신념과 모든 정치적 믿음의 미국인들이 서로 이해하고 존경해야 할 때가 되었습니다. 이제, 미움과 악과 폭력의 교사와 설교를 끝냅시다. 극좌와 극우, 빈정거림과 편협의 사도, 법을 무시하는 사람, 우리나라의 혈류에 독을 부어넣는 사람에게는 등을 돌립시다.

이 끔찍한 나날의 비극과 고뇌가 우리를 함께 새로운 동료애로 묶어 슬픔의 순간에 우리 모두를 한 국민으로 만들기를 충심으로 저는 바랍니다.

President Obama's Inaugural Address I
오바마 대통령의 취임 연설 1

delivered 20 January 2009, at United States Capitol

2009년 1월 20일, 미국 의사당에서 거행된 취임식

49
Speech

Barrack H. Obama 버락 H. 오바마

제44대 미국 대통령으로 취임한 미국 최초의 흑인 대통령. 1961년 8월 4일생. 케냐출신 장학생으로 하버드에서 유학한 경제학자인 아버지와 캔저스 출신 백인 어머니 사이에서 하와이, 호놀룰루에서 태어났다. 하와이의 명문고교 푸나후를 졸업하고 LA의 옥시덴탈 대학을 거쳐 뉴욕의 콜럼비아대학에서 정치학을 공부하고 1988년 하버드 법대에 입학하여 1991년 법대 대학원을 수석으로 졸업, 하버드 재학 시절 104년 역사를 자랑하는 권위 있는 학술지 「Harvard Law Review」의 흑인 최초 편집장을 역임하기도 했다.

- □ 1992년 Michelle과 결혼하여 두 딸 Malia, Shsha를 둠
- □ 1996년 일리노이 주 상원의원으로 당선되면서 정치에 입문
- □ 1997~2004 일리노이 주 상원의원, 2005~2008 일리노이 주 연방 상원의원을 역임
- □ 2004년 7월 민주당 전당대회 기조연설자로 대중에게 스포트라이트를 받음
- □ 2007년 2월 대선출마를 선언, 2008년 8월 민주당 대선후보 지명 획득
- □ 2008년 11월 4일 공화당의 John Maccain을 물리치고 세계가 주목하는 가운데 미국 최초의 흑인 대통령으로 당선
- □ 2012년 11월 6일 공화당의 Mitt Romney를 제치고 재선에 성공

My fellow citizens: I stand here today humbled by the task before us, grateful for the trust you have bestowed, mindful of the sacrifices borne by our ancestors. I thank President Bush for his service to our nation as well as the generosity and cooperation he has shown throughout this transition. Forty-four Americans have now taken the presidential oath. The words have been spoken during rising tides of prosperity and the still waters of peace. Yet, every so often the oath is taken amidst gathering clouds and raging storms.[1] At these moments, America has carried on not simply because of the skill or vision of those in high office, but because We, the People have remained faithful to the ideals of our forbearers, and true to our founding documents. So it has been. So it must be with this generation of Americans.

친애하는 국민 여러분, 저는 오늘 우리 앞에 놓인 과업에 겸허한 마음을 갖고, 여러분이 보내 주신 신뢰에 감사하며, 우리 선조들이 치른 희생을 가슴에 새기며 이 자리에 섰습니다. 먼저, 정권 인수 과정에서 협력을 아끼지 않았고 조국에 봉사한 Bush대통령께 경의를 표합니다. 지금까지 44명의 미국인이 대통령 취임 선서를 했습니다. 번영하고 평화로운 시기에 선서를 행하기도 했지만 때로는 구름이 몰려오고 거센 폭풍이 몰아치는 가운데 행해지기도 합니다. 지금까지 미국이 유지된 것은 고위직 정치인들의 능력이나 비전 때문이 아니라 국민들이 선조들의 이상에 충실해 왔고 우리의 독립선언서에 충실해 왔기 때문입니다. 지금까지 그래 왔고 우리 세대에서도 그래야만 합니다.

Check the Vocabulary

1) **Yet, every so often the oath is taken amidst gathering clouds and raging storms.** 위 문장에서 gathering clouds와 raging storms는 직역하면 '구름이 모여 증대하고 거센 폭풍이 몰아치고 있는'이라는 뜻이지만 사실은, 100년 만에 찾아온 미국의 경제 위기를 의미하는 것이다.

That we are in the midst of crisis is now well understood. Our nation is at war against a far-reaching network of violence and hatred. Our economy is badly weakened, a consequence of greed and irresponsibility on the part of some but also our collective failure to make hard choices and prepare the nation for a new age.[2] Homes have been lost, jobs shed, businesses shuttered. Our health care is too costly, our schools fail too many, and each day brings further evidence that the ways we use energy strengthen our adversaries and threaten our planet. These are the indicators of crisis, subject to data and statistics. Less measurable, but no less profound, is a sapping of confidence across our land; a nagging fear that America's decline is inevitable, that the next generation must lower its sights. Today I say to you that the challenges we face are real, they are serious and they are many. They will not be met easily or in a short span of time. But know this America: They will be met.

at war 전쟁 중인   far-reaching 광범위한, 널리 미치는   greed 욕심   irresponsibility 무책임   shutter 문을 닫다
adversary 적, 반대자   sap ~의 밑을 파서 무너뜨리다   nagging 끈질긴, 지속적인   a short span of time 단기간

우리는 지금 위기의 한가운데에 있다는 것을 잘 알고 있습니다. 우리는 지금 광범위하게 뻗쳐 있는 폭력과 증오의 조직들과 전쟁 중입니다. 일부의 탐욕과 무책임으로 인해, 그리고 어려운 결정을 내리고 새 시대에 맞게 국가를 준비시키는 데에 있어서 집단적인 실패의 결과로 우리의 경제는 심히 약화되었습니다. 집을 잃고, 일자리는 감소되고, 기업들이 문을 닫고 있습니다. 의료보험료는 너무 비싸고, 부실한 교육제도로 너무나 많은 학생들이 낙오되고 있습니다. 우리의 에너지 사용 방식이 적들을 강화시키고 지구를 위협하고 있다는 증거가 매일 입수되고 있습니다. 데이터와 통계를 보면 이런 것들은 위기를 알리는 지표들입니다. 측정하기는 힘들지만 그에 못지않게 심각한 문제는 미국 전역에서 자신감을 잃어가고 있다는 사실입니다. 미국의 쇠퇴는 불가피하며, 그래서 다음 세대는 그들의 눈높이를 낮춰야만 한다는 사라지지 않는 두려움 말입니다. 오늘 저는 우리가 직면한 도전들은 실제이며, 심각하고, 그 종류도 많다는 것을 말씀드립니다. 이 난제들은 쉽게 해결되거나 단기간에 해결되지 않을 것입니다. 하지만, 국민 여러분 이것만은 알아두십시오. 이러한 문제들은 해결될 것이라는 사실을 말입니다.

Check the Vocabulary

2) Our economy is badly weakened, a consequence of greed and irresponsibility on the part of some but also our collective failure to make hard choices and prepare the nation for a new age.
　'경제상태가 나쁘다'를 '경제가 심히 약화되어 있다'로 표현하고, '~때문에'라는 표현을 a consequence of ~를 사용해서 품위 있는 문장을 만들어냈다.

🎧 49.mp3

On this day, we gather because we have chosen hope over fear, unity of purpose over conflict and discord.[3] On this day, we come to proclaim an end to the petty grievances and false promises, the recriminations and worn-out dogmas that for far too long have strangled our politics. We remain a young nation, but in the words of Scripture, the time has come to set aside childish things. The time has come to reaffirm our enduring spirit; to choose our better history; to carry forward that precious gift, that noble idea, passed on from generation to generation: the God-given promise that all are equal, all are free, and all deserve a chance to pursue their full measure of happiness. In reaffirming the greatness of our nation, we understand that greatness is never a given. It must be earned. Our journey has never been one of shortcuts or settling for less.

늘 우리는 두려움보다는 희망을, 갈등과 불화보다는 목적을 위한 단결을 선택했기 때문에 이 자리에 모였습니다. 오늘 우리는 너무나 오랫동안 우리의 정치의 목을 조여 왔던 사소한 불평과 허황된 약속, 상대방에 대한 비난과 낡아빠진 독단에 마침표를 찍기 위해 이 자리에 모였습니다. 미국은 아직도 젊습니다. 하지만 성서의 표현을 빌리자면 유치한 행동은 제쳐놓을 때가 왔습니다. 우리의 불후의 정신을 재확인하고, 더 나은 역사를 선택하고, 대대로 내려온 귀중한 선물인 고귀한 이상을 진전시켜 나아가야 할 때가 왔습니다. 만인은 평등하고, 자유로우며, 충분한 양의 행복을 추구할 기회를 가질 수 있다는 신이 주신 약속 말입니다. 우리나라의 위대함을 재확인하면서 우리는 위대함은 주어지는 것이 아니라 노력해서 얻어져야 한다는 것을 깨달았습니다. 우리의 여정은 지름길을 이용하거나 그런대로 만족해하는 방법을 택하지 않았습니다.

3) **On this day, we gather because we have chosen hope over fear, unity of purpose over conflict and discord.** 오바마가 선거 유세기간부터 늘 강조해온 주제는 '국민들에게 희망을 주자는 것' 과 '미국의 통합' 이다.

It has not been the path for the faint-hearted — for those who prefer leisure over work, or seek only the pleasures of riches and fame. Rather, it has been the risk-takers, the doers, the makers of things — some celebrated but more often men and women obscure in their labor,[4] who have carried us up the long, rugged path towards prosperity and freedom. For us, they packed up their few worldly possessions and traveled across oceans in search of a new life. For us, they toiled in sweatshops and settled the West; endured the lash of the whip and plowed the hard earth. For us, they fought and died, in places like Concord and Gettysburg; Normandy and Khe Sahn. Time and again these men and women struggled and sacrificed and worked till their hands were raw so that we might live a better life. They saw America as bigger than the sum of our individual ambitions; greater than all the differences of birth or wealth or faction.

그것은, 일보다는 놀이를 좋아하는 사람들, 또는 부와 명예의 쾌락만을 추구하는 소심한 사람들의 길이 아니었습니다. 오히려, 모험가, 행동으로 옮기는 자, 뭔가를 만들어 내는 사람들의 길이었습니다. 이들 중 일부는 유명인들이었지만 대부분, 남모르게 일하면서 우리를 길고 험한 길에서 이끌며 번영과 자유를 향해 전진했던 사람들입니다. 우리를 위해 얼마 안 되는 생활에 필요한 재산들을 꾸려 대양을 건너 새로운 삶을 찾았던 것입니다. 우리를 위해 그들은 노동자들을 착취하는 공장에서 혹사당했고 서부에 정착하여 채찍질을 견뎌냈으며, 거친 땅을 일궜습니다. 우리를 위해, 그들은 콩코드와 게티즈버그와 노르망디와 케산 같은 곳에서 싸우고 전사했습니다. 이들은 우리가 보다 나은 삶을 살 수 있도록 계속해서 분투하고, 희생하고, 살갗이 까질 정도로 열심히 일했고 미국을 개개인의 야망을 합친 것보다 더 큰 나라, 태생이나 부, 파벌의 차이보다 더 위대한 나라로 보았던 것입니다.

Check the Vocabulary

4) **Rather, it has been the <u>risk-takers</u>, <u>the doers</u>, <u>the makers of things</u> — some celebrated but more often men and women obscure in their labor** 밑줄 친 risk-takers, the doers, the makers of things 부분을 보면 세 단어가 모두 다 ers로 끝나는데 단어마다 공을 들여 연설문을 만든 흔적이 엿보인다.

49.mp3

This is the journey we continue today. We remain the most prosperous, powerful nation on Earth. Our workers are no less productive than when this crisis began. Our minds are no less inventive, our goods and services no less needed than they were last week or last month or last year. Our capacity remains undiminished. But our time of standing pat, of protecting narrow interests and putting off unpleasant decisions — that time has surely passed. Starting today, we must pick ourselves up, dust ourselves off and begin again the work of remaking America.[5] For everywhere we look, there is work to be done. The state of our economy calls for action: bold and swift. And we will act not only to create new jobs but to lay a new foundation for growth. We will build the roads and bridges, the electric grids, and digital lines that feed our commerce and bind us together. We will restore science to its rightful place and wield technology's wonders to raise health care's quality and lower its costs.

424

이것이 지금까지 계속하고 있는 여정입니다. 우리는 여전히 지구상에서 가장 부유하고 강한 나라입니다. 우리의 노동력은 이 위기가 시작된 때보다 생산력이 떨어지지 않습니다. 지난주, 지난달, 지난해 못지않게 우리의 정신은 여전히 혁신적이며 우리의 물품과 서비스 역시 수요가 줄지 않았습니다. 우리의 능력은 여전히 건재합니다. 하지만 현상 유지만을 원하거나 편협한 이익을 지키고 불편한 결정들을 연기할 시대는 분명히 지나갔습니다. 오늘부터 주저앉았던 우리 자신을 일으켜 세우고, 먼지를 털고 미국을 재건하는 일을 시작해야 합니다. 어디를 보아도 우리가 할 일은 있습니다. 우리의 경제 상황은 대담하고 신속한 행동을 요구하고 있습니다. 우리는 일자리 창출뿐만 아니라 성장의 기틀을 마련하기 위해 행동할 것입니다. 우리는 교역을 진흥시키고, 우리를 하나로 묶어 줄 도로와 교각을 건설하고, 전력망 그리고 디지털 통신망을 구축할 것입니다. 우리는 과학을 적소로 되살려 놓고 경이로운 테크놀로지를 사용하여 의료의 질은 높이되 비용은 낮출 것입니다.

Check the Vocabulary

5) **Starting today, we must pick ourselves up, dust ourselves off and begin again the work of remaking America.** 사람이 넘어지면 옷에 먼지나 흙을 묻히게 되는데 그 흙을 털고 다시 pick oneself up(일어서다)해야 겠다. 요즘 경제적 고통을 겪고 있는 대한민국의 모든 사람들에게 전해주고 싶은 말이기도 하다.

We will harness the sun and the winds and the soil to fuel our cars and run our factories. And we will transform our schools and colleges and universities to meet the demands of a new age. All this we can do. And all this we will do. Now, there are some who question the scale of our ambitions, who suggest that our system cannot tolerate too many big plans. Their memories are short, for they have forgotten what this country has already done, what free men and women can achieve when imagination is joined to common purpose and necessity to courage.[6] What the cynics fail to understand is that the ground has shifted beneath them, that stale political arguments that have consumed us for so long, no longer apply. The question we ask today is not whether our government is too big or too small, but whether it works, whether it helps families find jobs at a decent wage, care they can afford, a retirement that is dignified. Where the answer is yes, we intend to move forward. Where the answer is no, programs will end.

우리는 자동차에 연료를 공급하고 공장을 가동하기 위해 태양열과 풍력과 토양을 동력화할 것입니다. 우리의 학교들 — 초등학교부터 대학까지 이 새 시대의 요구에 부응하도록 개혁할 것입니다. 우리는 이 모든 것을 할 수 있습니다. 우리는 이 모든 것을 해낼 것입니다. 지금 우리의 거대한 포부에 의문을 품고 우리의 체제가 너무나 많은 거창한 계획들을 허용치 않는다고 주장하는 사람들이 있습니다. 그분들은 기억력이 짧은 사람들일 겁니다. 왜냐하면 그들은 이 나라가 이미 성취한 것들을, 상상력과 공동의 목표가 만나고, 필요와 용기가 만날 때, 이 나라의 자유로운 국민들이 이미 달성한 것을 망각했기 때문입니다. 냉소주의자들이 이해하지 못하고 있는 점은 그들을 뒷받침해 온 토대가 바뀌었다는 것이고, 우리를 그렇게 오랫동안 소모시켰던 진부한 정치적 논쟁은 이제는 더 이상 통하지 않을 거라는 사실입니다. 오늘 우리가 던져야 할 질문은 정부가 너무 크냐, 작으냐가 아니라 정부가 제대로 기능을 하는지, 가정에 먹고 살 만한 일자리를 구해 주고, 그들이 감당할 수 있는 건강 보험료와, 은퇴 후 품위 있는 생활을 유지할 수 있도록 도와줄 수 있느냐 하는 것입니다. 대답이 yes로 나오면, 우리는 전진할 생각이며, 대답이 no로 나오면, 그 프로그램들은 중단될 것입니다.

6) **when imagination is joined to common purpose and necessity to courage.** necessity to courage는 when imagination is joined to common purpose에서 앞에 when is joined가 나와 when is joined가 생략된 것인데 이미 한 번 나왔기 때문에 생략해도 원어민들은 별문제 없이 이해되겠지만 우리는 이해하기가 쉽지 않다.

And those of us who manage the public's dollars will be held to account to spend wisely, reform bad habits, and do our business in the light of day because only then can we restore the vital trust between a people and their government. Nor is the question before us whether the market is a force for good or ill. Its power to generate wealth and expand freedom is unmatched, but this crisis has reminded us that without a watchful eye, the market can spin out of control. The nation cannot prosper long when it favors only the prosperous. [7] The success of our economy has always depended not just on the size of our Gross Domestic Product, but on the reach of our prosperity; on the ability to extend opportunity to every willing heart — not out of charity, but because it is the surest route to our common good.

hold a person to account 책임을 지다 in the light of day 투명하게, 냉철하게 for good or ill 좋든 나쁘든 unmatched 무적의 watchful 경계하는 spin out of control 통제가 안 되다 Gross Domestic Product(GDP) 국내총생산 common good 공동의 이익

　　그리고 공공재정 담당자들은 책임지고 현명하게 예산을 지출하고, 악습을 개혁하고, 업무 처리를 투명하게 할 것입니다. 그래야만 국민과 정부 사이에 대단히 중요한 신뢰 관계가 회복될 수 있기 때문입니다. 시장의 힘이 좋든 나쁘든, 그건 우리의 문제가 아닙니다. 부를 창출하고, 자유를 확대하는 시장의 힘은 경쟁자가 없습니다. 하지만 이 위기는 우리의 감시의 눈이 없다면 시장은 통제가 안 된다는 것을 우리에게 일깨워 줬습니다. 국가가 소수 부유층만을 편애할 때, 그 국가는 오래 번영할 수 없습니다. 우리 경제의 성공은 항상 국내총생산의 규모뿐만 아니라, 전체 인구 중 잘 사는 사람이 몇 %인가, 다시 말해서 의지가 있는 모든 사람들에게 기회를 제공했는지에 달려 있습니다. 자선에서가 아니라 그것이 공동의 이익으로 가는 가장 확실한 길이기 때문입니다.

7) **The nation cannot prosper long when it favors only the prosperous.** 서로 파생어관계인 prosper(번영하다)와 prosperous(번성하는)를 절묘하게 매치시키고 있다.

President Obama's Inaugural Address Ⅱ

오바마 대통령의 취임 연설 2

delivered 20 January 2009, at United States Capitol

2009년 1월 20일, 미국 의사당에서 거행된 취임식

50
Speech

Barrack H. Obama 버락 H. 오바마

제44대 미국 대통령으로 취임한 미국 최초의 흑인 대통령. 1961년 8월 4일생. 케냐출신 장학생으로 하버드에서 유학한 경제학자인 아버지와 캔저스 출신 백인 어머니 사이에서 하와이, 호놀룰루에서 태어났다. 하와이의 명문고교 푸나후를 졸업하고 LA의 옥시덴탈 대학을 거쳐 뉴욕의 콜럼비아대학에서 정치학을 공부하고 1988년 하버드 법대에 입학하여 1991년 법대 대학원을 수석으로 졸업, 하버드 재학 시절 104년 역사를 자랑하는 권위 있는 학술지 「Harvard Law Review」의 흑인 최초 편집장을 역임하기도 했다.

□ 1992년 Michelle과 결혼하여 두 딸 Malia, Shsha를 둠
□ 1996년 일리노이 주 상원의원으로 당선되면서 정치에 입문
□ 1997~2004 일리노이 주 상원의원, 2005~2008 일리노이 주 연방 상원의원을 역임
□ 2004년 7월 민주당 전당대회 기조연설자로 대중에게 스포트라이트를 받음
□ 2007년 2월 대선출마를 선언, 2008년 8월 민주당 대선후보 지명 획득
□ 2008년 11월 4일 공화당의 John Maccain을 물리치고 세계가 주목하는 가운데 미국 최초의 흑인 대통령으로 당선
□ 2012년 11월 6일 공화당의 Mitt Romney를 제치고 재선에 성공

As for our common defense, we reject as false the choice between our safety and our ideals. Our founding fathers, our founding fathers, faced with perils that we can scarcely imagine, drafted a charter to assure the rule of law and the rights of man, a charter expanded by the blood of generations.[1] Those ideals still light the world and we will not give them up for expedience's sake. And so, to all the other peoples and governments who are watching today, from the grandest capitals to the small village where my father was born; know that America is a friend of each nation and every man, woman and child who seeks a future of peace and dignity, and we are ready to lead once more. Recall that earlier generations faced down fascism and communism not just with missiles and tanks, but with the sturdy alliances and enduring convictions.

공동의 안보에 관한 한, 우리의 안전과 이상 사이에 하나를 선택하는 것은 잘못된 것으로 거부합니다. 우리의 건국자들은 우리가 거의 상상할 수 없는 위험에 직면해서, 법규와 인권을 확보하기 위한 헌장을 만들었습니다. 이 헌장은 여러 세대가 흘린 피에 힘입어 신장돼왔습니다. 이러한 이상은 여전히 세상을 비추고 있으며, 우리는 편의를 위해 이를 포기하지 않을 것입니다. 대도시들에서부터 저의 아버지가 태어난 작은 마을에 이르기까지 오늘 이 취임식을 시청하는 모든 국민과 정부는 들으십시오. 미국은 평화와 품위를 추구하는 모든 나라와 남녀노소의 친구이며, 미국이 다시 한 번 이끌 준비가 되어 있다는 것을 알아야 합니다. 이전 세대들은 단지 탱크와 미사일로 파시즘과 공산주의를 제압한 것이 아니라 튼튼한 동맹 관계와 영원한 신념으로 제압했다는 것을 상기하십시오.

1) Our founding fathers, our founding fathers, faced with perils that we can scarcely imagine, drafted a charter to assure the rule of law and the rights of man, a charter expanded by the blood of generations. 흑인들이 수세대 동안의 인권운동과 투표권 쟁취 투쟁을 통해서 권리를 신장해왔는데 그 과정에서 많은 사람들이 피를 흘렸을 것이다. 그 상황을 a charter expanded by the blood of generations를 이용해 절묘하게 표현하고 있다.

They understood that our power alone cannot protect us, nor does it entitle us to do as we please. Instead, they knew that our power grows through its prudent use; our security emanates from the justness of our cause, the force of our example, the tempering qualities of humility and restraint. We are the keepers of this legacy. Guided by these principles once more, we can meet those new threats that demand even greater effort — even greater cooperation and understanding between nations. We will begin to responsibly leave Iraq to its people and forge a hard-earned peace in Afghanistan. With old friends and former foes, we will work tirelessly to lessen the nuclear threat, and roll back the specter of a warming planet. We will not apologize for our way of life, nor will we waver in its defense, and for those who seek to advance their aims by inducing terror and slaughtering innocents, we say to you now that our spirit is stronger and cannot be broken; you cannot outlast us, and we will defeat you.

그분들은 군사력만으로는 우리를 지켜낼 수 없으며, 또한 우리가 원하는 대로 그 힘을 행사할 권리가 주어지지 않는다는 것을 알고 있었습니다. 그 대신 그분들은 우리의 힘은 신중하게 사용됨으로써 증대된다는 것과 우리의 안보는 공정한 대의명분에서, 모범을 보이는 우리의 힘에서, 겸허와 자제를 적절히 조화시키는 자질에서 나온다는 것을 알고 있었습니다. 우리는 이런 유산의 수호자입니다. 우리가 다시 이런 원칙에 따라 행동한다면 더 많은 노력을 요구하는, 국가 간 강력한 협력과 이해를 필요로 하는 오늘날의 새로운 위협들에 대처할 수 있을 겁니다. 우리는 책임감 있게 이라크를 자국민에게 맡기고 아프가니스탄에서 힘겹게 이룩한 평화를 공고히 할 것입니다. 우리는 오랜 우방은 물론 과거의 적들과도 핵 위협을 줄이고 지구 온난화라는 망령을 물리치기 위해 부단히 노력하겠습니다. 우리는 우리의 삶의 방식에 대해 사과하지 않을 것이며 망설임 없이 우리의 삶을 지킬 것입니다. 테러를 일으켜 무고한 시민들을 학살하여 소기의 목적을 달성하려는 사람들에게 경고합니다. 우리의 정신은 당신들보다 훨씬 강력하며, 절대 꺾기지 않을 것입니다. 그들은 우리보다 오래 버틸 수 없기 때문에 우리는 당신들을 패배시킬 것이라고 말입니다.

For we know that our patchwork heritage is a strength, not a weakness. We are a nation of Christians and Muslims, Jews and Hindus and non-believers. We are shaped by every language and culture, drawn from every end of this Earth; and because we have tasted the bitter swill of civil war and segregation, and emerged from that dark chapter stronger and more united, we cannot help but believe that the old hatreds shall someday pass; that the lines of tribe shall soon dissolve; that as the world grows smaller, our common humanity shall reveal itself; and that America must play its role in ushering in a new era of peace. To the Muslim world, we seek a new way forward, based on mutual interest and mutual respect. To those leaders around the globe who seek to sow conflict, or blame their society's ills on the West know that your people will judge you on what you can build, not what you destroy.[2] To those who cling to power through corruption and deceit and the silencing of dissent, know that you are on the wrong side of history; but that we will extend a hand if you are willing to unclench your fist.

우리는 미국의 다양한 유산이 약점이 아니라 강점이라는 것을 알고 있습니다. 미국은 기독교, 이슬람교, 유대교, 힌두교, 그리고 무신론자들의 나라입니다. 우리 사회는 전 세계의 언어와 문화로 구성되었습니다. 우리는 남북전쟁과 인종차별이라는 쓰라린 경험을 했으며 그 암흑 같은 역사의 장에서 나와 더 강력하고 단결된 모습으로 나타났습니다. 그렇기 때문에 오랜 증오가 언젠가는 없어지리라는 것, 종족간의 경계선은 곧 사라질 것이라는 것, 세상이 좁아지면서 우리의 공동 인류애가 밝혀지리라는 것, 그리고 미국이 그 역할을 해서 새로운 평화의 시대를 맞이해야 한다고 믿습니다. 이슬람 세계에 전합니다. 우리는 상호 이익과 상호 존중을 토대로 함께 전진하는 길을 모색할 것입니다. 분쟁의 씨앗을 뿌리고 자국의 병폐의 책임을 서구에 전가하려는 자들에게 전합니다. 여러분이 통치하는 나라의 국민들은 여러분이 파괴한 것이 아니라 건설한 것으로 여러분을 평가할 것입니다. 부패와 사기, 반대의견을 틀어막아 권력을 유지하는 권력자들에게 전합니다. 여러분은 역사의 잘못된 쪽에 서 있는 것입니다. 하지만 여러분이 분노 때문에 쥔 주먹을 펼 의지가 있다면, 우리는 여러분에게 손을 내밀 것입니다.

2) **To those leaders around the globe who seek to sow conflict, or blame their society's ills on the West know that your people will judge you on what you can build, not what you destroy.** 미국 대통령은 취임식 때 전 세계의 국가들에게 한 마디씩 하는 경우가 있는데 여기서는 폭군이나 독재자들, 타락한 지도자들을 지칭하면서 who seek to sow conflict(분쟁의 씨앗을 뿌리는 자)라고 완곡한 표현을 썼다.

To the people of poor nations, we pledge to work alongside you to make your farms flourish and let clean waters flow; to nourish starved bodies and feed hungry minds.[3] And to those nations like ours that enjoy relative plenty, we say we can no longer afford indifference to the suffering outside our borders, nor can we consume the world's resources without regard to effect. For the world has changed, and we must change with it. As we consider the road that unfolds before us, we remember with humble gratitude those brave Americans who, at this very hour, patrol far-off deserts and distant mountains. They have something to tell us, just as the fallen heroes who lie in Arlington whisper through the ages. We honor them not only because they are guardians of our liberty, but because they embody the spirit of service; a willingness to find meaning in something greater than themselves.

438

빈곤국의 국가들에게 우리는 여러분들과 협력하여 여러분들의 농장이 번성하게 하고, 깨끗한 물이 흐르게 하고, 굶주린 사람들에게 자양분을 공급해주고, 배움에 굶주린 사람들이 배울 수 있도록 하겠다는 것을 분명히 밝힙니다. 또 우리처럼 상대적으로 잘 사는 나라들에게는 우리 국경 밖의 고통 받는 사람들에 대해 더 이상 무관심하지 않겠으며, 세계의 자원을 결과에 개의치 않고 소비해선 안 된다는 점을 말씀 드립니다. 왜냐하면 세계가 변했기 때문에 우리도 변화해야 합니다. 우리 앞에 펼쳐진 길들을 생각해 보면서, 지금 이 시간에도 먼 사막과 산악 지대를 정찰하며 고생하는 용감한 미국인들에게 겸허히 감사 드립니다. 그들은 뭔가 할 말이 있을 겁니다. 알링턴 국립묘지에 묻혀 대대로 속삭이는 영웅들처럼 말이죠. 우리는 그들이 단순히 자유의 수호자이기 때문이 아니라, 봉사의 정신을 구현하고 있기에 감사해야 합니다. 자신보다 큰 뭔가에 의미를 찾으려는 분들이기 때문입니다.

3) **To the people of poor nations, we pledge to work alongside you to make your farms <u>flourish</u> and let clean waters flow; to <u>nourish</u> starved bodies and feed hungry minds.** 이 문장을 유심히 살펴보면, 첫 번째 줄의 flourish와 두 번째 줄의 nourish를 확인할 수 있는데 이 두 단어의 철자가 똑같이 —rish로 끝난다. 단어마다 공을 들였다는 것을 알 수 있다.

And yet, at this moment, a moment that will define a generation, it is precisely this spirit that must inhabit us all. For as much as government can do and must do, it is ultimately the faith and determination of the American people upon which this nation relies.[4] It is the kindness to take in a stranger when the levees break, the selflessness of workers who would rather cut their hours than see a friend lose their job which sees us through our darkest hours. It is the firefighter's courage to storm a stairway filled with smoke, but also a parent's willingness to nurture a child, that finally decides our fate.

그리고 이 순간에, 한 세대를 규정짓게 될 이 순간에, 우리 모두가 간직해야 할 정신은 바로 이 정신입니다. 왜냐하면 정부가 할 수 있고 또 해야만 하는 과업이지만, 궁극적으로 이 국가가 의지하는 것은 국민들의 신념과 결의이기 때문입니다. 그것은 제방이 무너졌을 때, 낯선 사람들을 자기 집으로 받아들이는 친절함이며, 동료가 실직하는 것을 보느니 차라리 자신들의 근무시간을 줄이려는 사심 없는 마음이 우리의 가장 암울한 시기를 극복해 나가게 해 줄 수 있다는 겁니다. 연기로 가득 찬 계단을 향해 돌진하는 소방대원들의 용기나 아이를 양육하려는 부모의 마음이 결국 우리의 운명을 결정합니다.

4) **For as much as government can do and must do, it is ultimately the faith and determination of the American people upon which this nation relies.** as much as government can do and must do는 미국인들도 어렵게 구사하는 품격 있는 문장이다. 약간 시적인 표현이라 웬만한 영어 실력자가 아니라면 표현하기 어렵다.

Our challenges may be new. The instruments with which we meet them may be new. But those values upon which our success depends — honesty and hard work, courage and fair play, tolerance and curiosity, loyalty and patriotism — these things are old. These things are true.[5] They have been the quiet force of progress throughout our history. What is demanded then is a return to these truths. What is required of us now is a new era of responsibility — a recognition, on the part of every American, that we have duties to ourselves, our nation, and the world, duties that we do not grudgingly accept but rather seize gladly, firm in the knowledge that there is nothing so satisfying to the spirit, so defining of our character, than giving our all to a difficult task. This is the price and the promise of citizenship. This is the source of our confidence — the knowledge that God calls on us to shape an uncertain destiny. This is the meaning of our liberty and our creed why men and women and children of every race and every faith can join in celebration across this magnificent mall. And why a man whose father less than sixty years ago might not have been served at a local restaurant can now stand before you to take a most sacred oath.

우리 앞에 놓인 도전들은 새로울 수 있습니다. 그리고 그 도전들에 맞서기 위한 우리의 도구들도 새로울지 모릅니다. 하지만 우리의 성공이 의존하는 정직과 근면, 용기와 공명정대한 태도, 관용과 호기심, 충성심과 애국심 등은 오래전부터 존재해 왔습니다. 이런 것들은 참된 가치들입니다. 그 미덕은 역사를 통해 조용한 발전의 힘이 되어 왔습니다. 그렇기 때문에 우리에게 지금 요구되는 것은 이와 같은 참된 가치들로 돌아가는 것입니다. 지금 우리에게 요구되는 것은 새 시대의 책임감입니다. 전 국민은 저마다 조국과 세계에 해야 할 의무가 있음을 인식해야 합니다. 마지못해서 행하는 의무가 아니라 기쁜 마음으로 받아들여야 합니다. 어려운 과업에 우리의 능력을 다 바치는 것보다 더 만족스러운 것은 없고 우리의 기질을 정의 내리는 데에 있어서 이보다 확실한 것은 없다는 것을 확실히 알고 행하는 그런 의무들입니다. 이것이 바로 시민권의 대가요 약속입니다. 이것이 우리 자신감의 원천입니다. 즉, 하느님이 우리에게 불확실한 운명을 우리 스스로 만들어 가라고 지시하셨음을 깨닫는 것입니다. 이것은 우리의 자유와 신조의 의미입니다. 다양한 인종과 다양한 종교를 가진 남녀노소가 이 장엄한 곳에 모여 취임식 축하행사에 다 함께 참여할 수 있는 이유이기도 합니다. 60년 전 만 해도 어느 동네 식당에서 손님 대우를 받을 수 없었던 그 아버지의 아들이 오늘 여러분 앞에 서서 가장 신성한 선서를 할 수 있게 된 이유입니다.

Check the Vocabulary

5) But those values upon which our success depends — honesty and hard work, courage and fair play, tolerance and curiosity, loyalty and patriotism — these things are old. These things are true.
대통령으로서 성공에 필요한 가치들을 열거해 놓았는데 여기에 열거된 8가지가 너무 많다면 앞에 네 가지 '정직과 근면, 용기와 페어플레이 정신' 만 있어도 인생에서 성공한 우리를 만나지 않을까?

So let us mark this day with remembrance, of who we are and how far we have traveled. In the year of America's birth, in the coldest of months, a small band of patriots huddled by dying campfires on the shores of an icy river. The capital was abandoned. The enemy was advancing. the snow was stained with blood. At a moment when the outcome of our revolution was most in doubt, the father of our nation ordered these words be read to the people: "Let it be told to the future world that in the depth of winter, when nothing but hope and virtue could survive that the city and the country, alarmed at one common danger, came forth to meet it."[6] America, in the face of our common dangers, in this winter of our hardship, let us remember these timeless words: with hope and virtue, let us brave once more the icy currents, and endure what storms may come; let it be said by our children's children that when we were tested we refused to let this journey end, that we did not turn back nor did we falter; and with eyes fixed on the horizon and God's grace upon us, we carried forth that great gift of freedom and delivered it safely to future generations. Thank you. God bless you. And God bless the United States of America.

그래서 우리가 누구이며 우리가 얼마나 멀리 왔는지 기억해 가면서 오늘을 새겨 봅시다. 미합중국이 탄생되던 해의 가장 추운 달에, 소수의 애국자들이 얼어붙은 강변의 꺼져 가는 모닥불 옆에 모였습니다. 수도는 내주었고, 적군이 진격해 오고 있었습니다. 흰 눈은 피로 얼룩져 있었습니다. 혁명의 결과가 불확실해 보였던 그 순간에 우리 건국의 아버지는 국민들에게 다음과 같은 말을 낭독케 했습니다. 혹한의 겨울 날씨에 희망과 미덕만이 살아남을 수 있었을 때, 공동의 위험을 보고 놀란 도시와 농촌에서 그것에 맞서 대응했노라고 후손들에게 전합시다. 국민 여러분, 고난에 처한 이 겨울, 공동의 위험에 처해 있지만 시간을 초월하는 이 말을 기억합시다. : 희망과 미덕을 갖고 얼음같이 차가운 물살에 다시 한 번 용감하게 맞서 어떤 폭풍우가 몰아친다 하더라도 견디어 냅시다. 우리는 시련에 빠졌을 때도 우리의 여정이 중단되는 것을 거부했고, 뒤돌아가지도 않았고, 주춤거리지도 않았으며 하느님의 은총 속에 지평선을 응시하면서 자유라는 위대한 선물을 후대에게 안전하게 전달하기 위해 전진했다고 후손들이 얘기하게 합시다. 감사합니다. 여러분과 미합중국에 신의 축복이 있기를 바랍니다.

Check the Vocabulary

6) "Let it be told to the future world that in the depth of winter, when nothing but hope and virtue could survive that the city and the country, alarmed at one common danger, came forth to meet it." 대통령 취임사의 후반부에는 늘 '후손들에게 ~을 전합시다.' 라는 말이 등장하게 되는데 '희망을 갖고 이 위기를 용기 있게 헤쳐 나가자' 고 요약되는 이 부분이 마지막 단락의 하이라이트이다.

TOP 50 Greatest Speeches in America
미국
명연설문
베스트★
50
First Inaugural
Address; I Have a
Dream; etc.,

Inaugural Address - John F. Kennedy | I Have a Dream - Martin Luther King, Jr. | First Inaugural Address - Franklin D. Roosevelt | Pearl Harbor Address to the Nation - Franklin D. Roosevelt | 1976 Democratic National Convention Keynote Address - Barbara C. Jordan | Checkers - Richard M. Nixon | Black Power - Stokely Carmichael | The Space Shuttle "Challenger" Tragedy Address - Ronald Reagan | Address to the Greater Houston Ministerial Association - John F. Kennedy | We Shall Overcome - Lyndon B. Johnson | 1984 Democratic National Convention Keynote Address - Mario M. Cuomo | 1984 Democratic National Convention Address - Jesse Jackson | Statement on the Articles of Impeachment - Barbara C. Jordan | Farewell Address to Congress - General Douglas MacArthur | I've Been to the Mountaintop - Martin Luther King, Jr. | Remarks on the Assassination of Martin Luther King, Jr. - Robert F. Kennedy | Farewell Address - Dwight D. Eisenhower | Duty, Honor, Country - General Douglas MacArthur | The Great Silent Majority - Richard M. Nixon | Ich bin ein Berliner (I am a 'Berliner') - John F. Kennedy | Oklahoma Bombing Memorial Prayer Service Address - William J. Clinton | A Time for Choosing (aka "The Speech") - Ronald Reagan | The Great Arsenal of Democracy - Franklin D. Roosevelt | The Evil Empire - Ronald Reagan | First Inaugural Address - Ronald Reagan | First Fireside Chat "The Banking Crisis" - Franklin D. Roosevelt | The Truman Doctrine - Harry S. Truman | Speech Accepting the Nobel Prize in Literature - William Faulkner | Women's Rights are Human Rights - Hillary R. Clinton | Atoms for Peace - Dwight D. Eisenhower | American University Commencement Address - John F. Kennedy | 1988 Democratic National Convention Keynote Address - Dorothy A. Richards | Resignation Address to the Nation - Richard M. Nixon | The Four Freedoms - Franklin D. Roosevelt | Beyond Vietnam — A Time to Break Silence - Martin Luther King, Jr | 1990 Wellesley College Commencement Address - Barbara P. Bush | Civil Rights Address - John F. Kennedy | Cuban Missile Crisis Address to the Nation - John F. Kennedy | 1988 Democratic National Convention Address - Jesse Jackson | The Great Society - Lyndon B. Johnson | The Marshall Plan - George C. Marshall | Faith, Truth and Tolerance in America - Edward M. Kennedy | Cambodian Incursion Address - Richard M. Nixon | On Vietnam and Not Seeking Re-Election - Lyndon B. Johnson | Address After Taking the Oath of the Presidency - Gerald R. Ford | A Crisis of Confidence - Jimmy Carter | Brandenburg Gate Address - Ronald Reagan | Let Us Continue! - Lyndon Baines Johnson | President Obama's Inaugural Address Ⅰ - Barrack H. Obama | President Obama's Inaugural Address Ⅱ - Barrack H. Obama

Speeches in America TOP 50 Greatest Speeches in America TOP 50 Greatest Speeches

in America TOP 50 Greatest Speeches in America TOP 50

Greatest Speeches in America TOP 50 Greatest Speeches in America TOP 50 Greatest